Entre la ética y la estética:
Estudios en homenaje a Joan Gilabert

Entre la ética y la estética:
Estudios en homenaje a Joan Gilabert

Edited by

NURIA MORGADO
*College of Staten Island and
The Graduate Center - CUNY*

and

AGUSTÍN CUADRADO
Texas State University

Juan de la Cuesta
Newark, Delaware

Juan de la Cuesta Hispanic Monographs
An imprint of LinguaText, LLC.
103 Walker Way
Newark, Delaware 19711-6119 USA
(302) 453-8695

www.JuandelaCuesta.com

Manufactured in the United States of America
ISBN: 978-1-58871-295-0

Índice

Introducción

EN FEBRERO DE 2014, incluidas dentro del *24th Annual Symposium on Hispanic and Luso-Brazilian Literature, Language and Culture*—conferencia de carácter anual organizada por los estudiantes de posgrado del Departamento de Español y Portugués de la Universidad de Arizona—se celebraron unas charlas en honor al catedrático de literatura española Joan Gilabert. La emotividad del encuentro, que reunió a colegas, alumnos y ex alumnos del profesor Gilabert, animó a los organizadores de dichas charlas, Agustín Cuadrado y Nuria Morgado, a continuar con el homenaje, esta vez en forma de libro. Tres años después aparece la publicación que el lector tiene en sus manos, en la cual han colaborado algunos de los ponentes que aquel día de febrero presentaron sus trabajos en Tucson, junto con otros ex alumnos del profesor Gilabert que, por diversas circunstancias, no pudieron asistir a la reunión.

No hay duda de la influencia que ha ejercido, de una manera u otra, en todos los que hemos tenido la fortuna de conocerlo, no solo como profesor, sino como persona y amigo. Como profesor, el Dr. Joan Gilabert ha compartido su inmenso conocimiento sobre literatura, historia, filosofía, política y, en definitiva, sobre cultura general, local y universal. Su trabajo alcanza todos los géneros literarios (narrativa, poesía, drama y ensayo), abarcando con su erudición un amplio espectro de textos y épocas, desde los textos más clásicos hasta los más modernos, desde la Antigua Grecia hasta el posmodernismo más global. No ha pasado desapercibido entre sus estudiantes el efecto o el carácter fértil de sus enseñanzas; fértil porque, como bien apunta Benjamin Fraser, el pasado sobrevive en el presente de una forma difusa, desigual y compleja, a través de conexiones interdisciplinarias o intertextuales que no son sino las bases fluidas y multiformes del pensamiento presentes en cualquier investigación cultural.

Con Joan Gilabert el texto servía de trampolín para sumergirse de lleno en asuntos o cuestiones sociales, históricas, filosóficas o culturales; y su metodología venía siempre acompañada de un estilo que bien recuerda a Juan de

Mairena: no se puede evitar ver en Joan Gilabert la encarnación del extraordinario profesor apócrifo de Antonio Machado, filósofo consciente de la irracionalidad de la razón, relativamente escéptico, anti-nihilista, con una chispa de ironía y mucho sentido del humor. Sus enseñanzas en clase avivaban en sus estudiantes la curiosidad por el conocimiento del ser humano y su mundo, sus dudas y convicciones, sus voluntades y representaciones, su fenómeno y noumeno, sus lógicas contradicciones. Y fuera de clase, su ingenio se prolongaba, pues todos recordamos con admiración los encuentros en su despacho, lugar en donde las horas se convertían en minutos, al invitarnos a compartir y ser cómplices de su ingente sapiencia, todo un mundo de posibilidades para la razón y la imaginación.

Las contribuciones de este libro son solo una pequeña muestra del abundante terreno intelectual cultivado por Joan Gilabert a lo largo de su larga y productiva carrera, pero en esta muestra se manifiesta la heterogeneidad que caracteriza el hispanismo surgido de sus enseñanzas. Abre la primera sección, "Estudios Peninsulares," el artículo de Pedro José Vizoso, quien hace una revisión del clima intelectual y literario de la España del novecientos y demuestra que los modernistas, acusados con frecuencia de estar ajenos a la realidad y al "problema" de España, fueron de hecho los primeros en diagnosticar el problema y en plantear sus propias soluciones.

El artículo de Nuria Morgado es el resultado de varios años de estudio sobre la presencia de la metafísica kantiana en el pensamiento de Antonio Machado, una relación inspirada, qué duda cabe, por las enseñanzas e ideas de Joan Gilabert. Así, en este trabajo se plantean algunas cuestiones filosóficas del pensamiento del poeta sevillano en conexión con la filosofía de Immanuel Kant, haciendo hincapié en las nociones de objetividad y subjetividad y señalando, asimismo, una superación del solipsismo e individualismo kantiano ante el reconocimiento del Otro, una observación en la que se descubren ecos fichteanos. Federico García Lorca no podía faltar en este homenaje, ni mucho menos su teoría del duende, explorada y desarrollada en el ensayo de Maritza Maldonado, quien se enfoca en la trilogía dramática rural de *Bodas de sangre*, *Yerma* y *La casa de Bernarda Alba*.

Por su parte, Eliana Rivero, homenajea a su colega y amigo con "Poemas de amor y guerra: comentario de textos sobre la España del 27 al 37," un trabajo cargado de emotividad, sentimiento y cariño hacia el homenajeado, quien comparte con la autora de este ensayo no solo muchos años de enseñanza en la misma Institución, la Universidad de Arizona, sino la sensibilidad y el amor por la poesía, y el gusto por algunos de los mismos versos. Con el artículo de Lulú Gabikagojeaskoa asistimos a lo que fue la trayectoria de los cuentos de *Celia* de Elena Fortún, cuentos que adquirieron en España una gran popularidad hasta la Guerra Civil pero que, tras los años de exilio de la autora, volvieron a publicarse con un cariz diferente.

Cierra esta sección de estudios peninsulares el ensayo de Agustín Cuadrado en el que se explora "La lengua de las mariposas," de Manuel Rivas, como idealización literaria del proyecto pedagógico krausista. Como el autor de este ensayo indica, la obra cumple una doble función: por un lado, sirve de homenaje a todos los maestros republicanos represaliados durante la guerra y la posguerra española; asimismo, el maestro, a modo de metáfora, puede ser entendido como la idealización del proyecto pedagógico krausista, invitando al lector a recordar a otros educadores ficticios relacionados con dicha doctrina, como por ejemplo Juan de Mairena y Abel Martín, heterónimos de Antonio Machado, o el ambulante profesor de metafísica Hamlet García, personaje creado por Paulio Masip.

Abre la sección "Estudios Latinoamericanos" el ensayo de Regla Miller, en donde se valora la estética del krausismo en la obra modernista *La Edad de Oro* de José Martí. La autora del ensayo declara que la obra literaria de Martí presenta conceptos a partir del espíritu de época del krausismo, los cuales se sustentan en esta ideología del idealismo clásico alemán del siglo XIX. Le sigue el ensayo de Armando Chávez en el que se evalúa las influencias de autores ilustrados y románticos españoles, como Manuel José Quintana y Mariano José de Larra, en el círculo de intelectuales cubanos en las décadas de 1830 y 1840.

Por su parte, Sergio Martínez rastrea en su ensayo los rasgos estéticos que hace de *Los de abajo* una novela modernista. Según el autor de este ensayo, la Revolución mexicana distrajo la atención de escritores y críticos, los cuales se enfocaron por los hechos circundantes, pero aunque *Los de abajo* es una obra que se reclama como novela de Revolución mexicana, es fácil encontrarse con la angustia por la estética característica de los escritores de *fin de siècle* hispanoamericano.

El ensayo de Crescencio López cierra esta sección dedicada a estudios latinoamericanos con un trabajo en el que analiza la cartografía del imaginario urbano producido en la narración autobiográfica de Luis J. Rodríguez *La vida loca: el testimonio de un pandillero en Los Ángeles* (1993). El análisis se centra en la interpretación de las realidades simbólicas vividas por el protagonista y cómo las condiciones económicas forman parte de las experiencias y realidades de su vida, de su familia y de su comunidad.

La sección final de este libro homenaje al profesor Joan Gilabert está dedicada a los estudios culturales. Abre este espacio el trabajo de Jaime Leaños en el que señala un paralelismo entre las estrategias de publicidad de una empresa como Campbell Soup para atraer a nuevos consumidores, y las estrategias de la iglesia, según se desprende de *Milagros de Nuestra Señora* de Gonzalo de Berceo, para atraer a nuevos feligreses a través de una intermediaria, la Virgen, la cual les posibilita una nueva relación con la fe. Asimismo, Berceo recurre a estrategias retóricas y literarias (Méster de Clerecía) para dar publicidad a los monasterios.

El artículo de Benjamin Fraser se centra en la reciente adaptación de *Marianela* (1878), de Benito Pérez Galdós, en una novela gráfica publicada en 2013, *Nela,* de Rayco Pulido Rodríguez. Arguye que el cómic es en sí mismo un medio necesariamente impregnado de realismo subjetivo, visión particularmente relevante para una primera lectura de *Nela*, cuyo contenido y forma dan un nuevo sentido visual al estilo novelístico de Galdós. Por su parte, el ensayo de Yosálida Rivero explora el guión de *El verdugo*, de Rafael Azcona, y declara que, a pesar de las claras referencias críticas a la pena de muerte, el film burla la censura del Estado gracias al amplio entendimiento de la idiosincrasia nacional por parte de Rafael Azcona, quien puede a la vez cegar al censor y hacer una crítica mordaz al sistema.

Por último, cierra esta sección el ensayo de Carmen Sotomayor *"Asignatura pendiente*: la memoria aprobada de la Transición." Este estudio parte del análisis de la memoria para explorar algunos temas culturales de la Transición que Garci destaca en su película, como la crisis de identidad de ese momento histórico, que se hace extensiva a la mujer y a su rol en esa "nueva España," así como la distensión tan deseada en la sociedad española (sobre todo entre las generaciones más jóvenes) de los valores religiosos y culturales del franquismo. Esta película de Garci, afirma la autora de este ensayo, bien se puede definir como un *collage* cultural de los años setenta.

Con esta selección de ensayos rendimos homenaje al Dr. Joan Gilabert. Su dedicación, apoyo, consejos y amistad hacen de Joan un modelo a seguir, y tanto sus enseñanzas como su modo de ser son un constante referente tanto dentro como fuera del aula para los que hemos participado en este libro.

Nuria Morgado
Agustín Cuadrado

ESTUDIOS PENINSULARES

Modernismo, 98 y España como problema nacional

PEDRO JOSÉ VIZOSO
Hastings College

NTRE LAS FECHAS DE la historia de España que aparecen dotadas de mayor trascendencia simbólica, no cabe duda de que una de las más señaladas es la de 1898. En el devenir de lo que es y lo que ha sido España tiene una doble significación. Por un lado, la derrota en la guerra contra los Estados Unidos finiquitó de un plumazo todo lo que quedaba de un "glorioso" pasado (esta era la terminología al uso) como potencia imperial. Por otro, y a consecuencia de lo anterior, la historiografía considera esa fecha como un punto de inflexión, el momento en que por fin se tuvo conciencia del *problema de España* y se intentó formular una respuesta. Sobre la naturaleza del problema se volverá más adelante. Por ahora, baste decir que esta toma de conciencia del problema de España presentaba enormes dificultades de orden metodológico. Es imposible curar a un enfermo sin un diagnóstico previo claro, y sin los instrumentos y las medicinas adecuadas. Y menos si el paciente, como era el caso de España, no reconocía ni aceptaba su enfermedad. La crítica—surgida con el erasmismo renacentista—había desaparecido del horizonte de España con la Contrarreforma. Un lenguaje que había dejado de ser crítico desde hacía tanto tiempo no podía ser el vehículo de una evaluación y una diagnosis adecuada del problema; menos aún, de una solución viable. Se necesitaban nuevas ideas y para que hubiera nuevas ideas antes tenía que forjarse un nuevo lenguaje. En cierto modo, esa fue la ingente tarea que emprendieron los intelectuales españoles de aquella época, los hombres de la llamada "generación del 98." Sin embargo, la tesis de partida de este trabajo es que ese lenguaje no es otro que el del modernismo. De este modo, el propósito de las páginas que siguen es: 1) afirmar que el modernismo no fue en España ni una moda pasajera, ni un sarampión literario tan nocivo como efímero venido de América; 2) señalar que el modernismo peninsular es, en esencia—lejos de esa actitud escapista o de evasión frente al problema que históricamente se ha asociado con él—una respuesta al problema de España; y 3) responder a esta lógica pregunta: ¿Cuál fue, pues, la respuesta que dio el modernismo al problema de España?

La crítica literaria española ha venido trazando del modernismo peninsular una imagen bastante peyorativa que pone el énfasis en su condición de subsidiaridad respecto al modernismo hispanoamericano, y por ello mismo ajeno e incapaz de comprender los problemas de España. Se ha establecido así una separación tajante entre modernismo y 98. La tesis tradicional es que ambos movimientos de renovación literaria no son de ningún modo la misma cosa. Según este modelo, "el alcance del intento" del modernismo es limitado y se circunscribe, en opinión, por ejemplo, de Pedro Salinas, al "concepto de lo poético y de su arsenal expresivo" (54). El 98, por el contrario, "es mayor en amplitud y hondura" (54). Para Salinas, los modernistas hispanoamericanos (y los modernistas españoles no serían más que sus meros imitadores) son "juglares de vocablos;" en cambio, los hombres del 98 son "intelectualistas, corredores de ideas" (54). Aquéllos buscan sólo "bellezas" (y nótese que no dice *la* belleza); éstos, los noventayochistas, buscan "verdades." Planteado así este binomio conceptual, se ha contemplado la coexistencia de ambas corrientes en la España de finales del siglo diecinueve y principios del veinte partiendo de un drástico y arbitrario desmembramiento generacional. De este modo, se establecen de manera caprichosa dos bandos contrapuestos, atribuyéndose a la generación del 98 unas bases ideológicas y filosóficas de las que el modernismo carecería, a la vez que se acusa a éste de evasionismo estético y de frivolidad, acusaciones que se resumen en un término de nuevo cuño: "rubenismo." Una de las aberraciones de esta segregación generacional es, por ejemplo, la incorporación a la generación del 98 de escritores tan abierta y declaradamente modernistas como Valle-Inclán o Antonio Machado. Por otra parte, y siguiendo este modelo, la exclusiva de la conciencia y la preocupación por el problema de España sería solo una prerrogativa de los hombres del 98, ya que los modernistas peninsulares, se dice, no la compartirían en absoluto, embriagados como estaban de sensaciones estéticas, e incapaces de vivir en otra realidad que no fuera la de sus paraísos artificiales.

Volviendo al problema nacional que, según esta visión del fenómeno, parece haber sido objeto exclusivo de preocupación para los "hombres" del 98, quizás la mayor dificultad sea formular una aproximación al problema desde la perspectiva de la época. Ante todo, la imagen que surge es una de desenmascaramiento, de destape de una verdad que se había querido, de manera consciente o inconsciente, ocultar. España ya no puede seguir escondiendo el alma. Es decir, ya no puede, para usar la acertada expresión de Américo Castro, "vivir desviviéndose" (39), vivir fingiendo ser lo que desde hace mucho tiempo ya no es. Es una "sensación de vacío vital" (37), como dice en otra parte el mismo Castro, que no se puede disimular por más tiempo. Herbert Ramsden, por su parte, ofrece la siguiente respuesta: "El problema de España es primariamente un problema psicológico: España... carece de un principio básico que la guíe" (cit. en Cardwell 41). Se tiene la idea de que, desde la Contrarreforma, España había vivido de espaldas a la historia, con el reloj parado en una hora sin tiempo, dejándose petrificar en unas formas religiosas, políticas y sociales—las del imperio—cuyas ruinas estaban ahora a la vista de todos. Ante esta irrecusable evidencia, se sintió, como nunca antes se había sentido, la imperiosa necesidad de un cambio de ritmo y de música, salir del estancamiento cultural en que el país llevaba sumido durante más de dos siglos, sincronizar el reloj de España con el reloj de la historia y acompasar su *latido vital* para que sonara al unísono con el de Europa. El problema nacional de España no era, sin embargo, un problema de formas políticas o económicas, como pudiera pensarse en un primer análisis superficial del asunto. Era un problema cultural, y el mayor de la vida española, por cuanto afectaba a la esencia de su identidad como nación. Cierto es que esa bancarrota cultural condicionaba las formas políticas, económicas y sociales de España. La idea básica que parece polarizar todas las conciencias intelectuales del momento es la idea de que la española es una cultura fracasada, y que el naufragio de España se debe a la brecha abierta entre lo que la nación pretende ser como voluntad histórica—cuya plasmación fue el imperio español de los siglos XVI y XVII—y lo que en realidad es: una nación "des/orbitada" de la trayectoria del mundo moderno.

Lo importante, y ahí radica toda la fuerza del simbolismo que tiene esta fecha de 1898, es que por fin se siente que el problema de España no puede disimularse ya. España toca fondo; no puede hundirse más. Y no hay sino dos alternativas: o se queda atrapada en el fondo, o empieza a ascender lentamente hacia la superficie. La fecha es significativa porque marca un punto de inflexión preciso en el tiempo. Se dice que España está en decadencia. La conciencia de la decadencia del país se agudiza tanto que, por primera vez, el enfermo reconoce y acepta que está enfermo. Es el primer paso para la curación, de ser ésta posible todavía. Sólo reconociendo su enfermedad podrá admitir el diagnóstico y la aplicación de los remedios adecuados al caso. Hasta entonces, España había negado una y otra vez la existencia de la enfermedad.

Y al hacer el diagnóstico del problema, pronto se ve que este lleva enquistado en el "cuerpo" cultural de la nación mucho más tiempo del que se pensaba. "En el siglo XVII España se halla ya en decadencia," dice Azorín en uno de sus artículos (834). Es decir, desde el mismo momento en que, con la llegada masiva de la plata de América, España se vuelve un país de nuevos ricos o que se creen tales.

Sin embargo, a más de cien años de distancia, tras la lectura de tanta crítica sobre la España y la literatura de la época, es probable que la visión que se tenga ahora del fenómeno aparezca un tanto distorsionada frente a cómo realmente sucedieron las cosas. El problema de España no afectó a todos con la misma intensidad ni fue visto por todos de la misma manera. Baroja, en *El árbol de la ciencia*, alude a una canción popular que escucha el protagonista, el médico Andrés Hurtado, a su vuelta a la capital de España después de haber ejercido su profesión en un olvidado poblachón manchego:

> Parece mentira que por unos mulatos
> estemos pasando tan malitos ratos;
> a Cuba se llevan la flor de la España,
> y aquí no se queda más que la morralla. (2: 542)

Baroja pinta de manera muy efectiva el clima de efervescencia popular previo al desastre, lleno de optimismo y confianza en una rápida victoria sobre los americanos, calificados despectivamente de "vendedores de tocino," que los políticos alimentaban: "Había alborotos, manifestaciones en las calles, música patriótica a todo pasto" (2: 542). Pero lo más significativo es lo que dice a continuación, al describir la situación en la capital de España inmediatamente después del desastre:

> A Andrés le indignó la indiferencia de la gente al saber la noticia. Al menos él había creído que el español, inepto para la ciencia y la civilización, era un patriota exaltado, y se encontraba que no; después del desastre de las dos pequeñas escuadras españolas en Cuba y en Filipinas, todo el mundo iba al teatro y a los toros tan tranquilo; aquellas manifestaciones y gritos habían sido espuma, humo de paja, nada. (2: 543)

Rubén Darío corrobora estas impresiones en un artículo escrito al llegar a Madrid el primero de enero de 1989, recogido luego en la primera edición de *España contemporánea* (1901), uno de los primeros libros del novecientos que abordan con claridad y mucha perspicacia las claves esenciales del problema de España:

España ya sabéis en qué estado de salud se encuentra; y todo el mundo, con el mundo al hombro o en el bolsillo, se divierte: ¡Viva mi España! Acaba de suceder el más espantoso de los desastres; pocos días han pasado desde que en París se firmó el tratado humillante en que la mandíbula del yankee quedó por el momento satisfecha después del bocado estupendo: pues aquí podría decirse que la caída no tuviera resonancia. (*España* 90)

Como dice lúcidamente Darío en otra página del mismo libro, "a España no le han faltado nunca ganas y dinero para divertirse" (*España* 217). Y esto fue evidente incluso en aquellos momentos en que la noticia de la *débâcle* parece haber golpeado el herido el patriotismo de muchos españoles, y sonado como un descomunal campanazo en las conciencias de muchos otros. Se tiende a pensar que el desastre galvanizó a la sociedad española y la paralizó en una suerte de magno examen de conciencia, que la voz de los intelectuales fue un clamor que se oyó en el mundo entero; pero la realidad, como siempre, es más compleja, más extraña, más borrosa y confusa de lo que muchos historiadores quisieran hacer creer con sus relatos más o menos lineales.

Si la indiferencia fue, ante el desastre, la respuesta generalizada de unas masas populares sometidas a la servidumbre de las necesidades de su diaria "vividura," y ávidas, por tanto, de diversión y pasatiempos, también hay que decir que entre los intelectuales la visión que se tiene del problema de España y los remedios que cada uno propone para una "regeneración" del país—palabra clave entonces—distan de tener la uniformidad con que pueden verse desde la perspectiva actual. No piensan igual, ni de lejos, sobre el problema de España Maeztu que Unamuno. Ganivet fue un espíritu consumido por contradicciones profundas, una figura anómala y solitaria dentro de su generación. Su visión de España es en ocasiones incompatible con la de Azorín o la de Antonio Machado. El tratamiento del paisaje castellano de éste último contrasta grandemente con el de Valle-Inclán o Juan Ramón Jiménez. Las diferencias estéticas y de opinión llegaban con frecuencia a lo personal. No eran raros los duelos por un "quítame allá esas pajas." Enrique Gómez Carrillo, el modernista guatemalteco que vivía a caballo entre Madrid y París y publicaba sus artículos en los principales diarios de la capital española, era temible con la espada y con la pluma. Valle-Inclán perdió un brazo a causa de una disputa de café con Manuel Bueno. Baroja cuenta que yendo en una ocasión en compañía de Unamuno por la carrera de San Jerónimo, apareció Valle-Inclán andando en sentido contrario y que el gallego, al pasar a su lado, les negó el saludo. "Eran por entonces [Unamuno y Valle-Inclán] hostiles en

teorías literarias," sigue diciendo el novelista vasco, "y no se reconocían ningún mérito el uno al otro" (7: 863). Anécdotas como esta se pueden encontrar a cientos en las memorias de Pío Baroja. Como se ve con claridad, se trata
de un momento de surgimiento de grandes individualidades que encaran el
problema de España desde posiciones muy distintas y distantes.

Pero además, el problema de España no se daba tampoco por igual en todas partes. Quizás era este uno de los síntomas más alarmantes de la enfermedad. Por ejemplo, se podría decir que el problema de España afectaba a Madrid,
pero que no afectaba en absoluto, o por lo menos no con la misma intensidad,
a Barcelona. En este sentido, es muy significativo el estupor de un viajero hispanoamericano excepcional al desembarcar en el puerto de Barcelona en los
últimos días de 1898, procedente de Buenos Aires. La riqueza de la capital catalana deslumbró al visitante, que no era otro que Rubén Darío, comisionado
por el diario *La Nación* de Buenos Aires para recoger *in situ* las primeras impresiones de la derrota (Darío, *España* 79-88). Barcelona pasaba por entonces
por uno de sus mejores momentos económicos y culturales. El *modernisme*
catalán—autónomo del hispanoamericano, pero con idéntico anclaje en las
estéticas de París—llevaba ya por entonces unos seis años de andadura, puesto
que las primeras *festes modernistes* se habían celebrado en Sitges entre 1892-94.
En realidad, este movimiento estético catalán de ruptura con el pasado y de
modernización formal y temática, que abarcaba todos los órdenes de la expresión artística: pintura, escultura, música, literatura, arquitectura, etc., se había
iniciado en la década anterior, y cabe considerarlo como el evidente reflejo de la
sofisticación y riqueza que había llegado a alcanzar una parte de España a costa
de la otra parte. El consumo de obras artísticas, el esplendor de la tipografía y
de las artes gráficas, el desarrollo de la pintura, la arquitectura, la música y la
escultura recibieron el fuerte impulso en aquellos años de una burguesía adine-
rada, muy opulenta, que había amasado grandes fortunas gracias a los flujos de
un proletariado de emigrantes llegados de las zonas más depauperadas del país.
Una burguesía tan ávida por consumir novedades artísticas y bienes suntuarios,
como lo estaban las masas populares por divertirse.[1]

---

1   En Cataluña, el *modernisme* no generó los violentos ataques que provocó la
aparición del modernismo en Madrid. Esto quizás pueda explicarse porque en Barcelona el modernismo fue la lógica consecuencia de una evolución natural de las artes
y las letras, en sincronía con el resto de Europa. No pasó lo mismo en la capital de
España, donde el modernismo tuvo que librar una dura batalla por imponerse, que
al final ni siquiera ganó. En la "morada vital" catalana, para emplear la expresión de
Américo Castro, el *modernisme* no representaba ninguna contradicción con la esencia cultural catalana. Algo muy distinto sucedió en la "morada vital" de Castilla, don-

El contraste con la empobrecida capital del ruinoso un imperio en cuyos confines no llegaba a ponerse el sol, era sencillamente tremendo. Refiere López Lapuya en su crónica sobre la vida bohemia de los españoles en el París finisecular, que Luis Bonafoux había bautizado Madrid como "Cacápolis," sin dejar por ello de sentir a veces "la nostalgia de la caca" (176). La primera impresión de Unamuno al llegar por vez primera a Madrid fue, según sus propias palabras, "una impresión deprimente y tristísima" (cit. en Laín 26), y lo mismo puede decirse de la de Darío en su segunda vista a la capital, cuando adivina tras la máscara carnavalesca del jolgorio la entraña desgarrada y la calavera monda de un país moralmente agotado: "Hay en la atmósfera [de Madrid] una exhalación organismo descompuesto" (*España* 90). La metáfora es justa, y además precisa, como puede comprobarse en la novelística barojiana del novecientos.

Sirva todo lo dicho anteriormente para hacerse una idea del relieve tan irregular de aquel momento, tanto en ideas estéticas como en individualidades. No se puede perder de vista el hecho de que la invención de la generación del 98 se hizo en 1913, pero los componentes de la misma nunca habían formado antes un grupo estético definido, ni se vieron obligados—en líneas generales—a luchar contra la hostilidad del medio literario nacional. Lo dice uno de los más conspicuos miembros de la supuesta generación, Pío Baroja, en uno de sus artículos:

---

de el modernismo puso patas arriba una vida cultural estancada en sus formas desde hacía varios siglos. Ya dije que el *modernisme* catalán tenía una vinculación directa con las escuelas de París. Por el contrario, los modernistas madrileños descubren la poesía francesa del simbolismo, en un primer momento y de manera indirecta, a través de la obra de los modernistas hispanoamericanos. Pero ambos modernismos, el catalán y el castellano, convergen en una misma dirección, durante las dos primeras décadas del siglo XX, con una propuesta de modernización cultural para España que por sí misma hay que considerar como una respuesta global al problema nacional de España. Me parece que la crítica española ha contribuido a ahondar las distancias, un tanto artificiales en principio, entre ambos espacios culturales, no sólo con su manifiesta indiferencia por el *modernisme* catalán, sino también por su hasta hace no mucho casi absoluto desinterés por la evolución del modernismo en el resto de España. Por otra parte, y pese a las diferencias que ya he señalado aquí, no creo que puedan estudiarse por separado. Falta, en cualquier caso, un estudio comparativo. Por el momento, se puede apuntar el hecho de que muchos ilustradores modernistas catalanes se pasaron a Madrid, donde hicieron carrera en los principales periódicos y revistas. Entre los escritores modernistas que vinieron de Cataluña, señalemos a Eugenio d'Ors y a Eduardo Marquina. No es frecuente la crítica del modernismo que toma en cuenta ambas vertientes del mismo fenómeno. Una excepción la constituyen los trabajos de Giovanni Allegra (121-39; 233-65).

Yo siempre he afirmado que no creía que existiera una generación del 98. El invento fue de Azorín, y aunque no me parece de mucha exactitud, no cabe duda que tuvo gran éxito, porque se ha comentado y repetido en infinidad de periódicos y de libros no sólo de España, sino del extranjero. El concepto venía a llenar un hueco.... Una generación que no tiene puntos de vista comunes, ni aspiraciones iguales, ni solidaridad espiritual, ni siquiera el nexo de la cosa, no es una generación. La fecha no es tampoco muy auténtica. ¿Había algo de común en la generación del 98? Yo creo que nada. (2: 1240-41)

Ese hueco que había que llenar del que habla Baroja es, precisamente, el *hueco* del modernismo en España, cuya vasta geografía literaria se despliega a lo largo de los treinta años que van de 1898 a 1928.

Porque, en el caso del modernismo peninsular, ocurre, precisamente, todo lo contrario. Desde la llegada de Rubén Darío a Madrid, en enero de 1899, se forma ya un primer grupo modernista, cuyo seguimiento y andanzas no se han indagado con el necesario detalle hasta el presente. Este grupo estaba formado al principio por Rubén Darío, Villaespesa y los hermanos Machado; a éstos se unirá Juan Ramón Jiménez en la primavera del año siguiente. Este es el núcleo inicial que va a librar la batalla del modernismo, es decir, la batalla por la renovación del lenguaje literario y las ideas estéticas en España. Y no es en absoluto una metáfora. Manuel Machado, por ejemplo, llegaría a titular uno de sus libros *La guerra literaria* (1913). Lily Litvak, en uno de sus ensayos, señala que "una de las características más notables de la crítica antimodernista es su virulencia" (397). Fue una guerra de verdad, literariamente, es decir, literalmente. No es que no hubiera habido antes un conjunto de aspiraciones de renovación formal y temática, de nuevas ideas estéticas, de inquietudes espirituales y de ideales políticos y sociales; todo esto estaba flotando en el aire de España desde hacía una década por lo menos. Pero sólo a partir de entonces, con la bandera del modernismo, todas esas ideas adquieren una dirección y una intención definidas. Lo que el modernismo propone de revolucionario en este preciso momento es lo que explica la virulencia tremenda del antimodernismo, el cual acabó ganando la batalla. Como ha dicho Lily Litvak, a cuyo magisterio hay que acudir de nuevo, si el modernismo se hubiese reducido a una mera renovación formal de la poesía, "la crítica no hubiera reaccionado tan hostilmente. La violencia de esta respuesta revela que en realidad el modernismo intentaba llevar a cabo algo más importante: un cambio de fondo y no sólo de forma, y presentaba una nueva escala de valores que iban más allá de la poesía" (397). Por tanto, se trataba de algo más, mucho más. A la cultura española los modernistas le imprimieron eso que los anglosajones llaman, usando un término de física mecánica, *momentum*.

Es por eso que resulta inaceptable la visión histórica que se ha venido dando del modernismo peninsular como de un grupúsculo de poetas, versificadores superficiales cuyas creaciones carecen valor; voces epigonales que seguían a Darío como una tribu estrafalaria, tachados de afeminados y decadentes, cuando no directamente de pervertidos u homosexuales (Litvak 408-09). En esta línea de ideas, pueden mencionarse los trabajos del crítico británico Richard Cardwell, a quien "la separación [...] de la generación finisecular en dos grupos" le parece "completamente arbitraria" (99). Se puede estar o no de acuerdo con esta opinión, pero no se puede establecer una diferencia tajante entre 98 y modernismo en base a la dicotomía entre la obsesión por el problema de España (como exclusiva del 98) y el desinterés por la realidad nacional y el evasionismo estético (que serían las "enfermedades" del modernismo). Primero, porque el problema de España no era nuevo en la literatura española.[2] Y en segundo lugar, porque—y esto es mucho más importante—el problema de España fue también central en la obra de los modernistas españoles.

Se puede pensar en lo que separa a modernismo y 98, como ha hecho hasta ahora la crítica tradicional (por ejemplo Salinas, Díaz-Plaja, Laín Entralgo y Cernuda, entre otros muchos), y ahondar en las diferencias; pero también se puede partir de aquello que los une, y esto es mucho más productivo que lo anterior. Existen muchos más puntos en común de lo que en general se piensa. El llamado problema de España, lejos de ser algo que los aleja o diferencia, es una preocupación compartida. Si no en las soluciones propuestas—que pueden diferir en función de la personalidad y de las ideas de cada individuo—el problema de España los une, sobre todo, en las formas literarias que adquiere esa obsesión. Cardwell, por ejemplo, destaca "las estrechas relaciones que existen en las parecidas respuestas líricas y emocionales [de Modernismo y 98] frente al problema psicológico general en toda una generación" (99). Son hijos de la misma geografía y del mismo momento

---

2   Ya había sido el objeto central del llamado "regeneracionismo" español, que ocupa todo el último cuarto del siglo XIX y se prolongará además por las primeras décadas del XX, y cuyo paradigma fue Joaquín Costa (1844-1911). El "regeneracionismo" era, más que una filosofía, una ideología política de base krausista que constituía, en esencia, un intento—que raras veces pasó de la mera teoría—por renovar las formas políticas, económicas y sociales de la España caduca y caciquil de la Restauración y curar los males de todo tipo que la aquejaban.

histórico; aunque las respuestas artísticas difieran en apariencia, los une la necesidad de responder a las mismas preguntas, y viven inmersos en un idéntico *continuum* emocional que propicia la porosidad estética.

Siguiendo al crítico británico en un interesante análisis del modernismo latente en el más antimodernista de los hombres del 98, se podría poner a Unamuno como ejemplo de la permeabilidad al modernismo. Cardwell distingue una "veta" modernista en la obra de Unamuno, localizada concretamente en la literatura excursionista del escritor vascuence; es decir, en los ensayos reunidos en los libros *Por tierras de España y Portugal* (1911) y su continuación, *Andanzas y visiones españolas* (1922). Cardwell concluye, para resumir, que las descripciones paisajísticas de Unamuno son plenamente modernistas por una razón fundamental: porque su manera de contemplar y de procesar literariamente el paisaje es la misma que la de los modernistas. Habría, así, un trasfondo modernista en su manera de contemplar el paisaje. Cardwell afirma que este tipo de literatura, la literatura de excursión, de viajes y peregrinaciones revela la "obsesión generacional [de] descubrir España" (88). Un poco más adelante, explica que la intención de aquellos viajeros y caminantes infatigables (Unamuno, Machado, Jiménez, Ortega, etc.) era "descubrir los rincones olvidados del país, pero también fue el deseo de huir de una realidad presente hacia un mundo de ensueño y de ilusión.... La busca de la realidad geográfica española se revela a veces como la busca de algo irreal" (88). Porque, sigue diciendo, "el viajar es también un modo de huir" (90). Aunque Cardwell no lo diga es evidente que este afán "evasionista" es paralelo al tan denostado de los escritores modernistas, y mostraría a los hombres del 98 atacados por el mismo "mal." En otra página insiste: una de "las preocupaciones más destacadas [de aquella generación fue] el deseo de huir" (95). Ahora bien, ese deseo de huir llevaba calando hasta los huesos a los modernistas hispanoamericanos desde hacía ya más de dos décadas. Por ejemplo, y sin ir más lejos, en el Julián del Casal de "Nostalgias" o el de "La última ilusión," cuyo mejor comentario sería sin duda esta afirmación de Unamuno que cita Cardwell en su trabajo: "¿Para qué hacer el viaje? Hay un momento en la vida en que descubrimos que la imagen de la realidad es mejor que la realidad misma" (99). Esta afirmación podría considerarse como el mejor comentario a fenómenos tales como el exotismo modernista, el carácter adictivo de esta retórica y sus pulsiones escapistas.

Ya se ha apuntado en párrafos anteriores que, con toda lógica, la aparición del modernismo en España debe considerarse en sí misma como una respuesta al problema de España. Desde el momento de su advenimiento al escenario peninsular, se produce una violenta y encarnizada reacción antimodernista que tiene muchas causas, pero que, al menos hasta cierto punto, se explicaría también como una reacción psicológica tras la humillación recibida con la derrota del 98 y la consiguiente cesión y pérdida no sólo de las últimas posesiones coloniales en manos los Estados Unidos, sino también de toda influencia cultural y política en un escenario por el que España se había paseado soberana durante varios siglos. El síndrome poscolonial y la consiguiente afrenta que significaba aceptar un movimiento de renovación de origen hispanoamericano, o el magisterio de los escritores del otro lado del Atlántico—Darío fue atacado por indio y por negro, no sólo por los gacetilleros de la prensa castiza, sino por el propio Unamuno—probablemente explican mejor que ninguna compleja teoría crítica el repliegue de los críticos peninsulares y su requintamiento en ese casticismo garbancero que no hallaba mejor defensa de España que acusar a los modernistas de extranjerizantes y degenerados. El modernismo fue acusado de femenino, de frívolo, de decadente. Pero la principal conclusión que se saca de la lectura de esos ataques encarnizados, es que el nuevo movimiento intelectual era visto como una estética incompatible con el ser de España. Las evidencias muestran que la reacción antimodernista consiguió ganar históricamente la partida. Hasta hace no mucho el modernismo peninsular era apenas un paréntesis en la historia de la literatura española que, sin mayores molestias, se liquidaba a pie de página. Se lo consideraba como un sarampión estético venido de afuera y altamente contagioso que por poco tiempo había afectado a algunas de las figuras del canon noventayochista (Antonio Machado, Valle-Inclán, sobre todo; lo mismo ocurrirá más adelante con Juan Ramón Jiménez) y generado una retahíla de poetas y escritores de segunda y tercera fila insignificantes en términos generacionales.

A pocos casos se podría aplicar mejor lo de que "el árbol no deja ver el bosque" que al del modernismo español. Se dice de los modernistas que no estaban interesados en España, que se habían encastillado en la torre de marfil, que la realidad circundante les resultaba odiosa y prosaica y que, frente a ella, preferían la huida o la evasión, bien elevándose hacia las etéreas regiones de la belleza ideal, bien buscando los turbios placeres de los paraísos artificiales. Esta es, sin embargo, una visión estereotipada que el antimodernismo ha logrado colar y que la inercia de la periodización literaria fue consolidando y agrandando con el tiempo. Dicha imagen ha impedido ver que el modernismo, lejos de ser indiferente al problema de España, era en realidad *la* respuesta al problema de España. Por eso su nuevo vocabulario, su completa renovación temática y retórica de la poesía española, su intrépida y agresiva propuesta de un cambio revolucionario de los valores artísticos, y, en definitiva—y puesto que de la estética a la ética no hay sino un paso—su modo de vivir y de estar en la "morada vital" española, promoviendo valores sociales y éticos diferentes a los aceptados durante siglos de estancamiento, fueron vistos como una poderosa amenaza para los que preferían que España siguiera perpetuando el estado letárgico de su devenir.

Es en este sentido que la batalla entre modernismo y antimodernismo podría plantearse en términos, por ejemplo, de civilización y barbarie, para emplear la célebre antítesis de Sarmiento, o en los de Reforma y Contrarreforma. En el primer caso, se tendría, por el lado de la barbarie, es decir, del antimodernismo, el charro lenguaje literario heredado de un realismo varado en el costumbrismo, la nobleza zafia e ignorante de la España de la Restauración, los toros, tan denostados por Eugenio Noel, el flamenquismo de pacotilla para uso de extranjeros y turistas, y, en definitiva, Madrid como símbolo y capital—por lo demás, derrotada, humillada—de esa cultura de vuelo bajo que era expresión de la gazmoñería y la mediocridad de una burguesía de medio pelo, sin grandes apetencias artísticas; en suma, la "cacápolis" de Bonafoux. En cambio, del lado de la civilización (en sentido históricamente "inverso," ya que la misma llegaba ahora desde los países de la América española), representada aquí por el arribo del modernismo, estarían los refinamientos estéticos del modernismo, su sensibilidad, su culto a la aristocracia del espíritu.

Si, por otro lado, se considera la guerra literaria de 1898 a 1915 (fechas, ambas, relativas) en términos del segundo de los binomios propuestos—Reforma *versus* Contrarreforma, o viceversa—se puede apreciar con claridad cómo el modernismo repite de alguna manera, salvando todas las distancias, esta dicotomía histórica en el decurso de la vida española. No se pretende aquí afirmar que el alcance y la significación de la guerra literaria entre modernistas y antimodernistas haya adquirido, ni de lejos, las proporciones históricas que se derivaron del debate religioso entre erasmistas y contrarreformistas, el cual determinó la ulterior evolución—más bien involución—de la cultura española. Pero la comparación resulta interesante, sobre todo, porque repite, a nivel estético (sin olvidar nunca que toda estética comporta necesariamente una ética, lo que Juan Ramón definía como ética estética), un debate central en una cultura: la aceptación de un modelo cultural en apariencia extranjero. Siguiendo la comparación, se podría llegar incluso al nivel de las individualidades y establecer así un paralelismo, por ejemplo, entre Erasmo y Rubén Darío. Éste, a la cabeza de las nuevas ideas, con libros como *Prosas profanas*, que eran vistos como un escandaloso desafío por las autoridades académicas (Pereda y Emilio Ferrari pronunciaron, en 1898 y 1905, respectivamente, sus discursos de entrada en la Real Academia contra el modernismo), aparecía como el gran reformador, el "hereje," el afrancesado, el extranjerizante. Es decir, el modernismo como herejía estética.

Pero además de aportar un nuevo lenguaje (y conviene enfatizar que se trataba de un lenguaje crítico, que era el instrumento que más necesitaba España para afrontar el diagnóstico, y a partir de ahí la cura de sus problemas), el modernismo inicia un proceso de revalorización de la cultura española basado en el rescate de las zonas que el devenir de la historia y la intolerancia religiosa habían dejado a oscuras, y en una reconciliación esperanzada y optimista de las tres culturas. El modernismo vuelve los ojos hacia ese pasado de convivencia sin fricciones ni contradicciones culturales de las tres castas que componían el entramado social de España en los siglos XIII, XIV y XV. Es desde esta perspectiva que habría que contemplar el rescate de las formas literarias y artísticas de la España medieval realizado por Darío y sus seguidores. En su discurso de recepción ante la Academia, bien pudo don Emilio Ferrari comparar el modernismo con el *Cancionero de Baena*—prototipo lírico, según Castro, del proceso de síntesis de las tres culturas durante aquellos siglos (543)—y despotricar contra ambos por ser "'flores de invernadero,' arte decadente de sutilezas escolásticas y fríos alambicamientos de estructura" (cit. en Litvak 407). Una observación que no carecería de acierto si se la tomara en el sentido positivo que obviamente Ferrari no veía. Es decir, como expresión de una vuelta a, y recuperación de ciertas zonas olvidadas de la tradición cultural española. Muy conocidos son los siguientes versos de Darío, dedicados a un primitivo español, Gonzalo de Berceo:

> Amo tu delicioso alejandrino
> como el de Hugo, espíritu de España;
> este vale una copa de champaña,
> como aquel vale "un vaso de bon vino."

Los ejemplos abundan. Un caso notable es el rescate que el mismo Darío realiza de la figura de Góngora, a quien saca de las penumbras del pasado y de los infiernos de la Real Academia Española para situarlo en el primer plano del escenario cultural de la época. Un rescate que los miembros de la generación del 27 culminarán veinte años después. Algo muy parecido es lo que hace Manuel Machado en su "teatro pictórico" con el rescate "de la España más profunda del Greco" (Allegra 226). Hay que subrayar que esta actitud resultaba muy natural en el modernismo peninsular, ya que en cierto modo el fenómeno puede leerse como una vuelta al Barroco; o, mejor dicho, como un retorno cíclico del Barroco, esta vez en oleada transatlántica.

Tal vez el siguiente ejemplo permita un mejor entendimiento de esta conexión inversa entre modernismo y Barroco. Dice Aguiar e Silva que uno de los rasgos más característicos del Barroco es que "la expresión de la religiosidad ... está íntimamente asociada a motivos eróticos" (285). Pues bien, el modernismo va a hacer suya esta ambivalencia, sólo que dándole la vuelta. Así, la expresión del erotismo se vehiculará con frecuencia a través de la imaginería religiosa y del pío, pero rico y sugestivo, vocabulario litúrgico, reservados hasta entonces para las obras "a lo divino." También puede servir de ejemplo el caso del pintor José de Ribera, el *Spagnoletto* (1591-1652), que solía usar a prostitutas y a delincuentes como modelos para las santas y los santos que figuran en sus cuadros religiosos. Los modernistas harán lo mismo, pero exactamente al revés: elevarán a las prostitutas a categoría de santas, y hasta los bohemios más desastrados y criminales serán también glorificados. Desde esta perspectiva barroca se entiende mucho mejor la devoción que en sus poemas y sus relatos profesa Emilio Carrere por las prostitutas de Madrid, a las que otorga atributos divinos, o el misticismo canalla que permea *Santa Isabel de Ceres*, la novela de Alfonso Vidal y Planas, o el apostolado bohemio de *La santa bohemia*, de Ernesto Bark. Por lo demás, en el modernismo fluyen sin contradicción las dos tendencias estéticas que recorren el Barroco español: culteranismo y conceptismo, que ahora se llaman parnasianismo y simbolismo. El modernismo peninsular acuña también, esta vez en boca de sus detractores, una nueva nomenclatura para estos dos fenómenos que se repiten: preciosismo o rubenismo, por un lado, y el "verso denso" de Antonio Machado (y de Unamuno) por el otro. Sólo que ahora ambas tendencias ya no son forzosamente incompatibles y pueden convivir y manifestarse sin aparente contradicción en el mismo poeta. Basta pensar, por ejemplo, en el Darío de *Prosas profanas* (1896) y el de *Cantos de vida y esperanza* (1907).

Esta revalorización del pasado cultural hispánico la realiza el modernismo con inusitado optimismo, a través de una reconstrucción que nada tiene de pasatiempo arqueológico o de exotismo parnasiano, y menos aún como válvula de escape del presente. En realidad, más que de reconstrucción de algo que se hubiese desmoronado, se trataría más bien de la fabricación de algo nuevo que no existía antes. Es decir, una *construcción estética neohistórica* basada en lo que por la misma época, y ello es en sí mismo muy significativo, Miguel de Unamuno denominaba como *intrahistoria*. Es desde la perspectiva de la intrahistoria, que los modernistas españoles observarán las formas en que se ha plasmado el devenir cultural de España, para así reconstruir el pasado, y al reconstruirlo, *inventarlo de nuevo*.

Esta visión del pasado, aunque profundamente estética, como ya se dijo antes, no tuvo, en los mejores casos al menos, nada de evasión. Se puede pensar que las necesidades de reconstrucción del pasado de España en sus formas intrahistóricas (como ocurre, por ejemplo, en el poema "Retratos" de Darío, recogido en *Cantos de vida y esperanza*), que ese viajar al pasado para revivir "pedazos de historia" como si fueran viejos poemas que se corrigen de nuevo, no son sino algunas de las formas que asume la angustiosa hambre de exotismo que padecía el modernismo. Así, podemos ver en el "primitivismo," en el "neocastellanismo" (Allegra 108) y en el "neomedievalismo" del modernismo peninsular, nuevos naipes para la vistosa baraja de exotismos con que ya jugaban al truco los modernistas del otro lado del Atlántico, fascinados por el Japón o la Francia del siglo XVIII. En España, la reconstrucción del pasado les sirve a los modernistas, más bien, y antes que para evadirse de la realidad inmediata circundante, para interpretar algo así como el presente intemporal de la realidad histórica de España. De esta manera, la moda versallesca, antes mencionada, la cual causó furor al principio entre los modernistas hispanoamericanos, tiene su correlato en las evocaciones de Aranjuez y del Madrid de Carlos III, pero, lejos de constituir un mundo de evasión, de espejismos estéticos—construcción libre de la imaginación sin conexiones con la realidad inmediata presente o pasada—echa raíces en la historia de España y se erige por sí misma como visión significativa de la realidad nacional.

Finalmente, el modernismo aportaba, sobre todo, una poderosa corriente emocional de optimismo y de confianza absoluta en las propiedades transformativas del arte para cambiar la realidad española, superar los complejos históricos que la mantenían al margen del mundo moderno, y, en definitiva, de dar respuesta a sus problemas sociales y políticos. Puede que ese optimismo se haya diluido con el tiempo, menoscabado y erosionado lentamente por los feroces ataques de la crítica antimodernista; que los problemas de España se mostraran por completo refractarios a la benéfica labor de la estética. Lo importante es que esa corriente de optimismo fluyó inalterable durante más de una década y media en la vida cultural española, y que el modernismo, pese a todos los intentos de descrédito por parte de la crítica castiza, se mantuvo firme proponiendo una síntesis cultural para España que planteaba la necesaria aceptación de las diferencias culturales y su integración armónica en un nuevo arquetipo cultural, que sintetizase todas las aportaciones humanas del devenir histórico de España, desde el indio precolombino al cristiano de Castilla, del criollo hispanoamericano al judío converso, del árabe refinado al

gitano vagabundo. No se puede entender el modernismo sin esa visión sinté-
tica, optimista y armónica, de las diferentes culturas, que Darío supo en aquel
momento expresar mejor que nadie:

> Un continente y otro renovando las viejas prosapias,
> en espíritu unidos, en espíritu y ansias y lengua,
> ven llegar el momento en que habrán de cantar nuevos himnos.
> La latina estirpe verá la gran alba futura,
> en un trueno de música gloriosa, millones de labios
> saludarán la espléndida luz que vendrá del Oriente,
> Oriente augusto en donde todo lo cambia y renueva
> la eternidad de Dios, la actividad infinita.
> Y así sea Esperanza la visión permanente en nosotros,
> ¡Ínclitas razas ubérrimas, sangre de Hispania fecunda! (*Cantos* 43)

En conclusión, se puede afirmar que el modernismo no desconoció el
problema de España, sino todo lo contrario. La conciencia del problema y la
preocupación por España no fueron, pues, algo exclusivo de los hombres de
la generación del 98. El examen de los hechos y de las obras muestra un panorama por completo distinto. Ante todo, porque una de las primeras aproxi-
maciones al problema español, ya desde la perspectiva del 98 y después de la
débâcle de la guerra, fue hecha nada menos que por el propio Darío, cuya obra
España contemporánea, formada por artículos publicados entre 1899 y 1900,
y publicada en París en 1901, es una de las pioneras en tratar el problema de
España desde dicha perspectiva. Es más: la aparición del modernismo en España justo después de que se produjera el *desastre* no puede verse sino como
una *respuesta global* al problema de España. Una respuesta que descansa en
tres elementos fundamentales: 1) La forja de un nuevo lenguaje intelectual y
artístico—y con el lenguaje, el profundo cambio de valores estéticos, morales
y sociales que aquel lenguaje implicaba—el cual abrió las vías a un auténtico renacimiento cultural de España cuya gloria otros se repartirían después,
pues no siempre se han acreditado sus muchos logros en el haber del modernismo; 2) Una reconstrucción estético-ideológica de la historia y la cultura
de España, basada en la búsqueda y la contemplación de su paisaje esencial,
en el rescate de buena parte de su antigua literatura y en la revalorización
de ciertas formas de cultura marginadas por los prejuicios y la intolerancia
religiosa; y 3) La propuesta de una síntesis cultural que sirviese de conexión
con la modernidad europea; un *mestizaje* cultural que permitiera la adaptación de elementos modernos al ser de España, incorporando a esta en el flujo

histórico del mundo moderno. Lo que había logrado la independencia en las naciones hispanoamericanas, lo hace al fin el modernismo con la vieja nación colonial, que fue la última en despertar de ese sueño que la tuvo alejada del latido del mundo.

Obras citadas

Aguiar e Silva. *Teoría de la literatura*. Madrid: Gredos, 1972.

Allegra, Giovanni. *El reino interior. Premisas y semblanzas del modernismo en España*. Madrid: Encuentro, 1986.

Azorín. *Ensayos*. Madrid: Espasa, 1998. Vol. 2 de *Obras escogidas*. 3 vols. 1998.

Baroja, Pío. *Obras completas*. 8 vols. Madrid: Biblioteca Nueva, 1946.

Cardwell, Richard. "Modernismo frente a 98: el caso de las andanzas de Unamuno." *Anales de literatura española* 6 (1988): 87-107.

Castro, Américo. *La realidad histórica de España*. México: Porrúa, 1954.

Darío, Rubén. *Cantos de vida y esperanza*. Managua: INC, 2005.

——————. *España contemporánea*. Managua: Academia de la Lengua, 1998.

Litvak, Lily. "La idea de la decadencia en la crítica antimodernista en España (1888-1910)." *Hispanic Review* 45 (1977): 397-412.

López Lapuya, Isidoro. *La bohemia española en París a fines del siglo pasado*. Sevilla: Renacimiento, 2001.

Salinas, Pedro. "El problema del modernismo en España o un conflicto entre dos espíritus." En *Modernismo y 98*. Ed. Francisco Rico. Barcelona: Crítica, 1980. 53-63.

Entre Kant y Fichte: el problema de la subjetividad en el pensamiento de Antonio Machado

Nuria Morgado
College of Staten Island and
The Graduate Center - CUNY

E L PROPÓSITO DE ESTE artículo es el de plantear algunas cuestiones
filosóficas del pensamiento de Antonio Machado en conexión con la
metafísica de Immanuel Kant, haciendo hincapié en las nociones de
objetividad y subjetividad. Se señala, asimismo, el reconocimiento del Otro
por parte de Machado, revelando una superación del solipsismo e individualismo kantiano en la que se descubren ecos fichteanos.[1] Aunque Kant considera la comunidad interpersonal, ética, de los hombres, no estudia la relación
entre el Yo y el Otro. En estos límites de la metafísica kantiana se detiene
Machado para elaborar un pensamiento que formula el problema del Tú, del
Otro, ya iniciado por Fichte. Hoy en día nos encontramos con el intento de
Emmanuel Lévinas de resolver el problema del solipsismo racionalista a través de una ética teológica del Otro, muy parecida a la de Machado.

La crítica en general ha puesto de manifiesto, sobre todo, la influencia
de Nietzsche y Bergson en el pensamiento filosófico de Machado, pero la
presencia de Kant y la de Fichte, sobre todo en lo que respecta a las cuestiones planteadas en este trabajo, ha sido menos explorada.[2] La presencia de la

---

1   La relación entre el yo y el otro es un problema que descubre Descartes y
queda sin resolver, hasta que lo formula y desarrolla más tarde Fichte. Para más información sobre el tema, véase *Teoría y realidad del otro* de Laín Entralgo.

2   Antonio Sánchez Barbudo, en *El pensamiento de Antonio Machado,* afirma
que Bergson influye en el primer concepto machadiano de "heterogeneidad" como

filosofía de Kant aparece a través de su poesía y prosa, y le ofrece a Machado un trampolín desde el que examinar las fundaciones de la metafísica del siglo XIX y sus teorías sobre la objetividad y subjetividad, desarrollando un cierto entendimiento de la otredad y señalando un efectivo diálogo con el Otro que lo lleva a los dilemas centrales de la subjetividad romántica.

La doctrina del conocimiento y la teoría del ser han sido siempre ejes de su pensamiento. Tal y como afirma el poeta sevillano en su "Biografía:" "Mi pensamiento está generalmente ocupado por lo que llama Kant *conflictos de las ideas trascendentales* y busco en la poesía un alivio a esta ingrata faena" (Machado 1524).[3] En Kant, dice Cerezo Galán, descubrió Machado la grandeza y el rigor del pensamiento racional puro frente a todo tipo de intuicionismo, sensible o instintivo.[4] El mismo Antonio Machado afirma la influencia que tuvieron en su pensamiento "los colosos de Alemania" (1531) en una carta dirigida a Ortega y Gasset, fechada en mayo de 1913: "Leo a Platón, a Leibnitz, a Kant, a los grandes poetas del pensamiento... Escuché en París al maestro Bergson, sutil judío que muerde el bronce kantiano, y he leído su obra... No llega, ni con mucho, a los colosos de Alemania" (1531). En otra carta escrita en mayo de 1919 confiesa que ha leído a los grandes filósofos, pero "[n]inguno me agradó tanto como Kant, cuya *Crítica de la razón pura* he releído varias veces con creciente interés" (1604). En *Juan de Mairena*, este profesor apócrifo afirma que la *Crítica de la razón pura* "es como un palacio marmóreo, lleno de luz, de una belleza insuperable" (2151), y en otro momento Machado afirma que: "Fue Kant el último filósofo de gran estilo. Para encontrarle su igual es preciso recordar a Platón... Todos los filósofos modernos, que merecen nombre de tales, parten de Kant, confiésenlo o no" (1184).

El interés y afición de Antonio Machado por la filosofía le vino a través de una educación y tradición familiar krausista.[5] Los Machado formaban

---

opuesto a "homogeneidad" pero que está ausente en su concepto de "otredad." Afirma que, si hay alguna vía que pueda llevar al TÚ, no es la vía lógica, sino la poética, distinguiendo así el Machado filósofo que busca el YO fundamental del Machado poeta que busca el TÚ esencial. Véase también "Importancia del hito de 'Poema de un día' (1913) de Antonio Machado en su producción poética," de Emilio J García Wiedemann.

3   Las citas de la obra de Antonio Machado pertenecen a la edición crítica de Oreste Macrí, *Antonio Machado: poesía y prosa.* 4 vols. Madrid: Espasa-Calpe y Fundación Antonio Machado, 1989.

4   Véase *Antonio Machado en sus apócrifos. Una filosofía de poeta.* Almería: Editorial Universidad de Almería, 2014.

5   Antonio Machado y Núñez, abuelo del poeta, "el médico del gabán blanco," como le conocían popularmente en Sevilla, aunque no fue propiamente un krausista, sí estuvo profundamente vinculado con los representantes más notables e ilustres del

parte en Sevilla del círculo liderado por Federico de Castro, el catedrático de Metafísica de la Universidad sevillana, a su vez discípulo y amigo de Julián Sanz del Río, fundador del krausismo español, una doctrina deudora del sistema del alemán Karl Christian Friedrich Krause.[6] Inspirada en la filosofía de Krause se encuentra la Institución Libre de Enseñanza, fundada en 1876 por Francisco Giner de los Ríos junto a Gumersindo de Azcárate y Nicolás Salmerón, iniciativa pedagógica que tuvo una gran repercusión en la vida pedagógica y cultural de España.[7] Antonio Machado y su hermano Manuel comenzaron a asistir a la Institución cuando se mudaron a Madrid en 1883. Tanto la Institución como sus maestros krausistas dejaron una profunda huella en la formación espiritual e intelectual de Antonio Machado. De hecho, una de sus citas más universales, por boca de su apócrifo Juan de Mairena, proviene del influjo de la filosofía krausista en el desarrollo de su pensamiento: "Por mucho que un hombre valga, nunca tendrá valor más alto que el de ser hombre" (Machado 1932). Incluso la célebre definición machadiana de la poesía: "la palabra esencial en el tiempo," pudo deber mucho al *Compendio de Estética* que tradujo Giner de los Ríos de Krause.[8]

racionalismo armónico, con los que colaboró estrechamente, primero en Sevilla y más tarde en Madrid. Pero se podría decir que la relación con el krausismo por parte del abuelo de Antonio Machado, no se dio solo en su relación con los krausistas españoles. Es interesante notar que Cipriana Álvarez Durán, con quien contrajo matrimonio en 1845, era hija del extremeño José Álvarez Guerra, autor de un libro titulado *Unidad simbólica y destino del hombre en la tierra o filosofía de la razón* (Madrid, 1837 - Sevilla, 1857), en el que, curiosamente, se anticipaba a las tesis del krausismo. Esta relación con el krausismo se mantuvo en la persona de su hijo, Antonio Machado y Álvarez, y de sus nietos, Antonio y Manuel.

6   El krausismo es un movimiento filosófico, una corriente de pensamiento que se inició en España a mediados del siglo XIX y repercutió en la transformación sociocultural del país. Este movimiento cultural se dio a partir del viaje que Julián Sanz del Río hizo a Alemania en 1843. Basándose en la filosofía de Krause, el krausismo español creía en la capacidad del hombre para la perfección y para encontrar ese ideal de lo humano. Esa perfección o ideal de lo humano parece asemejarse al concepto de la moral kantiana.

7   Abogaban por la secularización de la sociedad, el respeto a las opiniones disidentes, no se oponía a ninguna idea o doctrina y, frente al absolutismo, imperaba la libertad de pensamiento. Hasta la guerra de 1936, la Institución se convirtió en el centro de toda una época de la cultura española y en cauce para la introducción en España de las más avanzadas teorías pedagógicas y científicas extranjeras. Véase, por ejemplo, el libro de López Morillas, *El krausismo español*.

8   Según el filósofo alemán, en su relación de la idea de lo *bello* con la idea de lo *bueno*, la moralidad y la virtud, llama bueno "a lo esencial que en el tiempo ha

Las enseñanzas de la Institución desarrollan su interés por la filosofía. No hay que olvidar que el krausismo español es un movimiento cultural basado en el pensamiento del filósofo idealista alemán Karl Christian Friedrich Krause, a su vez influido por la filosofía de Kant. También es ilustrativo el hecho de que la concepción del Yo, esencial en la filosofía kantiana, es uno de los problemas fundamentales de la filosofía krausista, en particular de Francisco Giner de los Ríos.[9] El Yo de Machado, sin embargo, escapa del solipsismo y subjetivismo kantiano y resalta la importancia del Tú en el Yo. Como se verá a continuación, en su búsqueda del Tú esencial como complemento del Yo, se revelan ciertas coincidencias con la cuestión del *sujeto* según Johann Gottlieb Fichte, discípulo de Kant, el primer filósofo que formula el problema del Tú y trata de darle una solución (Laín Entralgo 106). Pero antes, veamos cuáles son las características del *sujeto* o el Yo kantiano.

I. LA EXPERIENCIA AUTOCONSCIENTE: EL *SUJETO* O EL YO KANTIANO.
LA OBJETIVIDAD DISFRAZADA DE SUBJETIVIDAD

Según explica Pedro Laín Entralgo en *Teoría y realidad del otro*, Kant acabó sus días sin haber llevado a término su proyecto de "una filosofía para hombres en cuanto tales... [que] había de culminar con la respuesta a la cuestión que constituye su más íntima almendra: el ser del hombre" (97). Sin embargo, sus tres *Críticas* y otros trabajos ulteriores a ellas delinean, de alguna manera,

---

de realizarse" (Krause 45). Pero no todo lo bello es en sí bueno, dice Krause; al contrario, solo es *bueno* "aquella belleza que se muestra en la *vida* y el *tiempo*; no la de las cosas eternas, porque lo eterno, como tal, no cae en tiempo, ni es bueno ni malo" (45, mi énfasis). Más adelante, en su exposición sobre la belleza en las modalidades de la existencia, distingue la existencia y la belleza infinita y absoluta de la temporal, y la eterna e ideal de la real o efectiva (Krause 56). "Todo lo que vive, esto es, todo aquello que se realiza en el tiempo, es completamente finito, individual [...]" (57). Solo lo que se realiza en el tiempo está vivo, como viva debe estar la poesía que busca Machado para provocar emoción: "Hay que poner la palabra en el tiempo, y no en el tiempo matemático, que es un mero concepto abstracto, sino en el tiempo vital; darnos la emoción del tiempo" (Machado 1365). Tal y como Mairena afirma, la poesía es el diálogo de un hombre con su tiempo. Y es que "[e]l poeta es un pescador, no de peces, sino de pescados vivos; entendámonos: de peces que puedan vivir después de pescados" (1946).

    9   Véase *Breve historia de la Institución Libre de Enseñanza*, de Antonio Jiménez Landi. También los artículos de Jesús Pedro Payo de Lucas "El concepto del Yo en los krausistas españoles: Julián Sanz del Río y Francisco Giner de los Ríos. Espíritu y cuerpo" y "La concepción antropológica en el krausismo. Krause: Una visión del hombre."

la idea kantiana de lo que el hombre es. Si para Descartes el hombre no es más que una cosa que piensa, para Kant el *res cogitans* no es la operación más decisiva del hombre. Kant, quien afirma que el pensamiento no llega al *en sí* de las cosas (*noúmeno*) sino a la realidad aparencial (*fenómeno*), aplica a la realidad humana esta distinción. También en el hombre hay una realidad fenoménica y otra esencial o nouménica. En cuanto fenómeno, el ente humano es contemplable por los demás y por sí mismo, se halla sujeto a las determinaciones físicas y puede ser estudiado mediante la percepción sensible, la ciencia natural y la razón especulativa. Su libertad empírica es más aparente que real y sus acciones físicas acontecen en el tiempo y son calculables.[10] Por otra parte, como *noúmeno*, el ser humano no se halla sometido a determinaciones físicas, queda inaccesible a la percepción sensorial y a la razón especulativa, y solo puede estudiarse por la razón práctica. Es el yo moral, el yo de mi "deber ser," aquello por lo cual yo soy fin en mí mismo y no medio" (Laín Entralgo 99), y gracias a su verdadera libertad "inteligible o moral... cada hombre va siendo—o no va siendo—lo que él debe ser" (98).

Esto nos lleva al tema del *sujeto* o la autoconciencia, el Yo kantiano. Como "fenómeno" de mi ser, *Yo soy sujeto* de mis sensaciones y sentimientos (el Yo empírico), o de mis pensamientos (el Yo teórico especulativo). El Yo kantiano es "la conciencia que yo tengo de mi existencia sensible y mental: me conozco a mí mismo, a la postre, como conozco un objeto exterior" (Laín Entralgo 99). Tengo conciencia de la unidad de mi pensamiento, no de mi unidad sustancial. La unidad de conciencia, el *Yo pienso*, o autoconciencia, dice Kant: "debe poder acompañar a todas mis representaciones; pues de otro modo, sería representado en mí algo que no podría ser pensado" (202; [B132]).[11] Es decir, para que haya una conciencia de objeto (representaciones) debemos asumir autoconciencia.[12] La unidad de la conciencia "es lo único

---

10   Laín Entralgo hace mención a una expresión kantiana en la que compara la libertad empírica del hombre con un asador mecánico que ejecuta por sí mismo sus movimientos tan pronto como se le ha dado cuerda (98).

11   Las citas de la *Crítica de la razón pura* perteecen a la edición de Caimi. Las citas se indican asimismo con la paginación de las ediciones de 1781 (conocida como edición A) y de 1787 (conocida como edición B). La *Crítica de la razón pura* se ocupa principalmente de analizar los mecanismos objetivos de la cognición con el fin de descubrir qué tipo de conocimiento objetivamente válido está disponible para nosotros.

12   Para una interpretación de esta tesis kantiana que no excluya la posibilidad de tener experiencias de objetos que no son reales, ni la posibilidad de ser conscientes de representaciones que no están articuladas objetivamente, véase el artículo de Stepanenko, "El problema de las representaciones subjetivas en Kant."

que constituye la referencia de las representaciones a un objeto... es, entonces, una condición objetiva de todo conocimiento... a la cual debe estar sometida toda intuición, *para llegar a ser objeto para mí*" (206; [B137]). Porque el conocimiento, declara Kant, surge de la síntesis entre las intuiciones de la sensibilidad y los conceptos puros del entendimiento: "Sin sensibilidad no nos sería dado objeto alguno; y sin entendimiento, ninguno sería pensado. Pensamientos sin contenido son vacíos, intuiciones sin conceptos son ciegas" (123; [A51] [B75]).

Como primer principio que hace toda experiencia posible, como "condición objetiva de todo conocimiento" (206), la autoconciencia no puede ser dada a los sentidos, por lo que Kant declara que es dada en una intuición (123). No es una autoconciencia empírica, sino otro tipo de conciencia, "percepción interna... mera apercepción: *Yo pienso*; la cual hace incluso posibles todos los conceptos trascendentales" (417; [B401] [A343]). Más adelante describe al Yo pienso como

> proposición empírica, pero indeterminada respecto de toda especie de la intuición.... Una percepción indeterminada significa aquí algo real que ha sido dado, pero sólo [dado] al pensar en general, y por tanto, no [dado] como fenómeno, ni tampoco como cosa en sí misma (*noumenon*), sino como algo que efectivamente existe, y que es designado como tal en la proposición Yo pienso... no quiero con eso decir que el Yo, en esa proposición, sea una representación empírica; es más bien una [representación] puramente intelectual, porque pertenece al pensar en general. Pero sin alguna representación empírica que suministre la materia para el pensar, el acto Yo pienso no tendría lugar, y lo empírico es solamente la condición de la aplicación, o del uso, de la facultad intelectual pura. (478-80; [B421]-[423])

No existe la conciencia si no es conciencia de algo. Así, este Yo pienso trascendental, el objeto extraconsciente, es el que parece ser primario. El fenómeno secundario es darse cuenta de la conciencia como objeto. Ese Yo pienso es conciencia de sí mismo, y no es un objeto posible de conocimiento, porque ello presupondría el empleo de categorías. Pero el uso de categorías presupone este Yo; consecuentemente no se le pueden aplicar a él. Análogamente, mis ojos son un presupuesto de mi visión, pero mis ojos no están entre los objetos que yo veo. Como explica Adorno, su camino hacia la objetividad pasa a través del sujeto, es decir, que lo que llamamos objetividad está generada por mecanismos subjetivos, que el concepto de objetividad en Kant está encadenado al poder predominante de la subjetividad.[13]

II. "EL OJO QUE VE Y QUE NUNCA SE VE A SÍ MISMO"

El Machado filósofo que está "generalmente ocupado por lo que llama Kant *conflictos de las ideas trascendentales*" (Machado 1524), coincide en ocasiones con el filósofo alemán en su búsqueda metafísica del Yo fundamental. Sobre el Yo, en unas notas pertenecientes a *Los complementarios (1912-1926)*, fechadas en agosto de 1924, dice Machado que es "Lo que nunca es objeto de conocimiento. El ojo que ve y que nunca se ve a sí mismo" (1310). Lo mismo se puede asegurar de su pensamiento sobre "El mundo nouménico:" "Aquello de que tampoco sé nada" (1194). Las ideas kantianas sobre la percepción de los objetos se reflejan también en las mismas notas al definir "El mundo de mi representación como ser vivo" como "el mundo fenoménico propiamente dicho, producto de la reacción del sujeto consciente ante lo real, o respuesta de lo real al chocar con el sujeto consciente" (1311).[14] Y sobre "El

---

13   Esto no significa, como ya se ha visto, que la objetividad se halla reducida simplemente a la subjetividad. Todo lo contrario: lo más interno de la subjetividad, su secreto, se revela como algo objetivo (Adorno 141). La objetividad disfrazada de subjetividad es lo que Kant se ha dispuesto resolver en el capítulo del cual ha dicho que "alcanza cierta profundidad" (Kant 10), que es el capítulo de la "Deducción de los conceptos puros del entendimiento," capítulo que, según Adorno (Adorno 126), demuestra que el pensamiento no puede ser pensado sin la mediación de los conceptos que ayudan a articularlo. Esto significa que la subjetividad necesariamente presupone estos conceptos, y que sin este tipo de conceptualización no puede haber subjetividad ninguna. El intento de Kant de asentar la objetividad en la subjetividad culmina en el intento de equilibrar estos dos aspectos, es decir, (y recordando a Machado) subjetividad como lo creativo, como el elemento creativo, productivo, por una parte, y los conceptos raíces de la razón como los únicos datos de la realidad, sin lugar al criticismo (Adorno 127).

14   Aquí se podría notar una alusión a la "Revolución Copernicana." La Revolución Copernicana, a grandes rasgos, propuso que el sujeto, a través de un entendimiento a priori del espacio y el tiempo, era de hecho el productor de experiencia. Así, las formas de nuestro pensamiento aprehende las cosas tal como parecen, y no como son intrínsicamente. Así lo explica Kant en el prólogo a la segunda edición de la *Crítica de la razón pura*: "Hasta ahora se ha supuesto que todo nuestro conocimiento debía regirse por los objetos.... Ensáyese... que los objetos deben regirse por nuestro conocimiento.... Ocurre aquí lo mismo que con los primeros pensamientos de Copérnico, quien, al no poder adelantar bien con la explicación de los movimientos celestes cuando suponía que todas las estrellas giraban en torno al espectador,

mundo objetivo de la ciencia" dice Machado que es el mundo "de objetos descoloridos, descualificados, producto del trabajo de desubjetivación del pensamiento. Mundo de relaciones cuantitativas. No tiene de objetivo sino la pretensión de serlo" (ibid). Así dice Machado en sus "Apuntes para una nueva teoría del conocimiento" sobre la objetividad:

> La objetividad supone una constante *desubjetivación*, porque las con-ciencias individuales no pueden coincidir con el ser, esencialmente vario, sino en el *no ser*. Llamamos *no ser* al mundo de las formas, de los límites, de las ideas genéricas y a los conceptos vaciados de su núcleo intuitivo, al mundo cuantitativo, limpio de toda cualidad. Sin el tiempo y el espa-cio, el mundo ideal, hecho de puras negociaciones sería inconcebible o, como dice Kant, sería imposible la ciencia matemática. (1180)

Dos instrumentos de objetividad, dice Machado, son el espacio y el tiempo, "límites del trabajo descalificador de lo sensible" (691), son las intuiciones a priori kantianas necesarias para que tome lugar la síntesis entre las intuicio-nes y conceptos que dan lugar al conocimiento. Efectivamente, según Kant en "La estética trascendental," el espacio y el tiempo son las dos formas a priori de la sensibilidad y pertenecen al sujeto sensible, no al objeto (87-121; [A19] [B33]-[B73]). "Sólo a este precio"—dice Machado—

> se consigue en la ciencia la objetividad, la ilusión del objeto, del ser que no es.... El ser ha quedado atrás; sigue siendo el ojo que mira, y más allá están el tiempo y el espacio vacíos, la pizarra negra, la pura nada...el ser no es nunca pensado; contra la sentencia clásica, el ser y el pensar (el pensar homogeneizador) no coinciden ni por casualidad. (691)

Escribe Machado que el mundo objetivo de la ciencia "no tiene de objetivo sino la pretensión de serlo" (1311), que la objetividad es "la ilusión del objeto" (691), ya que, como explica Kant, todo objeto empírico lleva necesariamente a priori las formas puras de la intuición sensible, el espacio y el tiempo, por lo que no se presenta tal como es en sí mismo, sino como se aparece al sujeto: "Pero estas fuentes de conocimiento a priori se determinan a sí mismas preci-samente por eso (porque son meras condiciones de la sensibilidad), sus lími-tes, a saber, que se refieren a objetos... considerados como fenómenos; pero no exhiben cosas en sí mismas" (Kant 107; [A39] [B56]). Así, en contraste

---

ensayó si no tendría mejor resultado si hiciera girar al espectador, y dejara, en cambio, en reposo a las estrellas" (Kant 21).

con el argumento de Hume, afirma Kant que el conocimiento no proviene totalmente de la experiencia sensible, sino que, al revés, la experiencia proviene del conocimiento a priori de la subjetividad humana.[15]

III. MACHADO Y EL PROBLEMA DE LA SUBJETIVIDAD

En su "Proyecto de un discurso de ingreso en la Academia de la Lengua," de 1931, afirma Machado la extrema posición subjetivista del siglo XIX que ha erosionado la creencia en el objeto individual y homogéneo, y declara que "Kant lo elimina en su ingente tautología, que esto significa la llamada *revolución copernicana*, que se le atribuye. Su análisis de la razón sólo revela la estructura ideal de sujeto cognoscente" (1781). Recordemos que la "revolución copernicana" propone que el sujeto, a través de un entendimiento a priori del espacio y el tiempo, es de hecho el productor de experiencia. La subjetividad de Kant es incompatible con toda otra realidad. Afirma Ortega y Gasset:

> Como Midas encuentra cuanto toca permutado en oro, todo lo que el alemán ve con plena evidencia, lo ve ya subjetivado y como contenido en su yo. La realidad exterior, ajena al yo, le suena a manera de equívoco eco o resonancia vaga dentro de la cavidad de su conciencia. Vive, pues, recluso dentro de sí mismo, y este "sí mismo" es la única realidad verdadera... Kant es un clásico de este subjetivismo nativo propio del alma alemana. Llamo subjetivismo al destino misterioso en virtud del cual un sujeto lo primero y más evidente que halla en el mundo es a sí mismo. Todo ulterior ensayo de salir afuera, de alcanzar el ser transubjetivo, las cosas, los otros hombres, será un trágico forcejeo.... La *Crítica de la Razón Pura* es la historia gloriosa de esta lucha. Un Yo solitario pugna por lograr la compañía de un mundo y de otros Yo—pero no encuentra otro medio de lograrlo que crearlo dentro de sí... El que nace solitario jamás hallará compañía que no sea una ficción.... Se ha abolido el Fuera, hasta el punto de que, lejos de estar la conciencia en el espacio, es el espacio quien está en la conciencia. (Ortega y Gasset 34-38)

Este subjetivismo genera un problema. Si este Yo es a la vez sujeto sensible y mental y persona moral, el problema está en cómo conocer la realidad del Otro. Solo se puede conocer la apariencia fenoménica del otro, pero lo que lo

---

15   Véase el artículo de Piulats Riu, "La filosofía trascendental de Kant y la cuestión del escepticismo."

constituye como persona, "aquello por lo cual él es para mí y en sí mismo fin y no medio, quedará oculto a mi mirada" (Laín Entralgo 100).

Para Machado, la cuestión de la objetividad, particularmente examinada a través del lente kantiano, tenía que ver con un solipsismo que deja poco espacio para la otredad más allá de las construcciones del entendimiento.

> El sujeto kantiano es todavía el hombre genérico: razón, entendimiento, formas de lo sensible, son normas objetivas en cuanto trascienden del sujeto individual. Del hombre kantiano no sabemos cómo sea el rostro, ni el carácter, ni el humor, ni sabemos cómo siente ni siquiera cómo piensa, sólo sabemos cuál es el rígido esquema de su razón en el espejo de la ciencia fisicomatemática. (1781-82)

"*Lo otro no existe*, tal es la fe racional, la incurable creencia de la razón humana"—explica Machado. "Identidad = realidad, como si, a fin de cuentas, todo hubiera de ser, absoluta y necesariamente, *uno y lo mismo*. Pero lo otro no se deja eliminar; subsiste, persiste; es el hueso duro de roer en que la razón se deja los dientes" (1971). Ese Yo recluso en sí mismo es limitativo para el Machado poeta que busca el Tú esencial: "la extrema individuación de las almas, su monadismo hermético y autosuficiente... es la gran chochez del sujeto consciente que termina en un canto de cisne que es, a su vez—¿por qué no decirlo?, un canto de grajo" (Machado 1789). Ese solipsismo es el que ha despojado a la "comunión humana" de su significado constitutivo colectivo. A este "self-man," manifiesta Machado, "que no se casa con nadie, como decimos nosotros; a esta mónada autosuficiente no le hable usted de comunión.... Cuando le llegue... el inevitable San Martín al *solus ipse*, porque el hombre crea en su prójimo, el yo en el tú, y el ojo que ve en el ojo que le mira, puede haber comunión y aun comunismo" (2043).

El "problema de la subjetividad" lo ejemplariza así en esta copla de "Proverbios y cantares" de *Nuevas Canciones (1917-1930)*:

> Poned atención:
> Un corazón solitario
> No es un corazón. (639)

De las cuatro aparentes formas de la objetividad explicadas en "De un cancionero apócrifo," una modificación, o extensión de las notas sobre metafísica que Machado apuntó en *Los complementarios*, la cuarta forma de la objetividad corresponde al mundo que se representan otros sujetos vitales (674). El mundo de la representación de los otros sujetos conscientes

> aparece, en verdad, englobado en el mundo de mi representación; pero dentro de él, se le reconoce por una vibración propia: son voces que distingo de la mía y del ruido que hacen las cosas entre sí. Estos dos mundos, que nosotros tendemos a unificar en una representación homogénea, el niño los distingue muy bien, aun antes de poseer el lenguaje. El rostro que se inclina hacia él sonriente y la voz de su madre, son para él muy otra cosa que los objetos que pretende alcanzar con la mano. (1311)

Su concepto de la otredad se origina a partir de conceptos o nociones como el "sí mismo," el cual depende del Otro, y Otros,[16] y es aquí en donde se pueden observar ecos fichteanos.

IV. FICHTE Y EL TÚ QUE SOY YO

Fichte es el enlace entre Kant y el giro hacia el sujeto que caracteriza al idealismo alemán. Según Fichte, el mundo objetivo y la naturaleza son creaciones del Yo. Este Yo absoluto, como actividad pura, es sobre lo que se fundamenta toda conciencia y todo ser. Dice Fichte que este Yo "aparece como *actividad sobre algo fuera de mí*, según la ley de la conciencia y en particular según la ley fundamental de que lo activo sólo puede ser percibido como unificación de sujeto y objeto (como Yo)" (Fichte 77). Fuera del Yo absoluto existe el Yo finito y empírico, el no-Yo, es decir, la realidad exterior que está en frente del Yo no existe objetivamente, fuera de nosotros, sino que es producto de la actividad del Yo absoluto. El mundo es el no-Yo creado por el Yo. Con su "actividad ideal"—explica Laín Entralgo—"el Yo de cada hombre pone el no-Yo" (103). El Yo de Fichte, "es ojo y no espejo; un ojo que en sí mismo fuese activo devenir…. [P]ero no es actividad infinita. Mi Yo es finito…. La realización del Yo manifiesta el límite del Yo" (104). En esa realidad exterior, mi Yo descubre la existencia de otros Yos necesarios. Como expresa Machado:

> Con el tú de mi canción
> No te aludo, compañero;
> Ese tú soy yo. (Machado 636)

---

16   Esta voluntad machadiana de salir de sí mismo para encontrarse con el Otro se inicia ya desde 1907 con sus "Proverbios y cantares" y regresa a este tema asiduamente a lo largo de los años. Véase el libro de Fernández Medina, *The Poetics of Otherness in Antonio Machado's* "Proverbios y cantares."

Mi conocimiento de un Yo ajeno es, dice Laín Entralgo, antes que una operación cognoscitiva, una operación práctica o moral, "porque en ella se entretejen mi libertad y la del otro... no es, pues, mero conocimiento, sino 'reconocimiento'.... El acto de 'reconocer' el propio límite... cobra su última perfección cuando es la libertad de un tú aquello con que se encuentra el Yo" (111). La activa aprehensión del otro es genuino reconocimiento. Así lo expresa Machado en el poema que abre sus "Proverbios y cantares":

> El ojo que ves no es
> Ojo porque tú lo veas,
> Es ojo porque te ve. (Machado 626)

Más adelante, en el poema XL insiste en el mismo tema:

> Los ojos por que suspiras,
> Sábelo bien,
> Los ojos en que te miras
> Son ojos porque te ven. (634)

Solo reconociendo que me ve sé que es un ojo humano lo que veo. Así, en la percepción del Tú se descubre la libertad "mi libertad y la del otro: la mía, en cuanto real y efectivamente 'puesta;' la del otro... 'contrapuesta'" (Laín Entralgo 111), sin excluir la participación del cuerpo, que a la vez es órgano externo del Yo puro y lo que determina la incondicionada libertad originaria del mismo. Fichte—dice Laín Entralgo—radicalizando el imperativo categórico kantiano, responde que "la afirmación de mi individualidad personal dejará de ser crudo egoísmo cuando los fines que Yo me proponga se hallen rectamente ordenados al fin racional y único de la humanidad entera" (112), que no es otra cosa que el conjunto que forman mi Yo y todos los otros Yos. Según Fichte, el individuo se convierte en persona moral cuando afirma su individualidad anulándola sirviendo al fin supremo de la especie humana.

En una nota fechada en 1924 y titulada "Problemas de la lírica," Machado declara que "[e]l sentimiento no es una creación del sujeto individual, una elaboración cordial del yo con materiales del mundo externo. Hay siempre en él una colaboración del tú, es decir, de otros sujetos.... Mi sentimiento no es, en suma, exclusivamente mío, sino más bien *nuestro*. Sin salir de mí mismo noto que en mi sentir vibran otros sentires" (1310). Y esto nos lleva al tema de la multiplicidad de sujetos que, para Abel Martín, es "el apasionante problema del amor" (Machado 673). Machado habla de la "esencial heterogeneidad del ser:" "[s]i Abel Martín viviera en nuestros días, habríase afirmado en su creencia en La Esencial Heterogeneidad del ser, en el único, según él, gran problema de la metafísica" (2154). Se trata de la idea de que lo Otro es parte del concepto que uno mismo tiene de sí, que el sí mismo y el Otro son dos caras de la misma moneda existencial-ontológica.

Pero a diferencia de Fichte, para quien "el Yo de cada hombre pone el no-Yo" (Laín Entralgo 103), Machado, a través de Abel Martín, declara que "*Lo que es*, es lo uno y lo otro.... Lo uno no es lo contrario de lo otro.... *Lo que es* no tiene contrario en el ser.... Lo contrario de un árbol sería un no-árbol. Pero un no-árbol no es nada.... Sólo hay un gran contrario: la Nada, o sombra de la mano divina" (2154-55). Para Abel Martín, la esencia es, generalmente, lo absolutamente real que pertenece al sujeto mismo "puesto que más allá de él no hay nada" (687):

> Todo es por y en el sujeto, todo es actividad consciente, y para la conciencia integral nada es que no sea la conciencia misma. "Sólo lo absoluto—dice Martín—puede tener existencia, y todo lo existente es absolutamente en el sujeto consciente." El ser es pensado por Martín como conciencia activa, quieta y mudable, esencialmente heterogénea, siempre sujeto, nunca objeto pasivo de energías extrañas. La sustancia, el ser que todo lo es al *serse* a sí mismo, cambia en cuanto es actividad constante, y permanece inmóvil, porque no existe energía que no sea él mismo. (687)

Abel Martín dice que su punto de partida está en Leibnitz, ya que, como él, concibe lo real, la sustancia, como algo constantemente activo. Pero no le sigue en la concepción de las mónadas como pluralidad de substancias. Dice Machado que, según Martín, el concepto de pluralidad es inadecuado a la sustancia.

> Cuando Leibnitz—dice Abel Martín—supone multiplicidad de mónadas y pretende que cada una de ellas sea el espejo del universo, o una representación más o menos clara del universo entero, no piensa las mónadas como substancias, fuerzas activas conscientes, sino que se coloca fuera de ellas y se las representa como seres pasivos que forman por refracción, a la manera de los espejos, que nada tienen que ver con las conciencias, la imagen del universo. La mónada de Abel Martín, porque también Abel Martín habla de mónadas, no sería ni un espejo ni una representación del universo, sino el universo mismo como actividad consciente: *el gran ojo que todo lo ve al verse a sí mismo*. Esta mónada puede ser pensada, por

abstracción, en cualquiera de los infinitos puntos de la total esfera que constituye nuestra representación espacial del universo (representación grosera y aparencial); pero en cada uno de ellos sería una autoconciencia integral del universo entero. El universo, pensado como sustancia, fuerza activa consciente, supone una sola y única monada, que sería como el alma universal de Giordano Bruno. (671-72)

Machado toma el concepto de mónada de Leibniz (como múltiples formas del ser substanciales, individuales, independientes, encerradas en sí mismas, centros de fuerza que son cada una de ellas espejo o reflejo del universo en una armonía preestablecida), y lo reinterpreta como una mónada única que es el universo mismo como actividad consciente (Machado 671-72).[17] Resalta la "heterogeneidad del ser" y, en contraste con la mónada individual e independiente de Leibniz, destaca la mónada "nostálgica de lo otro." Otro ejemplo del concepto machadiano de mónada que parece recordar a Fichte, reza así: "El hombre quiere ser otro. He aquí lo específicamente humano. Aunque su propia lógica y natural sofística lo encierren en la más estrecha concepción solipsística, su mónada solitaria no es nunca pensada como autosuficiente, sino como nostálgica de lo otro, paciente de una incurable alteridad" (2097). El corazón es una mónada fraterna que, "por esencia, no puede cantar sola, ni bastarse a sí misma, ni afirmarse sin afirmar a su prójimo" (2146). La fraternidad humana como representación de la "heterogeneidad del ser," y es en esa "mónada fraterna" en donde se hace posible la revelación de lo "esencialmente otro.... Porque es allí, en el corazón del hombre, donde se toca y se padece otra otredad divina... como un *tú de todos*, objeto de comunión amorosa... un *Tú* que es Él" (2043-4), "porque el hombre crea en su prójimo, el yo en el tú, y el ojo que ve en el ojo que le mira, puede haber comunión" (2043).

Para crear la convivencia humana, dice Machado, ésta precisa de la "comunión cordial" que descubre la universalidad del amor (1968-69). Y para que haya una comunión cordial entre los hombres, se hace preciso creer

1°) Que existe un prójimo, otros yos, una pluralidad de espíritus, otras puras intimidades como la nuestra; 2°) Que estos espíritus no son mónadas cerradas, incomunicables y autosuficientes, porque entonces no

---

17   Se podría pensar esa actividad consciente como el Yo fichteano. El tema de la superación del solipsismo racionalista de Leibniz y Kant por Machado ya lo he señalado en el artículo "'Anchura de velas': El escepticismo dialéctico de Kant y Machado como modo de conocimiento" en *Filosofía y culturas hispánicas: Nuevas perspectivas* (51-75). Véanse las páginas 66-69.

habría sino múltiples soledades que se cantan y escuchan a sí mismas—
lírica burguesa—; 3°) Que existe una realidad espiritual, trascendente a
las almas espirituales, en la cual éstas pueden comulgar. (Machado 2145)

Antonio Machado resalta la importancia del Otro en el Yo (2042-43) y de
esta manera supera el solipsismo racionalista tanto de Leibniz (mónadas sin
ventanas) como el de Kant (imperativo categórico). La filosofía de Kant fue
una importante fuente de inspiración tanto para determinar sus propios conceptos de subjetividad y objetividad, como para concebir al Otro más allá de
los confines del idealismo trascendental. La relación entre Tú (no-yo) y Yo es
esencialmente moral. Según Fichte, el deber sin el acto sería ciego y la moral
sin Tú y Yo sería vacía. En Machado encontramos una poética esencialmente
moral en el sentido filosófico de la palabra. A lo largo de su obra reitera lo
que ya declarara en 1903: el Yo debe reconocer al Otro en el mundo concreto
de la "comunión humana." Este acto de reconocimiento es crucial porque
le permite empezar a teorizar sobre cómo se vería una intersubjetividad. Su
preocupación por el hecho de que del sujeto kantiano "no sabemos cómo sea
el rostro, ni el carácter, ni el humor, ni sabemos cómo siente ni siquiera cómo
piensa" (1782), es significativo, ya que su interés por el encuentro cara a cara
señala al imperativo ético que surge de la presencia del Otro. Como señala
Fernández Medina, esto nos recuerda un tipo de ética de Lévinas en la que la
presencia física (la cara ante mí) hace al Yo consciente de la infinitud del Otro
(24). De esta manera, bien podríamos considerar a Machado no solo como
un estudioso de Kant, de Fichte, y de tantos otros filósofos, sino también
como un precursor de Lévinas.

Obras citadas

Adorno, Theodor W. *Kant's Critique of Pure Reason* (1959). Trans. Rolf Tie-
    demann. Stanford: Stanford University Press, 2002.
Cerezo Galán, Pedro. *Antonio Machado en sus apócrifos. Una filosofía de poe-
    ta.* Almería: Editorial Universidad de Almería, 2014.
Cobos. Pablo de A. *El pensamiento de Antonio Machado en Juan de Mairena.*
    Madrid: Ínsula, 1970.
Fernández Medina, Nicolás. *The Poetics of Otherness in Antonio Machado's
    "Proverbios y cantares."* Cardiff: University of Wales Press, 2011.
Fichte, Johann Gottlieb. *Ética.* Ed. Jacinto Rivera de Rosales. Madrid: Akal,
    2005.

García Wiedemann, Emilio. "Importancia del hito de 'Poema de un día.'" *Actas XIII Congreso AIH*. Vol. II. 616-623. Madrid: Centro Virtual Cervantes, 1998.

Jiménez-Landi, Antonio. *Breve historia de la Institución Libre de Enseñanza (1896-1939)*. Madrid: Tebar, 2010.

Kant, Immanuel. *Crítica de la razón pura*. Traducción, notas e introducción Mario Caimi. Buenos Aires: Ediciones Colihue, 2009.

Krause, Karl C. *Compendio de estética*. Trad. Francisco Giner de los Ríos. Madrid: Editorial Verbum, 1995.

Payo de Lucas, Jesús Pedro. "El concepto del Yo en los krausistas españoles: Julián Sanz del Río y Francisco Giner de los Ríos. Espíritu y cuerpo." *Pensamiento* 66.248 (2010): 331-347.

—————. "La concepción antropológica en el krausismo. Krause: Una visión del hombre." *Thémata. Revista de Filosofía* 46 (2012): 193-99.

Laín Entralgo, Pedro. *Teoría y realidad del otro*. Volumen I. Madrid: Revista de Occidente, 1968.

López Morillas, J. *El krausismo español*. 2ª Edición. México: Fondo de Cultura Económica, 1980.

Machado, Antonio. *Antonio Machado: poesía y prosa*. Edición crítica de Oreste Macrí con la colaboración de Gaetano Chiappini. 4 vols. Madrid: Espasa-Calpe y Fundación Antonio Machado, 1989.

Morgado, Nuria. "'Anchura de velas': El escepticismo dialéctico de Kant y Machado como modo de conocimiento." *Filosofía y culturas hispánicas: Nuevas perspectivas*. Eds. Nuria Morgado y Rolando Pérez. Newark: Juan de la Cuesta, 2016. 51-75.

Ortega y Gasset, José. "Kant. Reflexiones de centenario. 1724-1924." *Obras Completas*. Madrid: Revista de Occidente, 1961. 19-43.

Piulats Riu, Octavi. "La filosofía trascendental de Kant y la cuestión del escepticismo." *Thémata. Revista de Filosofía*. 45 (2012): 331-341. Web. institucional.us.es/revistas/themata/45/art_22.pdf

Sánchez Barbudo, Antonio. *El pensamiento de Antonio Machado*. Madrid: Guadarrama, 1974.

Stepanenko, Pedro. "El problema de las representaciones subjetivas en Kant." *Revista Digital Universitaria*. 5.11 (2004): 2-9. Web. www.revista.unam.mx/vol.5/num11/.../dic_art82.pdf

Génesis y desarrollo de la estética del duende en la trilogía dramática rural de Federico García Lorca: *Bodas de sangre, Yerma* y *La casa de Bernarda Alba*

Maritza Maldonado
The University of Arizona

E L PROPÓSITO CENTRAL DE este estudio es evidenciar al duende español como piedra de toque de la estética lorquiana. El ensayo hace un acercamiento entre el duende y las tragedias rurales de Federico García Lorca: *Bodas de sangre, Yerma* y *La casa de Bernarda Alba*. Para esta misma finalidad se incluyen obras antecesoras a la trilogía dramático-rural en las que Lorca ya revelaba al duende como elemento esencial de su poética. Estas obras son *Romancero gitano* y *Poema del cante jondo*. Asimismo, este estudio incorpora dos textos clave para entender al duende lorquiano: "Arquitectura del cante jondo" y "Juego y teoría del duende," y se provee un contexto sociohistórico de la España de entreguerras y de su autor. Con esto se hace notar la manera en que el compromiso social de García Lorca estaba también profundamente ligado a la estética del duende. Lorca buscó, a través de su teatro dramático, el verdadero conocimiento del ser español. Esto lo logró desarrollando una estética preeminentemente enraizada en el auténtico folklor andaluz en la que el duende se convirtió en piedra angular. Para esto utilizó la sensualidad barroca del duende en su dimensión más sublime, aspecto que fructificó al máximo en sus tragedias rurales.

Plena emoción que enmudece; un dolor que desgarra; un suspiro profundo; un soplo de aire fresco. Un sentimiento que quema la sangre. De sonrisa espontánea y desfachatada, tiene la mirada vidriosa por la pasión y por el llanto que siempre asoma. Su color es el color de la tierra andaluza.

Temperamentalmente terrible y caprichoso, sublima al artista y a su público hasta el sollozo. Es un espíritu violento que posee, que muere y renace a voluntad en el artista. Furioso y avasallador, oscuro y estremecido, necesita un cuerpo vivo que lo desentrañe y lo interprete. El duende es un espíritu fantástico, trastornador y bullicioso, que se transforma según su voluntad. Es también un encanto misterioso e inefable. Sublime y divino cuando toma posesión de un cuerpo; maravilloso y genial en el usufructo de su acción; inenarrable cuando lo abandona. Elemental y puro, de formas primitivas y antigüedad milenaria, el duende es un fenómeno mágico-real; concluyentemente el génesis de la estética lorquiana.

Federico García Lorca fue un artista completo y ante todo un prodigioso prosista, dramaturgo y poeta. Los grandes asuntos del hombre como el amor, el universo, el destino y la muerte caracterizaron sus obras líricas y dramáticas. Para esto Lorca no renunció a su herencia cultural española. Por el contrario, en sus tragedias rurales se centró en la viejísima cultura andaluza rebosada de folklor enigmático y profundo. Esta se encontraba anclada en un pasado pre-lógico y escasamente evolucionado; es decir, fuera del dominio del mundo industrializado que amenazaba con obliterar el folklor y las tradiciones de España. Respecto al folklor auténtico español, Ricardo Doménech expresa que "el gran maestro de Lorca, en el fondo, allá en el fondo, es el folklor" (40). Allí el artista se instala y da vida al duende lorquiano para no desvincularse jamás de lo popular, sino por el contrario, rescatar el espíritu verdadero de España.

De las obras lorquianas inspiradas en Andalucía destacan el *Poema del cante jondo* (1921), *Romancero gitano* (1928) y las tragedias de las que se ocupará este estudio: *Bodas de sangre, Yerma* y *La casa de Bernarda Alba*. Particularmente en las tragedias el artista logra una atmósfera rural, simbólica, misteriosa y oscura enmarcada en la más pura sensualidad barroca. A través de ellas, el artista brinda la posibilidad de entender la cultura andaluza dentro de su propio marco espiritual. En sus tragedias Lorca retoma la pena andaluza como metáfora de la "Andalucía esencial y profunda, la Andalucía del llanto, frente a la Andalucía de la Pandereta" (Doménech 40). De acuerdo a José Ortega y Gasset, Andalucía es la región española que posee una cultura más originalmente propia[1] y una conciencia clara de su propio carácter y estilo. Todavía durante la primera mitad del siglo XX preservaba una cultura

---

1   Para el propósito de este ensayo se tomará la definición que José Ortega y Gasset hace de la cultura: un sistema de actitudes ante la vida que tiene sentido, coherencia, eficacia. Afirma Ortega, la vida es primeramente un conjunto de problemas esenciales a que el hombre responde con un conjunto de soluciones: la cultura

campesina en la cual la agricultura era el centro de la vida. Por estos motivos, afirma Ortega, la relación del andaluz con la tierra era fundamentalmente espiritual (Zambrano 233-36). Esta Andalucía es el escenario de las tragedias rurales de Lorca, tierra siempre abierta a Tánatos de la que el duende brota fácilmente ante la posibilidad de muerte.

El concepto del duende lo hereda Lorca de la cultura popular española y especialmente de la tradición oral. Lorca sabía que en Andalucía la gente decía que *tener duende* se refería a un poder inexplicable de atracción, y a la habilidad de emitir olas de emoción al público espectador. Las tres formas de arte más susceptibles al duende son el baile, el cante jondo, y los toros. Estas expresiones artísticas hacen alarde de sentimientos y sensaciones relacionados con el dolor y la muerte (*In search of Duende* ix-x). No obstante, puesto que para la manifestación del duende se necesita de un cuerpo vivo que interprete ("Teoría y juego" 41), otra de las artes idóneas para que dicho ente se haga presente es en el fastuoso drama de la tragedia. Lorca lo percibió así y aprehendió al duende en sus tragedias con la maestría que caracterizaba su conocimiento de la Andalucía enigmática y profunda. Sin embargo, para llegar a esto, le fue necesario desarrollar una teoría estética que estableciera formalmente el vínculo entre el duende, las artes españolas y su compromiso moral e intelectual con España.[2] Tal empresa la inició en América.

El artista define y elabora al duende primeramente en "Arquitectura del cante jondo." Durante su estancia en Nueva York entre 1929 y 1930, Lorca se empapó de jazz, blues, y *African American spirituals*.[3] A través de esta música,

(Zambrano 234). Asimismo, continúa el filósofo, "la cultura no consiste en otra cosa que en hallar una ecuación con que resolvamos el problema de la vida" (239).

2   Respecto al compromiso intelectual del artista, Ricardo Doménech afirma que a pesar de que tal compromiso era de izquierda, no fue jamás un compromiso de político en particular, sino "el compromiso de la conciencia crítica, el compromiso moral frente a las injusticias y las lacras sociales (51).

3   Existe una marcada diferencia entre los *blues* y los *African American spirituals*. Estos últimos fueron originalmente creados por los esclavos africanos como una manera personal y profunda de lidiar con el dolor y la opresión de su esclavitud. Esta música también era utilizada como una manera secreta de comunicación entre los esclavos (Jones, Lavonne y Dean 1-2). Los *blues* son música emergida de las tradiciones orales de la cultura afroamericana que interpretan y responden a experiencias particularmente referentes a las leyes de racismo, discriminación y segregación racial promulgadas desde finales del siglo XIX, después de la abolición de la esclavitud en los Estados Unidos. Este género musical fue diseminado por la industria musical en la década de los veintes (Moore 1-2).

el artista encontró que la noción del duende era similar a la noción del *soul*,[4] por lo que asociaba el cante jondo con el jazz afirmando que ambos tienen raíces africanas y que comparten el espíritu del duende. Respecto al jazz,[5] Edward Hirsch expresa que a través de él se siente la intoxicación provocada por el arte dionisíaco que improvisa desde las profundidades (202), lo que lo convierte en una creación artística perfecta e irrepetible característica de las artes con duende. Asimismo, se observan en ambas manifestaciones artísticas cuestiones de identidad y de raza, persecución, discriminación y marginación referentes a la subcultura negra estadounidense y a la gitana española. Afirma Félix Grande que "Lo que busca y cuenta el artista flamenco es el momento más supremo de su soledad y su fraternidad es la historia de la marginación" (70). Esto mismo es lo que ocurre en el jazz, donde el artista evoca la tormentosa historia de su raza, otorgándole a su música profundos dejos de dolor y melancolía.

La necesidad en Lorca de rescatar el cante jondo lo llevó a desarrollar una estética en relación al duende y exponiendo la profunda conexión entre este, el cante jondo y el pueblo andaluz. "Cante jondo. Primitivo canto andaluz"[6] fue una charla escrita inicialmente en 1922. Contrariamente al flamenco comercialmente adulterado y escuchado en cafés urbanos y en los teatros, Lorca veía el cante jondo[7] como un fenómeno estrictamente rural, y

---

4   El *soul* es un tipo de música original de la subcultura afroamericana en los Estados Unidos que incluye innovaciones seculares modernas con elementos antiguos como los *African American Spirituals* y los *blues*. El término fue inicialmente utilizado en la década de los cincuentas. Asimismo el *soul* refiere a un sentimiento inexplicable, esencial e imprescindible que denota la autenticidad. El espíritu de esta música representa a la subcultura afroamericana y a toda su raza (Rudinow 9-10).

5   El jazz contiene duende—aunque desprovisto del sentimiento trágico— desde el punto de vista que la noción de *swing*, un "*feeling* que se inicia con un balanceo entre la pulsación rítmica y la progresión de los acordes en torno a la melodía," permite al intérprete encontrar su espacio lúdico y entrar en una especie de comunión con la audiencia, en una especie de trance colectivo (Rabassó 145).

6   Revisada en 1930, Lorca le da el nombre "Arquitectura del cante jondo," charla que fue proferida en Cuba, España, Buenos Aires y Montevideo de 1930 a 1934 (Maurer y di Giovanni 95).

7   Sánchez-Pardo define el cante jondo como un modo de cantar primitivo y sumamente estilizado en el cual el cantaor entona una melodía melancólica y sombría que sumerge a la audiencia en un ambiente de soledad y ansiedad opresiva. Se entiende el cante jondo no como una subcategoría de estilos dentro del flamenco, sino como una manera particular de interpretar y transmitir mensajes generalmente trágicos o patéticos (Silverman 105).

lo definió como un grito de dolor y de anhelo íntimo y anónimo (*In Search of Duende* vii-viii). Por este motivo, para el artista el duende era gitano-andaluz. El triunfo del cante jondo depende especialmente de la búsqueda del duende quien, de acuerdo a Lorca, está estrechamente relacionado con el espíritu dionisiaco.[8] Por este motivo, el duende está especialmente relacionado al ritual sacrificial de la tauromaquia. También posee lazos estrechos con el cante y al baile, así como con la poesía y con ciertos tipos de prosa como las tragedias lorquianas.

El duende puede manifestarse tanto en el mataor y en el cantaor o bailaor flamenco, como a través de la interpretación teatral de un actor. Esto solo se logra si el artista se encuentra *enduendado,*[9] o sea poseído por el duende, y logra transmitirlo a su audiencia. Únicamente de esta manera, tanto el artista como la audiencia serán poseídos por este espíritu mágico y oscuro. En este sentido el *enduendamiento* alude a la complejidad de la intercomunicación emocional entre el artista y la audiencia, y a la variedad de formas en que el espíritu trágico del duende se manifiesta en las artes (Silverman 107). Por este motivo, cuando no se tiene duende en las artes, "duele" su ausencia, falta ese "algo" que no se puede explicar. Es posible describir su falta, el vacío de su esencia, mas no su presencia que se siente desde las entrañas y se vuelve imposible racionalizar. Sin el duende, la obra de arte, en cualquiera de sus manifestaciones, estará incompleta, inconclusa, vacía.

"Teoría y juego del duende" (1933) fue otro de sus esfuerzos para revitalizar las artes españolas, señalando al duende como fuente extraordinaria de inspiración artística distintivamente andaluza. Asimismo, subraya la resistencia característica del duende de ajustarse a una definición fija, describiéndolo como una potencia enigmática y mudable que se materializa ante la presencia del peligro y la posibilidad de muerte. De acuerdo a Lorca, en el momento en que el duende se manifiesta, transporta al artista a una experiencia cercana a Tánatos. Afirma Lorca que la llegada del duende a las artes brinda una calidad de cosa recién creada, de obra maestra perfecta e irrepetible. Por este motivo, el entusiasmo en el artista y en la audiencia es tal que la sensación es

---

8   La evocación de Dionisio en Lorca está encauzado hacia el concepto de lo dionisiaco en *El nacimiento de la tragedia* de Friedrich Nietzsche (Silverman 106). En esta obra la embriaguez y la locura son dionisiacas porque quebrantan el carácter individual del ser. Asimismo la explosión de emoción y éxtasis derivadas de estos estados también están relacionados con esta deidad. En estos estados, los sujetos abandonan su individualidad para sumergirse en una colectividad (114).

9   Esto, de acuerdo a Doménech, se evidencia en Lorca en su coferencia "Charla sobre el teatro" (57).

solo comparable con lo divino, ya que la impresión de milagro desencadena un entusiasmo que se aproxima a la experiencia mística. Sobre esto último, Lorca expresa que la llegada del duende es una comunicación con Dios por medio de los cinco sentidos gracias al duende que agita la voz y el cuerpo del artista, provocando una evasión real y poética de la realidad (41). Incorpóreo, el duende surge inesperadamente. Arrastrando consigo el encanto de su genialidad impar, este hechizo misterioso se manifiesta, posee, atrapa y cautiva hasta lograr proyectarse en una creación mágica e indescriptible que se experimenta plenamente con una emoción casi mística.

Ricardo Doménech manifiesta que la teoría del duende, "además de un sentido mágico del arte, sirve a García Lorca como instrumento conceptual válido para esclarecer no pocos enigmas y peculiares manifestaciones de la cultura española, cultura mágica donde las haya" (51). Asimismo, sus planteamientos teatrales, como lo son los fines del drama y las relaciones del teatro con la sociedad, se vinculan con sus preocupaciones y su compromiso social, resultando indispensable el debate moral en la tragedia y sin contradicción alguna entre dicha dimensión moral y la condición ritual y mágica del teatro (56-57). En las tragedias lorquianas se incorporan en perfecta armonía tendencias contrastantes como lo culto y lo popular, y lo tradicional y lo vanguardista. Se necesitaba un pueblo pre-racional, pre-cartesiano y no evolucionado como Andalucía y un profundo conocimiento sobre él para que el genio de Lorca pudiera crear su tríptico de tragedias rurales.

Martha Lía Godoy Froy señala en su libro *La lírica en la dramaturgia de Federico* que éste fue el gran intérprete del alma popular, refiriéndose a que logró acceder a todo público de las más variadas escalas sociales, mas no fue nunca un representante de lo trivial y lo populachero (20). Por el contrario, en *Bodas*, *Yerma* y *La casa* su empeño por la tragedia moderna española e instalarse en un contexto que, más que español tiene como base la tradición folklórica andaluza, evidencian un contacto íntimo con la tradición grecolatina y la Biblia, tradiciones que tuvieron profundas repercusiones en la estética del artista (Doménech 15). Por otro lado, Ilda Beatriz Saiz de Ríos asevera que el fondo mítico de las obras que las aproxima a la tragedia antigua está estructurado con los símbolos que el microcosmos gitano-andaluz lorquiano le provee, pero que aparecen influenciados por diversas corrientes de creación personal (25). Gracias a su extenso conocimiento de Andalucía, Lorca se empapó de la tradición y del mito andaluces, los cuales reflejó utilizando una atmósfera misteriosa y onírica. De esta manera, sus tragedias rurales fueron un medio de expresión artística ideal para plasmar la cultura andaluza *enduendada* y atávica.

El duende es el heredero directo de la esencia trágica de la Grecia antigua debido también a que muchos aspectos de la antigüedad clásica se conservaron en la región andaluza. Paradójicamente, es necesaria la aproximación a la muerte para sentir al duende vivo, es decir, para dar vida al arte *enduendado*. Encantar, embrujar, hechizar y sublimar no alcanzan a describir la acción del duende en el ser humano. Para esto es necesario el verbo *enduendar*, el cual posee todas las definiciones, sensaciones y emociones provenientes del duende. La noción del duende abarca el poder enigmático de evocación asociado con emociones oscuras, la muerte y la desesperanza. El artista debe trascender estas emociones a la audiencia para *enduendarla*. La presencia del duende durante una actuación depende el poder del artista para conjurarlo y de su habilidad para transmitirlo. Cuando se transmite el duende, este provoca un escalofrío en el público. Provocador del caos entre la racionalidad, la carne y el espíritu, carne y mente resultan derrotadas ante el duende.

De acuerdo a Esther Sánchez-Pardo, para definir la tragedia en Lorca es necesario entender la dualidad entre lo apolíneo y lo dionisiaco, es decir entre lo cristiano y lo pagano. La tensión interior agonizante entre estos dos extremos radica en la *pena negra*[10] del poeta, quien se debatía entre la vergüenza y la culpa generada por una religiosidad que rechazaba los goces de la carne (Silverman 106). En las tragedias lorquianas la *pena negra* evoca la desesperación y el sufrimiento producido cuando el amor frustrado se amalgama con la muerte inevitable. De ahí que pueda manifestarse el duende. Asimismo Carlos y Francisco Javier Rabassó mencionan que en las tragedias griegas y en los dramas lorquianos la catarsis[11] se torna en rito dionisíaco en el cual el hombre es arrastrado a la más alta exaltación de sus facultades simbólicas (83). En las tragedias lorquianas, esto solo se logra a través de la manifestación del duende.

El duende, afirma Lorca, es universal, capaz de traspasar el tiempo y el espacio y manifestarse a voluntad en aquellas culturas que están más cercanas a la muerte. Respecto a su universalidad, Edward Hirsch asevera que este duende vagabundo ha atravesado en su deambular diversos tiempos y espacios, llegando a artistas como Herman Melville, Edgar Allan Poe, Rimbaud,

10   La pena negra ocupa un lugar prominente en la poesía lorquiana, especialmente en el *Poema del cante jondo* y *Romancero gitano* (Silverman 106).

11   La catarsis griega se refiere a un ritual en el que se sacrificaba al dios-toro dionisíaco. Este sacrificio unía a los creyentes con el principio de una vida continua. Asimismo, Aristóteles en su *Poética* expresa que el principio de la tragedia se produjo con el ditirambo, ofrenda colectiva de cantos y danzas en honor a Dionisios. Acto seguido se sacrificaba a un dios en su forma animal (Rabassó 125).

Mallarmé, Neruda, W.B. Yeats, Nathaniel Hawthorne, T.S. Eliot, César Vallejo y William Blake, entre otros (85-108). El duende también ha vagado hacia distintas artes como la pintura y la escultura. Es posible observar esto en el Cristo crucificado de Velázquez, visiblemente empapado de duende. El mismo Lorca menciona que el duende "hace que Goya, maestro en los grises, en los platas y en los rosas de la mejor pintura inglesa, pinte con las rodillas y los puños con horribles negros de betún" ("Teoría y juego" 39).[12] Más aún, el poeta afirma que en el mundo, solamente México puede igualársele a su país en *enduendamiento* (44). En México, donde la emoción mística y la vibración de telúrico y lo mágico se encuentran en las artes a flor de piel, los sonidos negros del duende brotan en Chabela Vargas, donde su voz rasgada, cansada y sollozante al interpretar "La llorona" son únicamente comparables a los sonidos negros manifestados en el cantaor o cantaora españoles.

Pese a que no es exclusivo de España, *duende* es un vocablo difícil de aprehender. Esto debido a que resulta imposible capturar las numerosas y profundas significaciones que posee. En síntesis, afirma Lorca, el duende encarna "el espíritu oculto de la dolorida España" ("Teoría y juego" 36). De la misma forma, Hirsch afirma que existen paralelismos entre el duende y el vocablo portugués *saudade*, el cual define como una nostalgia oscura y profundamente agridulce que se experimenta primeramente a través del fado[13] y de otra música brasileña. *Duende* y *saudade* son dos vocablos hispánicos para lo que no existen traducciones en inglés, pero son reconocidos cuando se manifiestan en la música y en la poesía (11). Una de sus formas más conocidas es la de un espíritu terrenal que ayuda al artista a ver las limitaciones del intelecto, que lo coloca cara a cara con la muerte y que lo incita a crear y a comunicar arte auténtico e inimitable.

Christopher Maurer y Norman de Giovanni señalan que existen cuatro elementos clave en el duende: la irracionalidad, lo telúrico, una consciencia aguda de la muerte y destellos de lo diabólico. En referencia a la posesión del duende en el artista y la audiencia, Lorca señala que este es descendiente del demonio de Sócrates y del demonillo de Descartes ("Teoría y juego" 38).

---

12   Ítem más, Hirsch también asevera que el duende arribó a los Estados Unidos en 1969 con Jimi Hendrix, cuando este tocara con su guitarra el Himno nacional estadounidense en el cierre del festival de Woodstock (206).

13   El fado es una música brasileña que trata temas referentes a la fatalidad, las desgracias y adversidades, las ironías del destino, los dolores relacionados al amor, la pasión, la ausencia y la distancia, así como la desesperanza, la tristeza y melancolía relacionados con el término en portugués *saudade*. Pinto de Carvalho afirma que retrata el temperamento aventurero y soñador de la raza africana en Brasil (38).

Del mismo modo, Edward Hirsch asevera que el duende puede ser rastreado hasta el concepto griego de *daemon*[14]—vocablo etimológicamente ligado a demonio—por lo que el *daemon* se considera un ancestro distante del duende lorquiano (xii). Se presume que entre más bajo sea posicionado un *daemon* en la jerarquía de divinidades, más malévolo es; travieso por naturaleza, y a veces proclive a las jugarretas y trucos desagradables. Estas son también características del duende, ser voluntarioso que travesea y causa estruendos. Puesto que en la Antigüedad los *daemons* eran cercanos al concepto del inframundo, a la muerte y a la magia (210-15), es posible observar una estrecha correlación entre el *daemon* y el duende. En este último la posesión, la necesidad de la presencia de la muerte para su manifestación y la magia son la esencia de su ser.[15] Por último, la degradación de su divinidad se observa en su relación a lo telúrico, lo que lo vincula directamente al inframundo. Al ser el duende una deidad moribunda que se arrastra y cobra fuerza al posesionarse del artista provocando una especie de éxtasis gozoso y doloroso, se devela como una deidad degradada emparentada con lo divino.

Para Lorca el duende es una alternativa al estilo, al virtuosismo y a la gracia. Asimismo, Lorca distingue severamente entre el duende y otras fuentes de inspiración como el ángel y la musa y la experiencia mística. Lorca afirma que el ángel, puesto que está por encima del hombre, vuela sobre su cabeza derramando su gracia, y es entonces que el hombre realiza su obra sin esfuerzo alguno. Contrariamente, el duende nace y se proyecta desde el fondo del artista. "El duende no está en la garganta; el duende sube por dentro, desde

---

14   Originalmente, en la antigüedad el vocablo *daemon*, o *daimonion,* significaba "ser divino," deidades que no eran ni enteramente bondadosas ni arraigadamente malignas. Por ejemplo el *daimonion* de Sócrates era, de acuerdo al filósofo, una voz interna que lo prevenía de sus actos. Por otro lado Platón afirmaba que cada *daimonion* era algo entre un dios y un mortal. Asimismo en el *Nuevo Testamento* el término *daimonia* era utilizado para referirse a entidades que se posesionaban de los individuos; para expulsarlos se necesitaba un exorcismo. De esta manera los *daimonia* se convirtieron en una especie de dioses degradados emparentados con el demonio. Estos, de acuerdo al *Nuevo Testamento,* tenían como líder a Belcebú. Por otro lado, el concepto de *daemon* también se asociaba a *angelos,* o mensajero. Consecuentemente se hablaba de ángeles divinos y *daemons* buenos, refiriéndose en ambos casos a poderes sobrenaturales benignos (Luck 207-08). Debido a la persistente ambigüedad intrínseca del término, se observa una constante oscilación entre lo maligno y lo benigno, es decir una entidad entre demonio y dios.

15   La magia negra es esencialmente la técnica de conjugar a los *daemons* (Luck 215). Esto se observa particularmente en *Yerma*, con el rito de brujería que la protagonista hace en el cementerio.

las plantas de los pies. Es decir, no es cuestión de facultad sino de verdadero estilo vivo, es decir, de sangre; de viejísima cultura y a la vez de creación en el acto" ("Teoría y juego" 37). Debido a su carácter indómito, la magia del duende no depende de la técnica ni del estudio, ni del estilo logrado con instrucción y práctica. La técnica y el estudio se reducen al mero dominio y perfección mecánica lograda a través de la práctica y la imitación que producen un performance artificial. Por estos motivos, el duende no puede encontrarse en la sofisticación del domino de una técnica. Por el contrario, la imposibilidad de su sometimiento lo mantiene en un estado primitivo, salvaje y natural, por lo que el artista debe renunciar a la técnica y al conocimiento aprendido para que el duende pueda manifestarse en una creación pura y auténtica.

Respecto a la musa, Simone de Beauvoir expresa que esta es necesariamente femenina porque la mujer es, invariablemente, la inspiración del hombre. Puesto que el espíritu femenino está profundamente ligado a la naturaleza, son intuiciones las que la musa entrega a su amo, sabiduría más instintiva que la del hombre Contrariamente al duende, la musa es mansa y dulce. "La musa no crea nada por sí misma; es una Sibila que ha adquirido sabiduría y se ha hecho dócilmente sirvienta de un amo" (79). Igualmente, Lorca expresa que la musa dicta y sopla, es lejana, fría, "despierta la inteligencia … y la inteligencia es muchas veces la enemiga de la poesía, porque limita demasiado, porque eleva al poeta en un trono…" ("Teoría y juego" 38). La musa es especialmente una fuente de inspiración sofisticada por lo que la disparidad con el duende se hace más evidente al ser este último primitivo, irracional e instintivo. Afirma Lorca que la verdadera lucha es con el duende que quema la sangre, agota, rechaza las formas aprendidas, rompe los estilos, se apoya en el dolor humano y no tiene consuelo. Ante la presencia de la muerte, el ángel y la musa escapan. En cambio el duende no llega si no ve la posibilidad de muerte (44). Adversamente a lo que sucede con la musa y el ángel, para conjurar al duende hay que descender, hay que buscarlo en las raíces atávicas y telúricas de la cultura, desnudarse de formas y estilos, y postrarse ante él después de luchar y perder la contienda.

Se viabiliza entonces la comparación del ser *enduendado*[16] con una especie de arrebato místico, ya que se busca al duende como se busca a Dios. El mismo Lorca señala que la manifestación del duende es celebrada con gritos de "¡Viva Dios!" y que este grito es la expresión de "una comunicación con Dios por medio de los cinco sentidos" ("Teoría y juego" 41). El artista

---

16   Pese a que la palabra *enduendado* no existe en el diccionario, el vocablo se toma prestado del texto "Teoría y juego del duende," y se adopta su definición coloquial "estar lleno de duende," o "posesionado por el duende."

menciona también a la *"enduendada* santa Teresa, valentísima vencedora del duende," y la describe como:

> Una de las pocas criaturas cuyo duende (no cuyo ángel, porque el ángel no ataca nunca) la traspasa con un dardo, queriendo matarla por haberle quitado su último secreto, el puente sutil que une los cinco sentidos con ese centro en carne viva, en mar viva, del Amor libertado del Tiempo. (45)

Santa Teresa describe el mismo episodio de arrebato místico que ella describe como *arrobamientos*[17] de la siguiente manera:

> Veíale en las manos un dardo de oro largo, y al fin del hierro me parecía tener un poco de fuego; éste me parecía meter por el corazón algunas veces y que me llegaba a las entrañas. Al sacarle, me parecía las llevaba consigo, y me dejaba toda abrasada en amor grande de Dios. Era tan grande el dolor que me hacía dar aquellos quejidos.... No es dolor corporal sino espiritual, aunque no deja de participar el cuerpo algo, y aun harto. (212-13)

De acuerdo a esta narración, la santa experimenta su arrebato místico bajo un trance extático en el que se combinan el placer y el dolor los cuales, aunque espiritualmente, también hacen mella en el cuerpo.

El placer y el sufrimiento que invaden a Santa Teresa ante lo que llama "cosa sobrenatural," y fuerzas tan grandes e irresistibles que la levantaban desde debajo de los pies, los narra a continuación:

> Es como uno que está, la candela en la mano, que le falta poco para morir muerte que la desea; está gozando en aquella agonía con el mayor deleite que se puede decir. No me parece que es otra cosa sino un morir casi del todo a todas las cosas del mundo y estar gozando de Dios... Es un glorioso desatino, una celestial locura... y es deleitosísima manera de gozar el alma. (127)

En este sentido la experiencia mística, pelea tan grande que la vence y la deja hecha pedazos, pues "no hay poder contra su poder" (149), es muy parecida a la posesión del duende. Sin embargo, concomitantemente al ángel y la musa,

---

17   La experiencia mística es también llamada por Santa Teresa unión, arrobamientos, arrebatamientos y elevamientos (*Teresa* 148).

el arrebato místico es la gracia concedida por el poder de Dios que se derrama sobre el elegido, lo que aleja a la experiencia mística del duende irracional y telúrico emparentado con lo demoniaco.

Lorca manifiesta en "Arquitectura del cante jondo" que se conjura al duende en los momentos más dramáticos y nunca jamás para divertirse, sino para evadirse, para sufrir, y para traer a lo cotidiano una atmósfera estética suprema (44-51). Son finalmente fondo común el amor y la muerte—tanto en el cante jondo como en las tragedias de Lorca—del soberbio drama andaluz.

El tríptico trágico-rural se desenvuelve sobre una base fundamental e inmemorial: el conflicto derivado de las relaciones entre el macho y la hembra. La problemática que se desarrolla a partir de esta base son conflictos emocionales profundos que conciernen a la cultura y a la sociedad andaluzas, intensamente represivas y solemnes. Estas disputas desembocan irremediablemente en la muerte. Puesto que existe una noción de muerte omnipresente en la cultura española y especialmente en la andaluza, la muerte es una presencia inminente en las tragedias de Lorca. La muerte constante es el determinante del fin trágico del héroe y axiomatiza el conocimiento sobre su sino. Por este motivo, su destino se convierte en una cuenta regresiva que conlleva inexorablemente a la muerte, y es esta presencia fehaciente de la muerte lo que hace posible las manifestaciones del duende.

En sus tragedias Lorca proyectó un carácter rural, pero conservando el ambiente mágico y poético de la cultura andaluza. En *Bodas de sangre*, *Yerma* y *La casa de Bernarda Alba* las mujeres son las verdaderas heroínas trágicas. Dentro de la estructura social andaluza el papel de la mujer planteaba requerimientos específicos: la virginidad como requisito imprescindible para el matrimonio, la maternidad como acto de valoración principal y una actitud digna y estoica frente al sufrimiento. En otras palabras, la resignación forzada a un sufrimiento exclusivo de su condición de mujer. De esta forma, los obstáculos ancestrales que posibilitan la tragedia son el sometimiento obligado a costumbres arcaicas y el profundo sentimiento de honra hondamente ligado a la mujer.[18]

En *Bodas de sangre* se muestran la pasión, la angustia ante la muerte inminente y la incertidumbre del hombre ante las vicisitudes de su destino inevitable. La obra se estrenó en Barcelona en noviembre de 1935 siendo su actriz principal la musa del artista, Margarita Xirgu (*Bodas* 13). El tema central es el enfrentamiento entre dos hombres, el Novio y Leonardo, por una

---

18   Cabe señalar que no bastaba a la mujer guardar la honra; también había que aparentarla, ya que las murmuraciones negativas sobre la conducta de una mujer daban la misma deshonra aun si la mujer se conservaba honrada y sin mancha.

mujer. La novia huye con Leonardo el mismo día de su boda con el Novio. Por este motivo, los amantes son perseguidos, y la historia termina trágicamente cuando ambos hombres se matan en una lucha de navajas. El móvil de la obra es el amor instintivo, pasional e ideal, pero prohibido entre la Novia y Leonardo. La sensualidad, el amor, el odio entre las familias y el trágico destino que conlleva a la muerte ensangrentada y violenta son los elementos que posibilitan la tragedia.

Retomando en su teatro trágico la tragedia simbolista, la visión andaluza característicamente lorquiana se observa en distintos elementos como los caballos, los cuchillos, los jinetes, la magia de los leñadores y la luna, así como las flores, las nanas,[19] y la sangre derramada al final de la obra. Puesto que la sensualidad, la sangre y la muerte están íntimamente relacionadas con el duende y este mantiene vínculos profundos con la tierra, es en la tierra donde se alimenta el dolor de la Madre por la sangre derramada de su hijo. Sobre esto, La Madre expresa: "Me mojé las manos de sangre y me las lamí con la lengua. Porque era mía. Tú no sabes lo que es eso. En una custodia de cristal y topacios pondría yo la tierra empapada por ella" (*Bodas* 136). En esta obra la honra, la pasión, el odio y veneración por la sangre conducen a la fatalidad. Esta se va desarrollando, en forma de crescendo, hasta que desemboca en el tercer acto con el doble y mortal sacrificio de Leonardo y el Novio, siendo los cuchillos el instrumento del sacrificio ritual por excelencia.

El sacrificio tiene lugar en el bosque, lugar mágico donde aparecen los personajes sobrenaturales de los Leñadores, la Luna y la Mendiga, y sitio idóneo para la manifestación del duende. Este es el mismo bosque mítico que da lugar a los antiguos ritos sacrificiales de las tragedias clásicas (*Bodas* 77). Godoy Froy expresa que cuando se lee a García Lorca, se distingue inmediatamente la fuerza de la sangre, "...eso que es de raíz andaluza... Sangre antigua que arrastra una antigua sabiduría: la sabiduría de la muerte" (19). De esta manera, debido a que el duende es un poder mágico que se encuentra en la sangre y en las raíces de esta cultura y está ligado a la muerte, *Bodas de sangre* no solamente *tiene duende*, sino que está empapada de duende o *enduendada* en todos los aspectos, de principio a fin.

La búsqueda constante del artista por la tragedia moderna española y neosimbolista se observa también en *Yerma*, el drama de la maternidad insatisfecha ambientada en el más puro ambiente rural andaluz (Doménech 22).

---

19   A pesar de que la extensa simbología lorquiana profetiza la tragedia, son las nanas lo que otorga primeramente la dimensión trágica a la obra, ya que contiene la mayoría de los elementos mencionados como flores, caballo, sangre y puñal de plata.

En ella, el misterio inefable de la vida y la presencia de la muerte cobran una fuerza especial debido a los instintos de la protagonista que se intensifican hasta desbordarse y culminar en su enduendamiento y en la muerte. En Yerma el duende yace dormido dentro de ella, oculto en el fondo de su sangre y listo para surgir vehemente desde sus entrañas. A pesar de que la presencia del duende está siempre latente en la obra, es hasta el final cuando por fin se manifiesta irrefrenable y mortal para dar muerte al esposo en manos de la protagonista.

Yerma, escrita en 1934, se estrenó en Madrid en diciembre de ese mismo año en el Teatro Español, por la compañía de Margarita Xirgu (*Yerma* 14). La idea central de la obra es la maternidad frustrada en una sociedad en la cual el método primordial de valoración femenina era servir como vehículos para la preservación de la estirpe. La protagonista es incapaz de trascender su naturaleza humana en un hijo, lo que provoca su creciente desquiciamiento. El primer atisbo del duende en esta obra se encuentra en el nombre de la protagonista. El duende está hondamente ligado a la tierra y Yerma significa tierra árida y estéril. Inevitablemente su nombre es el símbolo de su propia esterilidad, ya sea esta un impedimento biológico en ella o en su marido. En la protagonista la obsesión por la maternidad que nunca llega crece frenéticamente hasta terminar en un desenlace trágico.

Los hijos, para la cultura andaluza, eran la raíz de la vida. Yerma, sin embargo, no logra ser fecundada ni producir hijos. En el primer acto se advierte una relación duende/tierra—tierra/yerma en el momento en que Yerma, aún esperanzada, busca el contacto con la fructífera tierra andaluza para contagiarse de su fertilidad: "Muchas noches salgo descalza al patio a pisar la tierra, no sé por qué. Si sigo así, acabaré volviéndome mala" (49). A diferencia de *Bodas de sangre*, en esta obra la Vieja que le ofrece a la protagonista otro *semental* para que pueda embarazarse es el único personaje que, además de Yerma, tiene duende. El duende se manifiesta en la Vieja porque ella posee y predica un sentido dionisíaco de la vida. Asimismo la Vieja, al igual que el duende, es primitiva, natural e instintiva. Ella vive su vida sin frenos ni convenciones sociales, en franca oposición a los preceptos impuestos a las mujeres por la sociedad andaluza, en extremo conservadora y reprimente.

Es preciso recordar que para que la verdadera tragedia ocurra, el racionalismo y la lógica deben ser eliminados para así dar paso a supersticiones y a creencias en fuerzas sobrenaturales y mágicas. Asimismo, los conjuros y la hechicería se convierten en rituales idóneos para las manifestaciones del duende. Esto se ejemplifica también en el cante jondo, donde el uso reiterado de una misma nota es un procedimiento propio de ciertas fórmulas de encantamiento ("Arquitectura del cante" 38). La desesperación de Yerma la lleva a apelar a estas fuerzas a través de un conjuro que tiene lugar una noche en el cementerio. Tanto en los ritos oscuros del cementerio como en la romería del cuadro final, las creencias en lo sobrenatural también encauzan hacia el duende. Al conjurarlo, este se define como un poder oscuro, misterioso y mágico que sólo viene si existe la posibilidad de muerte, que en la obra se proyecta en el cementerio y en la escena final.

El duende también se asocia al erotismo que se desborda, que se proyecta y se expresa a través de la carne. En la canción de las lavanderas del segundo acto abunda un simbolismo erótico-eufemístico y contiene una atmósfera rebosante de sensualidad (Ramos-Gil 70). A continuación se muestran algunos fragmentos:

> Por el monte ya llega
> mi marido a comer.
> Él me trae una rosa
> y yo le doy tres.[20]
> Por el llano ya vino
> mi marido a cenar.
> Las brisas que me entrega
> cubro con arrayán.[21]
>
> ...
>
> Hay que juntar flor con flor
> cuando el verano seca la sangre del segador.
>
> ...
>
> Hay que gemir en la sábana.[22] (*Yerma* 72)

Sin embargo, al contrario de lo que expresa el coro, en Yerma la sexualidad tiene como propósito exclusivo la maternidad.

Al no cumplirse su deseo de maternidad y conforme pasa el tiempo, se incrementa la desesperanza y la desesperación en la protagonista. La misma Yerma afirma que "La mujer de campo de que no da hijos es inútil como un manojo de espinos, y hasta mala" (81). En consecuencia, su carácter se endurece y la tensión entre ella y su marido se va acrecentando. Yerma piensa que

---

20   La rosa es símbolo de sexualidad, especialmente en la literatura lorquiana.

21   Esta estrofa habla sobre el soplo de vida, o semen, que el marido le entrega a la mujer, y que esta protege con arrayán, planta emblemáticamente erótica.

22   Estos últimos versos hablan del deseo carnal, el cual la Vieja afirmaba era necesario para engendrar un hijo (*Yerma* 107).

su esposo es el culpable de su maternidad frustrada, mas su agudo sentido de honra le impide buscar los hijos en otro hombre. Su afán de maternidad se convierte en una obsesión que aniquila cualquier otro sentimiento y termina causando una ruptura espiritual, psíquica y social en la protagonista, viabilizando así la tragedia. Su frustración, llevada hasta el punto de la locura, desemboca en el estrangulamiento de su esposo al darse cuenta que jamás le daría y hijos y que ni siquiera los deseaba. El duende va naciendo en Yerma conforme crece su desesperación, acechando el momento preciso para manifestarse por completo, es decir, de adueñarse de ella. Esto ocurre al final del tercer acto, justamente en el momento en que Yerma, poseída por el duende, estrangula a Juan.

El problema de Yerma comienza siendo un problema biológico y termina siendo un conflicto psicológico. "Ahí están juntas, la debilidad y la grandeza de la Yerma lorquiana. Criatura pasional, irracional, energuménica, quiere imponer su voluntad a su cuerpo estéril" (*Yerma* 28). Siguiendo esta descripción de la protagonista, algunos de los vocablos vinculados a *energúmeno* son: irracional, primitivo, iracundo, furioso, violento, exaltado, salvaje, frenético, endemoniado, endiablado, poseído. Asimismo, el Diccionario de la Real Academia Española lo define como "Persona poseída del demonio" y "Persona furiosa, alborotada" ("energúmeno"). Todo lo anterior corresponde a las descripciones que a lo largo de este estudio se han proveído sobre el duende. El duende se apodera del cuerpo de Yerma de la misma forma en que el demonio posesiona de un ser vivo. A diferencia de *Bodas de sangre*—donde el duende se manifiesta a lo largo de la obra—en *Yerma* el duende nace y se manifiesta en la protagonista, y es solo a través de ella que la obra se impregna de duende.

La casa de Bernarda Alba, escrita en 1936, es la última tragedia de su serie dramática rural. La obra se estrenó en 1945 en Buenos Aires, y fue puesta en escena por la compañía de Margarita Xirgu. Su título fue *La casa de Bernarda Alba. Drama de mujeres en los pueblos de España* (Díaz-Plaja 235). Esta obra—la cual su autor no viera jamás en escena debido a su muerte trágica y prematura—es una denuncia del drama de la mujer atrapada en el tiempo y espacio de una Andalucía rural fosilizada e incongruente con la actualidad de su tiempo. Los personajes son Bernarda Alba y sus cinco hijas Augusta, Magdalena, Amelia, Martirio y Adela—las cuales tienen entre veinte y treinta y nueve años. Otros personajes son la Poncia, quien es la criada de la casa, y María Josefa, la madre de Bernarda.

Las hijas, solteras y vírgenes todas, están condenadas a vivir en una atmósfera asfixiante y reprimente, resultado de los ocho años de luto impuestos por la matriarca Bernarda ante la muerte de su esposo y único varón de la casa. Bernarda manifiesta que "¡En ocho años que dure el luto no ha de entrar en esta casa el viento de la calle! Haceros cuenta que hemos tapiado con ladrillos puertas y ventanas" (*La casa* 157). El aislamiento extremo al que son sometidas por Bernarda y el deseo y desesperación por el amor que les es negado, provoca que los sentimientos de frustración y de intenso odio entre las hermanas se incrementen hasta culminar en la muerte de la hija menor, Adela. Esta se entrega a Pepe el Romano, prometido de su hermana mayor Angustias, y se suicida al creerlo muerto.

En esta obra existe una lucha feroz entre los instintos pasionales y el deseo de libertad de las hijas contra los criterios de la razón y las convenciones sociales encarnados en Bernarda (*La casa* 20). Ante la ausencia de un varón, Bernarda asume el papel patriarcal y se convierte en la tirana de sus hijas. Irónicamente, a pesar de ser mujer, ella misma se encarga de perpetuar las leyes patriarcales profundamente represoras y de cuidar su casta como si fuera un varón: "Hilo y aguja para las hembras. Látigo y mula para el varón" (158). El detonante del conflicto es el drama de las mujeres que luchan contra su sensualidad reprimida, y el pleno conocimiento de que sus deseos sexuales y de libertad jamás serán satisfechos. La inexorabilidad de sus destinos da como resultado profundos odios y envidias entre las hermanas, sentimientos que encauzan y posibilitan la tragedia.

Conforme se aproxima el desenlace, el duende irrumpe con una fuerza incontenible en las mujeres y las impregna de un intenso deseo sexual, reprimido hasta la llegada de Pepe el Romano. Asimismo, al despertar el duende los instintos pasionales como una fuerza telúrica y demoníaca, también desencadena el deseo de libertad en ellas. En Adela es en quien se manifiesta más el duende. Esto debido a que, a pesar de Bernarda, la hija menor se atreve a vivir de manera dionisiaca, satisfaciendo en Pepe sus instintos amorosos sin frenos ni ataduras sociales. El duende posee a Adela con el poder de la pasión sexual, volviéndola irracional y salvaje. Profundamente apasionada, Adela expresa: "A un caballo encabritado soy capaz de poner de rodillas con la fuerza de mi dedo meñique" (273). Al final de la obra, envuelta en un dolor desgarrante al creer a Pepe el Romano muerto, Adela se suicida por ver perdida su única esperanza de amor y de libertad.

El dolor y la desesperación se suman a la lucha feroz por el macho entre las mujeres *enduendadas*. Enardecidas con una pasión sexual ya desbordada, los odios a flor de piel y la muerte de Adela son elementos que conllevan a la manifestación plena del duende que se venía concibiendo desde el principio de la obra. Al final, como lo hiciera Yerma, Bernarda antepone la preservación del honor a su dolor y sus instintos de madre:

> ¡Descolgarla! ¡Mi hija ha muerto virgen! Llevadla a su cuarto y vestirla como si fuera doncella. ¡Nadie dirá nada! ¡Ella ha muerto virgen!... Y no quiero llantos. La muerte hay que mirarla cara a cara. ¡Silencio!... ¡A callar he dicho!... Ella, la hija menor de Bernarda Alba, ha muerto virgen. ¿Me habéis oído? Silencio, silencio he dicho. ¡Silencio! (279)

La dicotomía entre los deseos pasionales y de libertad de las hijas, y la autoridad rígida y represora de la tirana Bernarda provoca una lucha a muerte. En consecuencia, se observan en esta obra la casta y el instinto sexual como las piedras de toque que posibilitan la tragedia y la manifestación plena del duende.

En la trilogía dramático-rural el amor, el odio y la muerte crean la esencia de la tragedia. *En Bodas de sangre* el amor pasional e ideal produce la muerte en Leonardo y el novio. En *Yerma* es el instinto frustrado de la maternidad lo que origina que la protagonista mate a su esposo al darse cuenta que jamás le podrá dar hijos. En *La casa de Bernarda Alba* es la defensa de la individualidad del ser humano lo que conduce a la tragedia. Lorca supo abordar con suprema sensibilidad uno de los temas clásicos de la literatura universal: la percepción del amor como algo inasequible, por lo que su teatro es un clamor al amor inalcanzable, incapaz de realizarse sin que conlleve a la tragedia (*La casa* 19). Asimismo, sus obras son una denuncia de los problemas más graves de su época, como las desigualdades sociales, el atraso del campo español y la condición social de las mujeres (63). A consecuencia de esto, el artista convierte a las mujeres en las verdaderas heroínas de sus tragedias.

La cultura popular proyecta un contenido ideológico y social en sus preocupaciones con la vida, la muerte, el deseo y el amor no correspondido. La música y la poesía del pueblo fueron dos de las preocupaciones de Lorca, las cuales, de acuerdo a Sánchez-Pardo, son expresiones populares políticas y socialmente simbólicas[23] (Silverman 98). Las invocaciones de Lorca de la tradición, el mito y el folklore fueron intentos de revitalizar la cultura española.

---

23   Sánchez-Pardo adopta la noción del inconsciente político de Fredric Jameson, quien conceptualiza la posibilidad de desenmascarar todos los artefactos culturales como actos socialmente simbólicos. Jameson argumenta que los artefactos culturales se desarrollan en referencia a sentimientos y preferencias estéticas socialmente determinados que, en su transferencia a la forma como objetos culturales, se convierten en expresiones culturales (Silverman 97-98).

Por esto el afán de revisitar las tradiciones clásicas y populares, para resistir con estas estrategias la obliteración de estas tradiciones que pretendía el gran arte moderno. De esta manera, Lorca reaccionó a las presiones culturales que estaba sufriendo Occidente debido los avances tecnológicos que planteaban retos substanciales a las formas de vida tradicionales (110-12). Lorca se dio cuenta que la represión, las injusticias sociales y el dolor del pueblo español solo podían ser expresados plenamente a través de las representaciones artísticas en las que se manifestaba el duende. Por este motivo, su literatura se entiende más ampliamente si se entiende la estética del duende.

El contexto espacio-temporal de la creación artística y literaria de Federico García Lorca relacionada con el duende en relación a la producción del arte moderno devela unas marcadas políticas culturales. El gran arte moderno buscaba desarrollar una estética que distara al máximo de la cultura de masas.[24] Contrariamente a la tentativa del gran arte moderno de diferenciar al máximo entre el gran arte y la cultura de masas como una condición para el desarrollo de una estética moderna (Silverman 96-97), mostró un profundo interés por la cultura popular y sus diversas formas de expresión artísticas. Asimismo, Lorca fue un colaborador activo en el intento de renovación social e intelectual de España, renovación que buscaba asentar sus bases en la tradición y cultura españolas.

En la década de los treintas dirigió una compañía de teatro ambulante llamada Teatro Universitario La Barraca, la cual viajaba de pueblo en pueblo por la España rural exhibiendo obras clásicas y tradicionales españolas. Con La Barraca, su meta era regresar la cultura española a la gente y especialmente a la población rural. Pretendía recordarle al pueblo español de su herencia cultural y popularizar los trabajos artísticos que con el tiempo habían sido marginalizados, olvidados o elevados al estatus de alta cultura.

La finalidad principal detrás de la estética lorquiana del duende fue descrita por el artista como el deseo de vincular al arte con la vida diaria, sin que existiera alejamiento alguno entre el artista y el pueblo. Por esto se aferró a la tradición oral, al folklore auténtico del pueblo andaluz y a su duende. La poética de Lorca provee al individuo y a la comunidad la capacidad de entenderse mejor a sí mismos. Esto lo hace no necesariamente representando la región andaluza realísticamente, sino trayendo a primer plano su heterogeneidad pasada y presente (Silverman 109-11). Las afirmaciones de Lorca sobre el duende como una característica única e inherente de la identidad española tenían como propósito retar las ideologías y proyectos políticos emergentes,

---

24   Consultar el libro *After the Great Divide* (1986), de Andreas Huyssen.

así como evidenciar el caos de los tiempos revolucionarios. Por otro, lado la asociación del duende con la cultura gitana les recordaba a los españoles de su etos cultural único, el cual involucraba el orgullo étnico, la solidaridad y el sentimiento de comunidad y la resistencia, características invaluables durante los tiempos de agitación política.

Lorca encauzó su trilogía dramática rural hacia el triunfo total de los instintos más elementales, los cuales se convirtieron en la materia trascendida hacia la exaltación casi mística producida por el duende. En estas obras el duende, enardecedor de todas las fuerzas y de todas las formas, de la sangre y espíritu humanos, embriaga de deseos pasionales y estos se revelan como la raíz humana más profunda. De esta manera la estética lorquiana del duende, con su torrente de resonancias místicas, desemboca en la totalidad vital de la cultura española que el artista buscaba.

Obras Citadas

Beauvoir, Simone. *El segundo sexo. Los hechos y los mitos. Vol. I.* Buenos Aires: Siglo XX, 1998.

Carvalho, Pinto. *História Do Fado.* Lisboa: Publicações D. Quixote, 1994.

Díaz-Plaja, Guillermo. *Federico García Lorca: Estudio Crítico.* Buenos Aires: Editorial G. Kraft, 1948.

Doménech, Ricardo. "El pensamiento estético de Federico García Lorca." Madrid: Real Escuela Superior de Arte Dramático, 2006.

"Energúmeno." *Diccionario de la Real Academia Española.* Madrid, España. Oct. 6, 2015.

García Lorca, Federico. *Romancero gitano.* New York: Penguin Books, 1996.

———. "Poema del cante jondo." *Obras completas.* Ed. Miguel García-Posada. Barcelona: Galaxia Gutenberg, 1996.

———. "Arquitectura del cante jondo." *Obras completas.* Ed. Miguel García-Posada. Barcelona: Galaxia Gutenberg, 1996.

———. "Teoría y juego del duende." *Obras completas.* Ed. Miguel García-Posada. Barcelona: Galaxia Gutenberg, 1997.

———. *Yerma.* Ed. Ildefonso-Manuel Gil. Madrid: Ediciones Cátedra, 2007.

———. *Bodas de sangre.* Eds. Allen Josephs and Juan Caballero. Madrid: Cátedra, 2007.

———. *In Search of Duende.* Eds. Christopher Maurer and Norman Thomas Di Giovanni. New York: New Directions, 1998.

———. *La casa de Bernarda Alba*. Ed. María Francisca Vilches de Frutos. Madrid: Cátedra, 2006.

Grande, Félix. *García Lorca y el flamenco*. Madrid: Mondadori, 1992.

Godoy Froy, Marta Lía. *La lírica en la dramaturgia de Federico*. Buenos Aires: Editorial Plus Ultra, 1997.

Hirsch, Edward. *The Demon and the Angel: Searching for the Source of Artistic Inspiration*. New York: Harcourt, 2002.

Jesús, Teresa de. *Libro de la vida*. Ed. Guido Mancini. Madrid: Taurus, 1982.

Jones, Randye LaVonne and William Dean Tinker. "Gospel Truth About the Negro Spiritual." Grinnell College, 2007. Web.

Luck, Georg, 1926. *Arcana Mundi: Magic and the Occult in the Greek and Roman Worlds: A Collection of Ancient Texts*. Baltimore: Johns Hopkins University Press, 2006.

Moore, Allan F. *The Cambridge Companion to Blues and Gospel Music*. Cambridge: Cambridge University Press, 2002.

Rabassó, Carlos A. and Francisco J. Rabassó. *Federico García Lorca entre el flamenco, el jazz y el afrocubanismo: Granada, Nueva York, La Habana*. Madrid: Ediciones Libertarias, 1998. Print.

Ramos-Gil, Carlos. Ecos antiguos, estructuras nuevas y mundo primario de la lírica de Lorca. Bahía Blanca: Instituto de Humanidades, Universidad Nacional del Sur, 1967.

Rudinow, Joel. *Soul Music: Tracking the Spiritual Roots of Pop from Plato to Motown*. Ann Arbor: University of Michigan Press, 2010. Web.

Saiz, de R. I. B. *Federico García Lorca: Bodas de sangre, el ritual sacrificial del heroísmo*. Buenos Aires: Editorial Vinciguerra, 1998.

Silverman, Renée M. *The Popular Avant-Garde*. Amsterdam: Rodopi, 2010. Web.

Zambrano, María and José Ortega y Gasset. *Andalucía, sueño y realidad: Ensayo*. Granada: Editoriales Andaluzas Unidas, 1984.

Poemas de amor y de guerra: comentario de textos sobre la España del 27 al 37

ELIANA RIVERO, Profesora Emérita
The University of Arizona

En homenaje a Joan Gilabert,
algunos de cuyos versos favoritos son también los míos

LAS PÁGINAS SIGUIENTES NO pretenden pertenecer a uno más entre los muchos artículos eruditos sobre la poesía española o hispánica que se puedan encontrar en las bibliotecas. Por el contrario, en forma similar a lo que se hizo oralmente durante el homenaje al profesor Joan Gilabert en febrero de 2014, los poemas aquí presentados son una evocación viva de la temática que ha apasionado a tantos lectores y amantes de la historia literaria, cultural y política de España en momentos culminantes del siglo pasado. En su forma original, este tributo al colega y amigo adquirió el perfil de una lectura dramática que, según testimonio de algunos allí presentes, hizo derramar no pocas lágrimas ante el impacto de los versos declamados. Aquí en estas páginas, es otro el cariz que toman los poemas: leídos en probable silencio, no obstante se vierten confiados en que las palabras, en su potencia auditiva y su imaginada sonoridad, lleven a quien revise sus líneas a aquel "dolorido sentir" que poetas mayores de la lengua española anotaron hace ya siglos. Lo que dichos versos inspiraron en su público primero, logre llegar al nuestro que, quizás animado por el ejemplo de tantos, quiera leer en alta voz algunas de estas líneas.

Comenzando con el primero de los poetas, el amor a que se refiere el título no es solamente el sentimiento romántico que sirve de base a una infinita variedad de versos a lo largo de las centurias; asimismo, es el sentir por la tierra natal y sus paisajes, por los pueblos y la naturaleza de una región que conmina a los poetas a rememorar sus niñeces y sus travesías por caminos peninsulares, sobre todo castellanos en el caso de Antonio Machado. El bardo reconoce en su tierra adoptiva la adusta faz topográfica de sus montañas y ríos, tan diferentes de su nativa Sevilla pero tristemente recordada con una tristeza que es también amor:

> ¡Colinas plateadas,
> grises alcores, cárdenas roquedas
> por donde traza el Duero
> su curva de ballesta
> en torno a Soria, oscuros encinares,
> ariscos pedregales, calvas sierras,
> caminos blancos y álamos del río,
> tardes de Soria, mística y guerrera,
> hoy siento por vosotros, en el fondo
> del corazón, tristeza,
> tristeza que es amor! ¡Campos de Soria,
> donde parece que las rocas sueñan,
> conmigo vais! ¡Colinas plateadas,
> grises alcores, cárdenas roquedas!...
> ("Campos de Soria" VII)

La naturaleza sueña a la par que el poeta, en su historia y en su ser, que es de cariz religioso y bélico a la vez, en torno a una ciudad que ha llegado a ser emblemática para la poesía machadiana y sus sutiles cantos. Las rocas son de plata cual cabellos encanecidos, los colores pardos y morados constituyen reflejo de una austeridad lírica que, a su vez, se vuelca en esperanzado canto, el cual personifica los anhelos personales de un autor que ofrece una visión poetizada de su mundo. La ciudad rodeada y glorificada, seria en el atardecer como lo son sus gentes castellanas, pervive no solo en la mirada presente del escritor sino también en sus recuerdos: esas rocas y alcores y colinas que conmueven porque son, porque permanecen, porque significan...

La nostalgia motivada por el paisaje se aúna a una identificación con la naturaleza que es íntima y personal, sentida al nivel del aire y de la letra, y así los elementos de ese paisaje son a la vez generatrices y recipientes del amor. Elementos de geografía y de historia se entretejen con la biografía individual y el recuerdo de la amada, que se contempla inscrito en troncos de árboles, y es reminiscente asimismo de pájaros amantes y de aguas vitales que cantan y susurran versos amorosos, como el corazón del poeta:

He vuelto a ver los álamos dorados,
álamos del camino en la ribera
del Duero, entre San Polo y San Saturio,
tras las murallas viejas
de Soria—barbacana
hacia Aragón, en castellana tierra—.
Estos chopos del río, que acompañan
con el sonido de sus hojas secas
el son del agua cuando el viento sopla,
tienen en sus cortezas
grabadas iniciales que son nombres
de enamorados, cifras que son fechas.
¡Álamos del amor, que ayer tuvisteis
de ruiseñores vuestras ramas llenas;
álamos que seréis mañana liras
del viento perfumado en primavera;
álamos del amor cerca del agua
que corre y pasa y sueña,
álamos de las márgenes del Duero,
conmigo vais, mi corazón os lleva!
("Campos de Soria" VIII)

Sin embargo no es solo la historia personal la que aflora en los paisajes y la topografía del corazón del país; son los pueblos en su colectividad los que tocan con dedos amorosos también la sensibilidad poética de una voz que canta por ellos, voz que es el pueblo asimismo querido, la Numancia de sus antepasados, la guerra y la paz de las conquistas que han logrado construir la comunidad española peninsular.

¡Oh!, sí, conmigo vais, campos de Soria,
tardes tranquilas, montes de violeta,
alamedas del río, verde sueño
del suelo gris y de la parda tierra,
agria melancolía
de la ciudad decrépita,
me habéis llegado al alma,
¿o acaso estabais en el fondo de ella?
¡Gentes del alto llano numantino
que a Dios guardáis como cristianas viejas,

que el sol de España os llene
de alegría, de luz y de riqueza!
("Campos de Soria" IX)

Si Antonio Machado logra, en ejemplar mezcla de sentires, reunir el amor con la historia, la geografía con la nostalgia del cariño pasado y perdido, la visión colectiva con la topografía del verdadero corazón peninsular que es su centro castellano, otros poetas de la generación que precede a la Guerra Civil encarnan un amor que se torna bélico, un sentir que se convierte en lucha. Mediante símbolos asimismo cercanos a la tierra, animales campestres y salvajes que de alguna forma u otra reflejan la pasión de su pueblo, Miguel Hernández como soldado republicano alza la voz de un líder que conmina a la lucha. Es el toro netamente español, emblema de la lidia entre hombre y bestia, pero a la vez representativo de todo el pueblo, a quien la voz poética pretende despertar. Los versos del poema siguiente recuerdan en su sonoridad apremiante la voz acuciosa de un torero que, al situarse frente a su contrincante en el ruedo, alza el grito de "¡Aja, toro!" como banderín rojo que provoca, que quiere azuzar a la pelea. Porque la batalla que resultará sangrienta comienza contra el enemigo, y hay el deber de conminar al toro español a que se alce frente a los que quieren derrotarle, vencerle, matarle. La serie de verbos utilizados como acicate, como llamado al ruedo de la resistencia y de la guerra, son imperativos en su acción y se concatenan como eslabones urgentes que conmueven, desafían, empujan, retan y por último conducen a la lucha y finalmente a la victoria: "Alza, levántate, despiértate, esgrímete, desencadénate, revuélvete, truénate, abalánzate, atorbellínate, sálvate." En lejano eco gongorino como analógica grandeza poemática, este toro de Hernández sigue la tradición de aquella celestial bestia con que se abren estelarmente las *Soledades*—"el mentido robador de Europa, media luna las astas de su frente y el sol todos los rayos de su pelo"—para que así converjan las corrientes clásicas con las de una España moderna que se despierta, se alza, se rebela contra el fascismo, contra "las traiciones lobunas." Como los toros de Guisando,[1]

---

1   Los toros de Guisando son unas esculturas celtibéricas que datan del siglo II antes de la era cristiana, y que generalmente se consideran como símbolos del carácter español, si bien en su origen pueden haber constituido marcadores de terreno o protectores de las tribus que allí moraban. Son mencionados por algunos famosos autores en sus obras, como Cervantes en el *Quijote* o Lorca en su *Llanto por Ignacio Sánchez Mejías*. El lugar donde se encuentran, cerca de El Tiemblo en la provincia de Ávila, se considera sitio histórico, y las esculturas de los toros han sido designadas como Bien de Interés Cultural para España.

hechos de piedra y copiados en bronce y mármol, el pueblo español debe ser fuerte y eterno contra los enemigos de su humanidad.

Miguel Hernández, "Llamo al toro de España"[2]

Alza, toro de España: levántate, despierta.
Despiértate del todo, toro de negra espuma,
que respiras la luz y rezumas la sombra,
y concentras los mares bajo tu piel cerrada.

Despiértate.

Despiértate del todo, que te veo dormido,
un pedazo del pecho y otro de la cabeza:
que aún no te has despertado como despierta un toro
cuando se le acomete con traiciones lobunas.

Levántate.

Resopla tu poder, despliega tu esqueleto,
enarbola tu frente con las rotundas hachas,
con las dos herramientas de asustar a los astros,
de amenazar al cielo con astas de tragedia.

Esgrímete.

Toro en la primavera más toro que otras veces,
en España más toro, toro, que en otras partes.
Más cálido que nunca, más volcánico, toro,
que irradias, que iluminas al fuego, yérguete.

---

2   "Recordemos que, a partir de 1934, Miguel Hernández se pone en contacto directo con el mundo de la tauromaquia, al trabajar con José María de Cossío en la redacción de la monumental enciclopedia de los toros. Pero, anteriormente, ya había empleado el tema taurino en algunas de sus composiciones líricas. Podemos encontrar en el simbolismo del toro de Miguel Hernández una antropología metafísica del pueblo español, en la que aparecen sublimados los valores y virtudes del ser humano. El toro se convertirá en espejo de humanidad... [para] el poeta de Orihuela" (comentario de Mariate Cobaleda en *El simbolismo del toro. La lidia como cultura y espejo de humanidad*).

Desencadénate.

Desencadena el raudo corazón que te orienta
por las plazas de España, sobre su astral arena.
A desollarte vivo vienen lobos y águilas
que han envidiado siempre tu hermosura de pueblo.

Revuélvete.

Es como si quisieran arrancar la piel al sol,
al torrente la espuma con uña y picotazo.
No te van a castrar, poder tan masculino
que fecundas la piedra; no te van a castrar.

Truénate.

No retrocede el toro: no da un paso hacia atrás
si no es para escarbar sangre y furia en la arena,
unir todas sus fuerzas, y desde las pezuñas
abalanzarse luego con decisión de rayo.

Abalánzate.

Gran toro que en el bronce y en la piedra has mamado,
y en el granito fiero paciste la fiereza:
revuélvete en el alma de todos los que han visto
la luz primera en esta península ultrajada.

Revuélvete.

Partido en dos pedazos, este toro de siglos,
este toro que dentro de nosotros habita:
partido en dos mitades, con una mataría
y con la otra mitad moriría luchando.

Atorbellínate.

De la airada cabeza que fortalece el mundo,
del cuello como un bloque de titanes en marcha,

brotará la victoria como un ancho bramido
que hará sangrar al mármol y sonar a la arena.

Sálvate.

Despierta, toro: esgrime, desencadena, víbrate.
Levanta, toro: truena, toro, abalánzate.
Atorbellínate, toro: revuélvete.
Sálvate, denso toro de emoción y de España.

El comentario textual no estaría completo sin una referencia a los toros y los toreros lorquianos (¿qué lector puede olvidar a Ignacio Sánchez Mejías y al toro de la muerte en la elegía magistral?), pero en la gama de emociones y expresiones que van del amor a la guerra se hace necesario no soslayar ese amor que no tenía nombre en el 27, el del hombre que ama a otro hombre y que, suprimido y perseguido en su tiempo, vio la luz después en los magistrales sonetos del poeta de Granada. En esos textos se encuentra la resonancia de los místicos españoles, con la Teresa de "Vivo sin vivir en mí," con el amor a lo divino en el soneto a Cristo crucificado y sus cadencias del querer y del doler, con la noche oscura de Juan de la Cruz, y aun de la noche serena de Fray Luis; pero el resultado es netamente humano en el universo de palomas, mordiscos, tigres y azucenas tan a lo Lorca. El poeta se duele del silencio de su amante, de quien no recibe carta y teme que la ausencia signifique frialdad; las palabras faltan porque no llegan, y las metáforas no logran dispersar el miedo al desamor.

Federico García Lorca, "El poeta pide a su amor que le escriba"

Amor de mis entrañas, viva muerte,
en vano espero tu palabra escrita
y pienso, con la flor que se marchita,
que si vivo sin mí quiero perderte.

El aire es inmortal. La piedra inerte
ni conoce la sombra ni la evita.
Corazón interior no necesita
la miel helada que la luna vierte.

Pero yo te sufrí. Rasgué mis venas,
tigre y paloma, sobre tu cintura

en duelo de mordiscos y azucenas.

Llena pues de palabras mi locura
o déjame vivir en mi serena
noche del alma para siempre oscura.
(*Sonetos del amor oscuro*, 276)

En los poemas del amor y de la guerra, la solidaridad también acude a prestar su verso entre las grandes voces de la generación. Por esos tiempos, vivía en el barrio madrileño de Argüelles el cónsul de Chile, quien no solo era poeta sino también entrañable amigo de los poetas republicanos del 27, y quien después escribiría su colección *España en el corazón* en recuerdo de todos ellos: Rafael Alberti, Federico García Lorca, Miguel Hernández, Manuel Altolaguirre, Concha Méndez, con quienes colaboraría en la revista *Caballo verde para la poesía*, y el poeta argentino Raúl García Tuñón, que también se une en aquellos cenáculos a la fiesta poética y a la batalla contra el franquismo.

Apartándose del tono y estilo surrealista de muchas de sus creaciones de esa época, el poeta de *Residencia en la tierra* lanza un texto que rememora el amor en medio de la guerra. Quien sería menos de cuarenta años después honrado con el Nobel de Literatura, surge en los primeros años de la guerra entre los escombros de la incivilidad, y temporalmente reniega de la expresión hermética para unirse a la causa de sus amigos, que era también su causa. Y así leemos "Explico algunas cosas" de Pablo Neruda.

Preguntaréis: *Y* dónde están las lilas?
Y la metafísica cubierta de amapolas?
Y la lluvia que a menudo golpeaba
sus palabras llenándolas
de agujeros y pájaros?
Os voy a contar todo lo que me pasa.
Yo vivía en un barrio
de Madrid, con campanas,
con relojes, con árboles.
Desde allí se veía
el rostro seco de Castilla
como un océano de cuero.
Mi casa era llamada
la casa de las flores, porque por todas partes
estallaban geranios: era

una bella casa
con perros y chiquillos.
Raúl, te acuerdas?
Te acuerdas, Rafael?
Federico, te acuerdas
debajo de la tierra,
te acuerdas de mi casa con balcones en donde
la luz de junio ahogaba flores en tu boca?
Hermano, hermano!
Todo
eran grandes voces, sal de mercaderías,
aglomeraciones de pan palpitante,
mercados de mi barrio de Argüelles con su estatua
como un tintero pálido entre las merluzas:
el aceite llegaba a las cucharas,
un profundo latido
de pies y manos llenaba las calles,
metros, litros, esencia
aguda de la vida,
pescados hacinados,
contextura de techos con sol frío en el cual
la flecha se fatiga,
delirante marfil fino de las patatas,
tomates repetidos hasta el mar.
Y una mañana todo estaba ardiendo
y una mañana las hogueras
salían de la tierra
devorando seres,
y desde entonces fuego,
pólvora desde entonces,
y desde entonces sangre.
Bandidos con aviones y con moros,
bandidos con sortijas y duquesas,
bandidos con frailes negros bendiciendo
venían por el cielo a matar niños,
y por las calles la sangre de los niños
corría simplemente, como sangre de niños.
Chacales que el chacal rechazaría,
piedras que el cardo seco mordería escupiendo,

víboras que las víboras odiaran!
Frente a vosotros he visto la sangre
de España levantarse
para ahogaros en una sola ola
de orgullo y de cuchillos!
Generales
traidores:
mirad mi casa muerta,
mirad España rota:
pero de cada casa muerta sale metal ardiendo
en vez de flores,
pero de cada hueco de España
sale España,
pero de cada niño muerto sale un fusil con ojos,
pero de cada crimen nacen balas
que os hallarán un día el sitio
del corazón.
Preguntaréis por qué su poesía
no nos habla del sueño, de las hojas,
de los grandes volcanes de su país natal?
Venid a ver la sangre por las calles,
venid a ver
la sangre por las calles,
venid a ver la sangre
por las calles!

Eco resonante de la gran elegía lorquiana es el repetitivo "venid a ver la san-gre, venid a ver..." en ese impresionante cuadro de la España rota y llena de muertos, al estilo descriptivo del otro gran Pablo español y su Guernica. No es la hora de hablar de flores y volcanes, porque como el toro a quien Miguel Hernández conmina a alzarse, en estos versos ese "vosotros" que presencia la muerte es simiente de la lucha defensora, como la nueva vida se levanta de cada casa que ha muerto, y de cada niño sale un soldado listo a luchar por la causa.[3]

---

[3]   Publica Neruda en la revista *Hora de España*, en 1936, las siguientes pa-labras a raíz de la muerte de García Lorca: "los poetas de América Española y los poetas de España, no olvidaremos ni perdonaremos nunca, el asesinato de quien con-sideramos el más grande entre nosotros, al ángel de este momento de nuestra lengua."

En la misma vena de solidaridad, un poeta peruano y universal engendra y publica versos inmortales dedicados a los combatientes republicanos, haciendo gala no solo de un amor fraternal inspirado por sus hermanos muertos sino también exhibiendo los rasgos de una poesía única de sus tiempos, pletórica de imágenes sorprendentes y plena de nuevas resonancias artísticas: los muertos sudan y retoñan en libros, las lunas caminan, los versos poseen pómulos, los cadáveres se levantan ante el amor fraternal que los resucita.

César Vallejo, "Pequeño responso a un héroe de la República"
(*España, aparta de mí este cáliz*)

Un libro quedó al borde de su cintura muerta,
un libro retoñaba de su cadáver muerto.
Se llevaron al héroe,
y corpórea y aciaga entró su boca en nuestro aliento;
sudamos todos, el ombligo a cuestas;
caminantes las lunas nos seguían;
también sudaba de tristeza el muerto.

Y un libro, en la batalla de Toledo,
un libro, atrás un libro, arriba un libro, retoñaba del cadáver.

Poesía del pómulo morado, entre el decirlo
y el callarlo,
poesía en la carta moral que acompañara
a su corazón.
Quedóse el libro y nada más, que no hay
insectos en la tumba,
y quedó al borde de su manga, el aire remojándose
y haciéndose gaseoso, infinito.

Todos sudamos, el ombligo a cuestas,
también sudaba de tristeza el muerto
y un libro, yo lo vi sentidamente,
un libro, atrás un libro, arriba un libro
retoño del cadáver ex abrupto.

"Masa"
Al fin de la batalla,

y muerto el combatiente, vino hacia él un hombre
y le dijo: "No mueras, te amo tanto!"
Pero el cadáver ¡ay! siguió muriendo.

Se le acercaron dos y repitiéronle:
"No nos dejes! ¡Valor! ¡Vuelve a la vida!"
Pero el cadáver ¡ay! siguió muriendo.

Acudieron a él veinte, cien, mil, quinientos mil,
clamando: "Tanto amor, y no poder nada contra la muerte!"
Pero el cadáver ¡ay! siguió muriendo.

Le rodearon millones de individuos,
con un ruego común: "¡Quédate hermano!"
Pero el cadáver ¡ay! siguió muriendo.

Entonces, todos los hombres de la tierra
le rodearon; les vio el cadáver triste, emocionado;
incorporóse lentamente,
abrazó al primer hombre; echóse a andar.
(10 de noviembre 1937)

En esa forma, los grandes poetas de lengua hispana se aúnan en propósito común durante la década que precede al conflicto civil en España y solidarizan su palabra ante la muerte y su violencia, inspirados por el amor a la justicia y a la fraternidad humana.

Una de las pocas mujeres reconocidas de esa generación, integrante por igual de los cenáculos poéticos en el madrileño barrio de Argüelles y después exiliada en México, fue Concha Méndez, cuya poesía ha sido mejor estudiada (casi "redescubierta") en décadas recientes. Ella también se une a la exaltación del amor y rememora, como en un ensueño, el dolorido sentir del gran poeta desaparecido cuyos versos cita a manera de exergo. La voz lírica en este poema se hace eco de imágenes machadianas (corazón en la niebla, sombras del pasado, recuerdos en la tarde) para invocar el espíritu cuyo destierro y cuya muerte lejana, además de sus versos magistrales, dejaron profunda huella en su generación.

Concha Méndez, "Uno de esos instantes..."
...'Desde el umbral de un sueño me llamaron'...
A. Machado

Uno de esos instantes que se vive
no se sabe en qué mundo, ni en qué tiempo,
que no se siente el alma y que apenas
se siente el existir de nuestro cuerpo,
mi corazón oyó que lo llamaban
desde el umbral en niebla de algún sueño.

Para decirme su mensaje extraño,
aquella voz venía de tan lejos,
que más que voz de sueño parecía,
en su misterio gris, sombra de un eco.

Sentada estaba yo en aquel instante
en un muelle sillón de terciopelo.
Mis brazos se apoyaban en sus brazos
—¡qué desmayados los sentía luego!—
Después, atravesando los cristales
de un gran balcón que daba al ancho cielo,
una sombra vi entrar. Tal vez la tarde
al irse, entraba a verme... Yo eso creo...

En sugerente nota elegíaca, dulcificada por el sueño, la imagen lírica de la poeta funde y confunde la sombra del poeta desaparecido con la tarde que se pierde, en probable paralelo a las innumerables personificaciones que de la naturaleza se observan en la poesía de este grupo generacional. Aquí, aun más, se personaliza esa conexión con el paisaje y el tiempo machadianos, presente en el espíritu y en la conciencia de poetas castellanos y andaluces de los veinte y los treinta.

Uno de los poetas más reconocidos de esos años, ganador del Nobel de Literatura aun antes que Neruda, fue el lírico Juan Ramón Jiménez, quien, si bien no hizo causa común (al menos aparente) con sus congéneres, enarboló la bandera del amor en muchos modos. Algunos de sus versos incorporan la personificación de la poesía como mujer, objeto de sus deseos y pasiones y encarnada como diosa griega en leves túnicas albas. En sin igual alegoría, es el amor al *ars poetica* lo que sostiene y hace crecer al hablante lírico en los conocidos versos citados y leídos a continuación. En ellos, se glosa la evolución del arte desde sus comienzos sencillos hasta su posterior abigarramiento (sin duda con alusiones a ciertos intentos generacionales neogongoristas del 27), y se opta por la poesía pura y desnuda a que se suscribieron finalmente algunos de los más hábiles intérpretes del grupo. Si bien la reacción ante el neogongorismo de la época constituyó en su respuesta otra "iracundia de hiel y sin sentido," el poeta laureado opta aquí por una fe de oficio en que la desnudez del verbo, sin ornamentos innecesarios, vence en espíritu—y en cuerpo—a sus adversarios, cumpliendo así lo que percibe como el propósito cabal de la palabra artística.

Juan Ramón Jiménez, "Vino primero, pura..."

> Vino primero, pura,
> vestida de inocencia,
> y la amé como un niño.
> Luego se fue vistiendo
> de no sé qué ropajes;
> y la fui odiando sin saberlo.
> Llegó a ser una reina
> fastuosa de tesoros...
>
> ¡Qué iracundia de hiel y sin sentido!
> Mas se fue desnudando
> y yo le sonreía.
> Se quedó con la túnica
> de su inocencia antigua.
> Creí de nuevo en ella.
> Y se quitó la túnica.
> Y apareció desnuda toda.
>
> Oh pasión de mi vida, poesía
> desnuda, mía para siempre!

Del amor a la tierra natal y su geografía, la nostalgia del tiempo pasado que retrotrae a la pérdida del objeto amado, y la identificación con el pueblo, el recorrido de estos poetas representativos de las generaciones anteriores y contemporáneas a la guerra civil española descubre otros sentires del amor humano en todas sus manifestaciones (como los *Sonetos del amor oscuro*), incorpora el amor a la causa en la figura literal de los heroicos compañeros muertos, evoca las sombras de poetas fallecidos en el destierro, y exalta el arte poético mismo como la encarnación de una pasión vital.

He aquí entonces que, en el arco que describe la poesía española entre 1927 y 1937, el amor y la guerra—en múltiples y diversas manifestaciones— son presencias esenciales del arte literario de los tiempos, versificadas por voces mayores y resonantes en la poesía universal de lengua hispánica. Sirvan estas páginas para ejemplificar un poco más tales presencias, y para honrar al colega y amigo a quien se dedican, ilustrándolas con versos que logren hacer—así se espera—sentir y pensar a sus lectores.

Obras citadas

Cobaleda, Mariate. *El simbolismo del toro. La lidia como cultura y espejo de la humanidad*. Madrid: Biblioteca Nueva, 2002.

García Lorca, Federico. "El poeta pide a su amor que le escriba." *Selected Verse*. Ed. Christopher Maurer. New York: Noonday Press. 1978. 278.

Hernández, Miguel. "Llamo al toro de España." *El hombre acecha*. Ed. Leopoldo de Luis y Jorge Urrutia. Madrid: Catedra. 1998.

Jiménez, Juan Ramón. "Vino Primero, pura..." *Mil años de poesía europea*. Ed. Francisco Rico. Barcelona: Backlist. 2011. 1073.

Machado, Antonio. "Campos de Soria VII." *Poesías completas*. Ed. Manuel Alvar. España: Espasa Calpe. 1978. 32-33.

———. "Campos de Soria VIII." *Poesías completas*. Ed. Manuel Alvar. España: Espasa Calpe. 1978.

———. "Campos de Soria IX." *Poesías completas*. Ed. Manuel Alvar. España: Espasa Calpe. 1978.

Méndez, Concha. "Uno de esos instantes." *Poemas. Sombras y Sueños*. México: Rueca. 1944.

Neruda, Pablo. "Explico algunas cosas." *España en el corazón*. Madrid: Visor Libros. 2005. 33-38.

Schidlowsky, David. *Pablo Neruda y su tiempo. La furias y las penas: Tomo I 1904-1949*. Chile: Ril editores, 2008. 319.

Vallejo, César. "Pequeño responso a un héroe de la Republica." *Poesías completas*. Ed. Juan Pablo. México D.F: S.A. 1971. 385.

———. "Masa." *Poesías completas*. Ed. Juan Pablo. México D.F: S.A. 1971. 339.

Cuentos infantiles y sueños de emancipación rotos en *Celia* de Elena Fortún

Lourdes Gabikagojeaskoa
The University of Arizona

E L CUENTO INFANTIL PERTENECE a un subgénero que cada día va ganando más lectores. Aunque la televisión y otros medios de comunicación tienen una importancia vital en la formación intelectual del niño, los cuentos tanto orales como escritos son los que estimulan la creación de los mundos fantásticos en que el protagonista es el mismo niño.

Elena Fortún no solamente fue una pionera dentro de la literatura infantil por ser una mujer escritora, que no era lo más usual en su época, sino que fue una precursora en cuanto a la creación de su personaje. Celia es la protagonista de la mayoría de sus cuentos, una niña a la que le encanta crear historias fantásticas en las que ella y sus amiguitos/as son los protagonistas. De esta manera Elena Fortún va creando las aventuras de Celia dentro de los cuentos de Celia, es decir, hay un enlazamiento de lo real con lo irreal mediante la fantasía como mecanismo lúdico. La voz narrativa está en primera persona y Celia, como voz narrativa, crea un mundo ficticio donde van transcurriendo sus aventuras imaginarias y fantásticas. Esta técnica narrativa consigue que los niños, como lectores puedan crear su propio mundo ficticio y puedan desarrollar sus propias fantasías al igual que lo hace Celia.

En este trabajo propongo analizar la importancia de los cuentos de Elena Fortún como renovación del género infantil, primero porque la protagonista es una niña, Celia, y segundo porque sus cuentos no llevan ningún mensaje didáctico o moraleja. Celia es una niña independiente en una sociedad donde la mujer luchaba por sus derechos emancipadores. Celia se anticipa a la modernidad que se va cuajando en la sociedad española. Elena Fortún rompe de esta manera con la cuentista tradicional de recoger los cuentos o historias del folclore o la tradición oral que dominan la literatura infantil en siglos anteriores. Los cuentos de Celia están totalmente alejados de los cuentos medievales o de los de Perrault y los hermanos Grimm. En este sentido es muy novedosa la creación de su personaje Celia como una niña moderna e independiente. También es interesante recalcar los múltiples referentes metaliterarios que aparecen en los cuentos, lo que hace que la calidad literaria de la obra sea mayor, ya que normalmente en la literatura infantil no es un recurso muy enraizado.

I. Literatura infantil anterior a la guerra civil

España, a finales del XIX y principios del siglo XX, tiene una serie de conflictos políticos y sociales que no son los idóneos para que se pueda hablar de un país con un desarrollo cultural muy amplio. Según Marie Franco la concepción de la infancia como ente autonómico surge en Europa en el siglo XVIII, pero no ocurre lo mismo con España, donde no es hasta finales del XIX, y, concretamente en Barcelona en 1852 con Bastinos y en Madrid en 1884 con Saturnino Calleja, que se crean las primeras editoriales especializadas en literatura infantil con criterios modernos.[1] Sin duda, Saturnino Calleja es considerado el pionero en la edición de libros infantiles. La editorial tuvo su auge a partir de 1915 y hasta 1928 cuando se editan los famosos "Cuentos de Calleja" y lo hizo bajo la dirección artística de Salvador Bartolozzi. Pero es en 1920, con una economía en expansión, cuando los intereses de las editoriales tienen un nuevo lector, y, por tanto un nuevo mercado.

Sin embargo, es importante tener en cuenta que España, en los años 30, era todavía un país rural donde la industrialización solo estaba reservada a unas pocas regiones, y sobre todo a unas pocas ciudades. La mayoría de españoles eran campesinos que vivían en las zonas rurales y en donde la eterna dicotomía "campo-ciudad" mostraba unas diferencias terribles. A esto hay que añadir que tanto durante la Restauración como durante la dictadura de Primo de Rivera, los poderes fácticos en la zona rural eran los caciques y la Iglesia, y ambas instituciones eran las que decidían sobre la cultura, la lectura y, por tanto, el pensamiento que debía existir en el campo.

El gran desarrollo cultural y, sobre todo, el desarrollo de las campañas de alfabetización y promoción de la lectura, vienen de la mano de la II República. El Patronato de Misiones Pedagógicas fue creado en 1931, su fundador fue Manuel Bartolomé Cosssio. La idea del Patronato de las misiones pedagógicas no es nueva en España, sino que viene del XIX dentro de la filosofía krausista, de

---

1   Franco, "Para que lean los niños: II República y promoción de la literatura infantil."

la creación de la Institución de Libre Enseñanza (ILE) y de un sistema educativo democrático y para todos. Por tanto, las Misiones Pedagógicas tienen como finalidad fomentar la cultura en general y la educación popular en los lugares más pequeños y aislados de España. Entre sus prioridades estaba la creación de bibliotecas, se daban conferencias, se proyectaban películas y había recitales de música y teatro que la mayoría de las veces eran interpretadas por los estudiantes universitarios en los días festivos y durante las vacaciones.

En 1933 se organiza la primera Feria del Libro donde una jornada fue dedicada a la literatura infantil. Más tarde, en 1935 y con ocasión de los Reyes, se hizo una cabalgata de automóvil-exposición para recoger fondos destinados a "la infancia desheredada" (Franco 252) y donde los reyes eran Salvador Bartolozzi, Antonio Robles y Ramón Gómez de la Serna. El 20 de diciembre de ese mismo año en el Círculo de Bellas Artes de Madrid se inaugura la I Exposición del Libro Infantil. El 2 de enero del 36, siguiendo en la misma dinámica de la promoción del cuento y el libro infantil, se organizan sorteos y lecturas de libros con la presencia de Salvador Bartolozzi, Magda Donato, Antonio Robles y Elena Fortún.

Como hemos señalado anteriormente, son los "Cuentos de Calleja" con los que la literatura infantil en España tuvo una gran expansión. Es interesante observar que estos cuentos fueron escritos por autores anónimos que la editorial pagaba por entregas.[2] La misma editorial Calleja en 1925 crea la revista *Pinocho,* también dirigida por Salvador Bartolozzi, y que constituyó uno de los puntos más importantes de renovación del cuento infantil.

II. ELENA FORTÚN

Una de las grandes escritoras infantiles de esta época es Encarnación Aragoneses Urquijo, más conocida por su seudónimo literario de Elena Fortún, nacida en Madrid en 1886. En opinión de Carmen Bravo-Villasante:

> El caso de Bartolozzi y algún que otro que veremos más adelante, como el de Elena Fortún, servirán de excepción respecto de la frase que Paul Hazard dedica a la literatura infantil española: "No hay ningún autor español que haya escrito especialmente para la gente menuda y que, al hacerlo, haya encontrado la expresión de su genio particular." Salvo estas excepciones la frase es cierta. (Bravo-Villasante 157)

Fortún comenzó a escribir para los niños en 1928 en la revista *Blanco y Negro,* y escribía desde una perspectiva realista, que era lo que se hacía en los años 20,

---

2 Padrino, "Tradición e innovación en la narrativa infantil."

con niños/as como protagonistas y sin ninguna intención didáctica. En este sentido es interesante que Elena Fortún, y con ocasión de una de las Ferias del Libro, escribe en 1928 un artículo titulado "Libros, mujeres, niños" que publica María Luz Morales, escritora a su vez de literatura infantil:

> La autora se queja de la poca producción española de obras infantiles, frente a la importante creación inglesa por ejemplo. Considera que no bastan para la formación del niño la vida física o el descubrimiento de la naturaleza y defiende la necesidad de alimentar la imaginación de los niños con cuentos, como expresión del imaginario colectivo. Según ella, el niño tiene derecho a libros para el ocio y la diversión, sin objetivos educativos o morales. ("libros de recreo, no de estudios ni de formación espiritual"). Critica pues la introducción de lo pedagógico o moral en la literatura para niños y reivindica la necesidad de una biblioteca para cada niño y su prolongación en lo social mediante bibliotecas en cada pueblo y barrio de las ciudades. (Franco 253)

También, y siguiendo con el tema de las bibliotecas dentro del Patronato de las Misiones Pedagógicas, Lasso de la Vega en 1935 señala que el número de bibliotecarios en España solo alcanzaba la ridícula cantidad de 126, mientras que, por ejemplo, había 43.000 maestros.[3]

Elena Fortún como escritora de literatura para niños/as crea varios personajes, pero de entre todos, el que adquiere mayor popularidad es Celia. El personaje está inspirado en una niña real, Florinda Diez Hernández, hija de sus queridos amigos de Tenerife, Mercedes y Eduardo. La atmósfera en que viven los protagonistas de Fortún es de clase media alta. Celia es una niña madrileña de familia acomodada que cuestiona el mundo de los adultos y va de aventura en aventura. Cuando a Celia no le gusta la realidad inventa historias que son más divertidas y, por lo tanto, más interesantes. *Celia lo que dice* es el primer libro de la serie y la narradora nos la introduce de esta manera:

> Celia ha cumplido siete años. La edad de la razón. Así lo dicen las personas mayores. Celia es rubia; tiene el cabello de ese rubio tostado que con los años va oscureciéndose hasta parecer negro. Tiene los ojos claros y la boca grande. Es guapa. (*Celia lo que dice* 41)

---

3   Boza Puertas y Sánchez Herrador, "Las Bibliotecas en las Misiones Pedagógicas."

Algunos de los títulos de las recopilaciones de los cuentos son *Celia lo que dice* (1929), *Celia en el colegio* (1932), *Celia novelista* (1934), *Celia y sus amigos* (1935) *Celia madrecita* (1939) que fue la última que escribe antes de marchar a su exilio en Buenos Aires, Argentina.

Celia novelista (1934) es una colección de cuentos o historias cortas que comienzan cuando el padre la lleva a un colegio de monjas para que la eduquen y para que no siga con sus travesuras. Al despedirse, el padre le regala un libro con las hojas en blanco para que pueda dar rienda suelta a su imaginación y escriba todas las historias que se le ocurran en este cuaderno, y por ello, como escritora, se titula *Celia novelista*. Las historias comienzan con la llegada del verano pues todas las niñas se van a sus casas menos Celia, que se queda sola porque sus padres se han ido de viaje con su hermanito Baby. La soledad le lleva al aburrimiento y ello hace que decida escaparse del colegio e ir a buscar a sus padres. A partir de este punto lo real y lo irreal van de la mano, Celia da rienda suelta a su imaginación y comienzan las aventuras. La primera historia se titula "Aventuras con los titiriteros," en que Celia se va por el mundo con unos titiriteros y ella misma se convierte en titiritera. Así, la narración va de pueblo en pueblo, de país en país, con historias fantásticas y maravillosas, como la actuación de los títeres en el fondo del mar, en África, para capturar a la sirena Delfina y seguir trabajando con los títeres. Al describir como es África, Celia dice: "África es lo mismo que otro país cualquiera, pero la gente no se viste nunca. Al levantarse, se envuelven en una sábana de la cama y se van a la calle" (48). Es, sobre todo, en *Celia novelista* donde el referente metaliterario aparece de manera más obvia: la referencia a Don Quijote, quien tras leer los libros de caballería despliega su imaginación, de la misma manera Celia da rienda suelta a la fantasía y recorre el mundo en su imaginación y, de esta manera, puede escribir sus aventuras fantásticas, como si de verdad hubieran ocurrido. Esta colección de cuentos fue publicada primeramente en la revista *Blanco y Negro* y más tarde se publicaron juntas en forma de libro.

En *Celia y sus amigos* (1935), una vez más, el padre la lleva a otro colegio de monjas, esta vez al Colegio de Damas Nobles de Toledo, para que la corrijan. Al referirse a la monja que está a su cargo, Celia dice: "Esta doña Paula es una viejita muy buena que debe ser mi tía, porque así quiere que la llame" (*Celia y sus amigos* 10). Ya en este libro, Fortún, por medio de Celia, critica sutilmente el control de los colegios de monjas. Celia recibe una carta de su hermano pequeño, Baby, quien le cuenta sus travesuras en Madrid y le habla de sus amigos. Celia está muy contenta con la carta y dice:

Yo no sé quien es Pancho ni José Luis, pero me puse tan contenta al leer la carta, que llore de alegría y se la leí a tía Paula, aunque ella ya la había leído y se reía mucho. (*Celia y sus amigos* 14)

Pero Celia se va haciendo mayor y al final de este libro se despide y deja las aventuras en manos de su hermano Cuchifritín. Celia con el capitulo "Se acabó" se despide de esta manera:

¡Adiós, todos vosotros, que sois mis amigos desde que era pequeñita!... Ya soy mayor; mis aventuras de niña no pueden continuar más tiempo... Lo que antes os hacía gracia, ya no la tendrá... Ahora mi madrina os va a contar las travesuras de Cuchifritín. (*Celia y sus amigos* 224-25)

Después de *Celia y sus amigos* aparecen varios cuentos de Cuchifritín, de Matonkikí, pero como las niñas echaban de menos a Celia—y, sobre todo, era Don Manuel Aguilar, el dueño de la Editorial, el más interesado—Elena Fortún, quien ya había hablado con él de escribir *Celia madrecita* y *Celia en la revolución*, tuvo que escribirlos a toda prisa, ya que, además, necesitaba el dinero. Con la guerra civil, y como consecuencia de los avances de los nacionales, Fortún deja Madrid, se va a Valencia y finalmente a Barcelona, de donde saldrá para el exilio. Está todavía en España cuando termina de escribir *Celia madrecita*.

En 1939 aparece *Celia madrecita*, y en el prólogo ya nos cuenta que la madre murió cuando nació la más pequeña de las hermanas, María Fuencisla. En esos momentos Celia estaba en Madrid en casa de tía Julia porque cursaba estudios en el Instituto. Precisamente es interesante señalar que Fortún hiciera especial hincapié en la necesidad de la mujer en educarse. Como hemos señalado anteriormente, eran muy pocas, y sobre todo eran las jóvenes de familias muy pudientes, las que podían acceder a estudios superiores como la universidad. Esta insistencia en la educación la vemos en la obstinación de Celia en estudiar, pero que, con la prematura muerte de su madre y los acontecimientos políticos cada vez más violentos, como la sublevación del ejercito en África, es cada vez más difícil. Su abuelo le escribe una carta para que vuelva:

Hemos tenido que dar a criar fuera a la pequeña, y, si tu padre se ve obligado a salir de Segovia, yo no puedo encargarme de Teresina, que es todavía una criaturita y necesita una madre. Tu obligación es dejar esas zarandajas de estudios en que os ocupáis ahora las chicas y venir junto a tus hermanas. (*Celia madrecita* 7)

Finalmente en 1936, Celia deja Madrid y sus estudios y se va a Segovia a hacerse cargo de sus hermanas menores Teresina y María Fuencisla, quienes están con el abuelo. Tras la muerte de su madre, Celia, con la ayuda de Valeriana, es la que se hace cargo de sus hermanas para las que es como una madre, y de ahí el título.

Celia está en Segovia haciéndose cargo de sus hermanas y viven con el abuelo, cuando comienzan los primeros disturbios. Ellas también se ven amenazadas, pues Don Antolín, el abuelo, es un viejo militar a favor de la República, y cuando los sublevados llegan a su casa a detenerlo para más tarde fusilarlo, trata de esta manera a los recién llegados:

> Queda detenido. Venga con nosotros...
> -Yo iré solo —ruge el abuelo—No me pongan la mano encima, traidores. No insulte... En todo caso, el traidor es el que entrega armas al pueblo... El abuelo echa fuego por los ojos y vuelve a rugir con su vozarrón acostumbrado al mando... Dice no sé qué de los Reyes Católicos, de los deberes del militar, del pueblo, pero no puede seguir, porque le sujetan las manos y le veo salir entre aquellos hombres. (*Celia en la revolución* 22)

De esta manera tan violenta, comienza para Celia y para toda la sociedad española la Guerra Civil. Celia, con Valeriana, el ama, y sus hermanas, se marcha a Madrid a buscar a su padre, quien estaba luchando a favor de la República, y cree que es un lugar más seguro que Segovia. Además, en Madrid todavía tiene familia y cree que la ayudarán.

Sin embargo, el padre de Celia también tiene que volver a Segovia, porque con el inicio de la guerra las cosas se van poniendo difíciles, y ya no tiene trabajo. Tampoco se pueden quedar en Segovia por lo que la familia Gálvez decide ir a Santander donde el tío José le ha ofrecido un trabajo al padre.

Sin embargo es *Celia en la revolución* el más interesante desde el punto de vista socio-histórico, teniendo en cuenta que se desarrolla durante la guerra civil. Aunque el manuscrito fue escrito en 1943, permaneció inédito hasta 1987, cuando tras las investigaciones y el interés de Marisol Dorao, fue publicado por la Editorial Aguilar, como todos los libros de la serie de Celia. Aunque Elena Fortún no se comprometió con partido alguno, sí comulgaba con la política republicana, principalmente en temas como la educación y la igualdad de derechos para la mujer.

Este libro, en cierta manera, es una autobiografía de lo que vivió la autora, desde el comienzo de la guerra hasta su exilio. Celia, la protagonista, es una joven de 15 años que nos va relatando las peripecias y sufrimientos que tuvo que pasar para sobrevivir y, finalmente, poder salir de España.

En 1936, cuando el Frente Popular ganó las elecciones, nadie pudo imaginar que fuera posible una sublevación militar y, como consecuencia, comenzara la guerra civil. Nadie entendía muy bien lo que estaba sucediendo. Celia comenta: "Tía Julia y yo cosemos y hablamos junto al balcón. La tía quizá sabe lo que ha ocurrido en Segovia, pero yo no lo sé y posiblemente no lo sabré nunca, como no sé lo que ocurre en Madrid" (*Celia en la revolución* 40).

Es interesante observar que Celia también nos muestra la preocupación de la mujer burguesa por seguir la moda del momento y, al mismo tiempo, se ríe de los comentarios y la ignorancia de la gente frente a los acontecimientos, en este caso por parte de los que estaban en contra de la política republicana. Una de las protagonistas, María Orduña, dice así:

> ¿Sabes? Estos bribones están matando a todo el mundo. No creen en Dios ¿sabes? Han declarado el comunismo y se van a repartir las mujeres. Tocan a cuatro, no a siete como decían antes... porque se han debido morir muchas mujeres; con eso de conservar la línea, no comen y ¡claro!... (*Celia en la revolución* 56)

Pero Celia también nos relata, con una sensibilidad femenina, los horrores y las injusticias de la guerra, esta vez por parte de los republicanos, y dice:

> Luego hablamos de María Luisa. Está enferma. Al fin no se llevaron a su padre, pero sí a su hermano, que está preso en el convento de San Antón... Allí está Maeztu, el escritor Muñoz Seca, algunos coroneles del ejército... Tal vez no les mate. El otro día salió un camión de presos para un castillo de la Mancha... y no llegó... En el camino los fusilaron...
>
> -¡Yo creo que voy a enloquecer!—dijo en un momento de desesperación. (*Celia en la revolución* 86)

Por otro lado, si la República luchó por un sistema educativo democrático y para todos, al igual que por la emancipación de la mujer, el culpable de querer mantener estos atrasos y privilegiar a los ricos era la Iglesia. Vemos la crítica y el descontento de la gente hacia la jerarquía eclesiástica en palabras de su padre:

> -Me alegro que se vayan..., y no es por lo que se come..., aunque la necesidad nos está haciendo egoístas... Y no te asombres hija,... La Leyenda de

los frailes cerriles es historia auténtica y solo hay contadas excepciones de frailes cultos o simplemente inteligentes... Es de sentir, porque esto se refleja en la falta de espiritualidad de los pueblos... (*Celia en la revolución* 122)

Cuando Celia vuelve de la calle y comenta con su padre las atrocidades que ha visto y oído en la calle, una vez más son las palabras del padre sobre los ideales de la República los que salen a relucir frente a las brutalidades que se están cometiendo:

Sin embrago papá... yo no quiero hacerte sufrir... pero conozco a una mujer que ha hecho fusilar a toda una familia, y esa familia le daba limosna a ella y a sus hijos.

-¡Limosna, limosna!- papá habla a gritos...! Pero el pueblo no quiere limosna!... y lógicamente, odia al que le humilla dándosela... Así los reyes lavaban los pies a los mendigos, pero sin dejar de ser reyes ellos y parias los otros. El pueblo tiene derecho a trabajar... quiere vestirse con decencia, quiere escuelas para sus hijos... No míseras escuelas, sino la escuela única... eso queremos, eso, tu y yo para el pueblo, y eso le hubiera dado la República... y esa esperanza viene a quitársela esta revolución de aristócratas y lacayos... (*Celia en la revolución* 130)

En el transcurso de los cuentos de Celia vemos que la protagonista tiene que afrontar varias identidades o roles. Comienza siendo una niña fantasiosa dentro de una familia burguesa que solo se preocupa por sus juegos y fantasías para transformarse en una adolescente en los albores de la Guerra Civil, convertirse en la madre de sus hermanas menores y, además, debido a la enfermedad de su padre, asumir el rol de ser la que tiene que buscar el sustento de su familia. Celia es la heroína de su clan, ya no tiene la cabeza llena de pajaritos, la guerra ha acabado con todas sus ilusiones.

Al final de la guerra, y junto a su marido Eusebio de Gorbea—escritor y militar republicano—Elena Fortún marchó al exilio, a Argentina, donde siguió trabajando. Su libro *Celia institutriz en América* (1949) relata precisamente la llegada de la familia Gálvez a Buenos Aires. La narradora describe lo difícil que fue para ellos encontrar trabajo y mantenerse todos juntos. Celia, que ya tiene 19 años, tiene que ayudar económicamente a la familia y, como en España era muy conocida, su padre le dice que siga escribiendo sus aventuras y que enseguida la contratarán debido a su fama. Pero en Argentina nadie la conoce y los editores rechazan sus cuentos. Ante esta situación se ve obligada a trabajar como institutriz en la finca El Jacarandá, en la Pampa argentina. Allí está al cargo de dos niñas a las que les cuenta cuentos. Una vez más aparecen referencias metaliterarias, esta vez de los cuentos de *Las mil y una noches* que Celia cuenta a las niñas. Esta obra difiere de las anteriores, primero porque Celia ya es una joven y no una niña, también el tono narrativo de esta obra es menos fantástico y, aunque es más realista, también podríamos decir que peca un poco de pesimista.

Lo interesante de este libro es que Celia, ya adolescente, despierta al amor y se enamora. En la finca el Jacarandá se enamora de Poroto, pero es un amor imposible porque él es el novio de Paulette, su mejor amiga en la finca y además él solo quiere jugar con ella. Pero cuando vuelve a Buenos Aires a casa de la familia, muerta de pena por el fracaso amoroso, se encuentra con Jorge. Este personaje aparece por primera vez en *Celia madrecita* y es el hermano de Adela su amiga de Santander. Jorge también está en *Celia en la revolución*, donde es un miliciano, y se vuelven a encontrar en Valencia, y él la invita al teatro y Celia dice: "Las calles están iluminadas sólo por la luna. Jorge me espera a la puerta del teatro...¡Qué noche feliz...! (159) pero unos días más tarde se entera de que ha muerto. Pero en *Celia institutriz en América*, Jorge reaparece diciendo que en realidad no le habían matado, y que durante estos años la había estado buscando para casarse con ella. Realmente, si no se ha leído *Celia en la revolución* no se entiende que, de repente, Jorge le pida la mano de Celia a su padre en Buenos Aires.

Los primeros años en Argentina no fueron fáciles ni para Elena ni para Eusebio, su esposo, tuvieron que abandonar Madrid, la ciudad que tanto amaba Elena y también la que la hizo famosa. Como dice en *Celia institutriz en América*, allí nadie la conoce, ni las niñas ni los editores y tiene que empezar todo de nuevo. Aunque Elena Fortún siguió escribiendo los cuentos de Celia en Buenos Aires nunca fue popular, porque Celia era una niña española con unas costumbres y una cultura que no tenía nada que ver con la realidad de una niña bonaerense.

Fortún escribió *Celia en la revolución* en 1943 tras la llegada al nuevo país de acogida antes de *Celia institutriz en América*. Elena Fortún nunca intentó publicar este libro debido a la censura franquista, porque sabía que toda alusión a la República estaba expresamente prohibido por el dictador. Durante el franquismo, y debido a la censura, toda actividad cultural estaba restringida. Todos los libros antes de ser publicados tenían que pasar por las miradas de los censores, que eran los que dictaminaban si dichos libros contenían alguna idea o alusión en contra de la ideología del Régimen. Esto no fue exclusivo para la literatura de adultos sino también para los cuentos o la narrativa infantil.

Dentro de este último género, autores que durante la República eran archiconocidos como Antonio Robles y Elena Fortún, fueron o bien prohibidos o bien abandonados en el olvido, como es el caso de Elena Fortún.

Tras años de ausencia, los del exilio de la autora, volvieron a publicarse los cuentos de *Celia* pero ya no con el protagonismo de una niña rebelde y defensora de los más desfavorecidos de la sociedad. En 1949 Elena Fortún, de vuelta en Madrid, y tras la depresión que sufre al enterarse del suicidio de su marido, Eusebio de Gorbea, en Buenos Aires, vuelve a la capital argentina. De regreso a Buenos Aires tiene que terminar con el encargo de escribir tres libros mas sobre Celia, entre ellos "Celia se casa."

En este libro podemos observar una gran transformación en el pensar de la escritora, que bien pudo ser por el impacto del suicidio de su esposo o por la culpabilidad que sentía de no haber sido una buena esposa, lo que la llevó a una gran depresión. También hay que recordar que ella ya estaba de vuelta en Madrid donde la ideología del régimen estaba bien establecida, y esta nueva realidad la entristeció todavía más. Como consecuencia de todo ello, Marisol Dorao, señala que entre los manuscritos que encontró había unos que: "probablemente están destinadas a "Celia se casa" y bajo este título dice: "Para Celia.- El apoyo moral de la esposa," y que Fortún en su estado tristeza y desilusión había escrito:

> 1. El apoyo material del matrimonio es el hombre, y tú mujer, debes ser el apoyo moral. Si no, recibirás el castigo irremediablemente. Si él habla en público ¿lo tomas a broma? ¿Te burlas de su manera de vestir? Es muy posible que tu marido sea ridículo "pues carga sobre tu espalda la mitad de su ridiculez: ésta es tu cruz." No hay otro recurso a tu felicidad. Si no lo puedes sufrir, sepárate, antes de que sea tarde. Pero si lo quieres, agarra la mitad de la cruz, que él lleva con trabajo sobre sus espaldas, y como el pobre Cirineo, di: ¡adelante! (*Los mil sueños de Elena Fortún* 191)

A pesar de que era difícil, Fortún tiene que olvidar la España de la República y aceptar los cambios si quiere vivir en España. De esta manera vemos que *Celia,* durante el franquismo, tuvo que seguir las normas impuestas por el régimen a las mujeres y a las niñas, y se convirtió en un personaje que cuenta cuentos didácticos. Este el caso de *Los cuentos que Celia cuenta a los niños* (1951), en donde todos los cuentos tienen un final que muestra el buen camino.

En 1993 José Luis Borau hizo una serie de 6 capítulos para TVE basada en los cuentos de Celia, con guiones de Carmen Martín Gaite y protagonizada por la actriz infantil Cristina Cruz Mínguez en el papel de Celia. El valor

literario y social de los cuentos de Celia reside en que por primera vez la protagonista es una niña que nos muestra el mundo no como es, sino con la fantasía
que le hubiera gustado que fuera. El mundo fantástico de Celia es, como ella
misma dice, un mundo mucho más divertido, un mundo lleno de peripecias
y travesuras que ella inventa para hacer frente al aburrimiento de un colegio
de monjas. Celia es una chiquilla intrépida capaz de hacer frente a cualquier
obstáculo, no siempre de una manera victoriosa pero sí con mucho coraje.

También hay que constatar que los cuentos de Celia son novedosos, ya
que a las niñas siempre se les hablaba de cuentos de hadas, de princesas y
príncipes que las salvaban, pero Celia es una niña de su época que hace y
sueña cosas que, para las niñas de clase media, no eran descabelladas. Como
adolescente, Celia nos muestra la vida de una España que lucha por la modernización en general y por el cambio del papel de la mujer en la sociedad
de principios de siglo Ella tiene que asumir que está al frente de la familia,
por ausencia de su padre primero y, más tarde, por la enfermedad de este,
papel que históricamente estaba asignado solo a los hombres. La misma Elena
Fortún, en la vida real, cambia el papel de la mujer que espera que el marido
mantenga a la familia por el de una mujer con una autonomía económica y
por tanto independiente. En el prólogo, titulado "Pesquisa tardía sobre Elena
Fortún," de la reedición de *Celia lo que dice* (1992), Carmen Martin Gaite
comenta al respecto de la siguiente manera:

> Los afanes vanguardistas latentes en nuestra futura Elena Fortún, que
> no podía por menos de haber leído el libro de Margarita Nelken…En su
> caso, no parece que quisiera encontrar un trabajo para aportar una ayuda
> a los gastos del hogar, sino para irse de él. (*Celia lo que dice* 22)

III. Literatura infantil posterior a la guerra civil

Después de la guerra civil hubo imitaciones de los cuentos de Celia como es el
caso de *Antoñita la fantástica* (1948) de Borita Casas, seudónimo de Liboria
Casas Regueiro. Aunque el régimen franquista no aceptaba la literatura de
fantasía, pudo escapar en cierta forma a la censura porque la editorial donde
se publicaban los libros, Gilsa, S.A. Ediciones, pertenecía a un carlista. Por
supuesto imponía su ideología, y las fantasías de Antoñita están más relacionadas con la cotidianidad y no con fantasías de viajes y de sueños de niñas más
independientes. Así, en los cuentos de *Antoñita* encontramos repetidas alusiones a la Iglesia y expresiones relacionadas con los santos, que era lo que el régimen obligaba. De hecho, en las primeras páginas del libro, y antes de comenzar con los cuentos, pone "con censura eclesiástica." Por ello no es de extrañar

que *Antoñita* diga, por ejemplo, "Pero ¡qué habladora soy, Virgen Santísima"
o "Ay, San José bendito!"[4] Antoñita nos cuenta lo cotidiano, lo que hace una
niña de su edad pero que ella cree que es fantástico. Así, Antoñita nos relata:

> Bueno; y ya es hora que hablemos de la cosa fantástica que os decía al
> principio. Fijaos lo que yo hacía antes todos los domingos por la mañana.
> Después de oír misa, lo primerito que yo hacía era comprar "Mis Chicas"
> con la peseta que me da la abuela. (8)

Por un lado Antoñita nos relata que es una niña obediente y fiel a los manda-
tos de la Iglesia, y que todos los domingos va a misa. Incluso el lenguaje que
utiliza es el de una niña ñoña o incluso mojigata. No hay que olvidar que el
nuevo concepto educativo intentaba robustecer las virtudes de los/as niños/
as y para ello nada mejor que la lectura de las vidas de los santos y santas. De
esta manera, surgieron revistas como "Vidas ejemplares" para que las jóvenes
imitaran esas vidas y fueran unas niñas modelo de sumisión. En esta misma
línea, podemos incluir el cuento de *Marcelino pan y vino* de José María Sánchez Silva, que tanta fama adquirió a través del cine. La dictadura dio un
impulso a la literatura infantil, pero no hay que olvidar que hubo una ruptura
con toda la época anterior. La censura que el gobierno impuso llevó a una pobre y escasa producción, ya que la literatura tanto infantil como para adultos
que se implantó fue de adoctrinamiento dentro del pensamiento franquista.
Así surgieron revistas como *Flechas y Pelayos* (1938) donde su director Fray
Justo Pérez de Urbel decía que el propósito de la revista era: "lograr la unidad
moral y la hermandad de la Patria de todos los niños españoles, haciéndoles
buenos cristianos y grandes patriotas" (16).

Frente este tipo de literatura de carácter moral y alienante, el artículo de
Beatriz Caamaño Alegre resume de manera precisa el trabajo de Elena Fortún:

> Pocas veces se podrá encontrar en una literatura infantil un personaje
> más enraizado en la historia de un país que ofrezca una mejor oportu-
> nidad para analizar el papel de la mujer en determinada época, en este
> caso, la de los años treinta y cuarenta en España. Muestra y critica por un
> lado la educación que se daba a las niñas en el momento, y, por otro, al
> tratarse de un colegio de monjas, pone de relieve también la influencia de
> la religión en la construcción de la feminidad. (4)

---

4   Casas, *Antoñita La Fantástica*, 8 y 9.

Elena Fortún tuvo la visión de crear un personaje infantil, Celia, con el que revolucionó la literatura española durante varias décadas, porque creó a una niña con sueños de mujer independiente y educada, por tanto emancipada. Pero los sueños de Celia, al igual que el de la mayoría de las jóvenes de la época, se vieron truncados por una violenta guerra y por una absurda y terrible dictadura. Podemos asegurar sin ninguna duda que Elena Fortún es una de las grandes escritoras de cuentos infantiles para niñas, algo muy novedoso para ese periodo por su originalidad, Celia es, esa niña tan independiente que es capaz de salirse del mundo que le rodea cuando este no le gusta, y crear un mundo maravilloso lleno de aventuras. Gracias a ella, descubrimos un mundo nuevo, desconocido y transgresor, lejos de las vidas de las santas a las que monjas tenían atadas a las jóvenes durante el régimen.

Obras citadas

Bravo Villasante, Carmen. *Antología de la literatura infantil española*. Madrid: Doncel, 1973.
———. *Historia de la literatura infantil española*. Madrid: Doncel, 1963.
Boza Puerta, Mariano y Miguel Ángel Sánchez Herrador. "Las bibliotecas en las Misiones Pedagógicas." *Boletín de la Asociación Andaluza de Bibliotecarios,* 2004, Marzo 74: 41-51.
Caamaño Alegre, Beatriz. "Cosas de niñas:" la construcción de la feminidad en la serie infantil de Celia, de Elena Fortún." http://www.anmal.uma. es/numero23/Celia_Fortun.htm 2007: 33-59.
Casas, Borita. *Antoñita La Fantástica*. Madrid: Editorial Edaf, 2004.
Dorao, Marisol. *Los mil sueños de Elena Fortún*. Universidad de Cádiz: Servicio de Publicaciones, 1999.
Fortún, Elena. *Celia en la revolución*. Madrid: Aguilar, 1987.
———. *Celia lo que dice*. Madrid: Alianza Editorial, 1993.
———. *Celia novelista*. Madrid: Alianza Editorial, 2004.
———. *Celia y sus amigos*. Madrid: Alianza Editorial, 2004.
———. *Celia institutriz en América*. Madrid: Aguilar, 1949.
Franco, Marie. "Para que lean los niños: II República y promoción de la literatura infantil." PILAR. ERESCEC-Université Paris 8-Saint-Denis, 2005: 251-272.
Morales, María Luz. *Libros, mujeres, niños*. Barcelona: Cámara Oficial del Libro, 1928.

"La lengua de las mariposas," de Manuel Rivas, como idealización literaria del proyecto pedagógico krausista

Agustín Cuadrado
Texas State University

I. El maestro krausista

L A PRESENCIA DE MAESTROS o profesores en la literatura española, por lo general como personajes secundarios o que aparecen fugazmente en las historias narradas, es relativamente común. Algo menos frecuente es que estos educadores sean los elegidos por el autor para protagonizar sus obras. De entre los escasos ejemplos de este segundo caso aparecidos en las últimas décadas podrían citarse *Historia de una maestra*[1] (1990), novela escrita por Josefina Aldecoa en la cual se relata la vida de una joven maestra rural antes de la Guerra Civil española; *Mala gente que camina* (2006), donde Benjamín Prado se ayuda de un profesor de instituto de finales del siglo XX para investigar y denunciar el robo de niños ocurrido durante los primeros años del franquismo; y *El temblor del héroe* (2012), antepenúltima novela de Álvaro Pombo en la que el protagonista es un afamado profesor universitario ya jubilado.

Otra obra relativamente reciente, de finales del siglo XX, es el cuento "La lengua de las mariposas," del escritor y periodista gallego Manuel Rivas. En el relato, Moncho, un joven a punto de cumplir seis años de edad, comparte protagonismo con don Gregorio, su maestro. La obra cumple una doble función: por un lado, sirve de homenaje a todos los maestros republicanos represaliados durante la guerra y la posguerra española; asimismo, el maestro,

---

1   *Historia de una maestra* es la primera de las novelas de una trilogía que completan *Mujeres de negro* (1994) y *La fuerza del destino* (1997).

a modo de metáfora, puede ser entendido como la idealización del proyecto pedagógico krausista, invitando al lector a recordar a otros educadores ficticios relacionados con dicha doctrina, como por ejemplo Juan de Mairena y Abel Martín,[2] heterónimos de Antonio Machado, o el ambulante profesor de metafísica Hamlet García,[3] personaje creado por Paulio Masip.

Sin apenas grises, "La lengua de las mariposas" contrapone dos modelos de enseñanza. Por un lado, la obra presenta la metodología que propone don Gregorio, la cual se fundamenta en una enseñanza laica basada en la igualdad, la meritocracia y la ciencia como bases para el progreso del país. Enfrente se encontraría un segundo modelo, cimentado en la tradición y tutelado por el clero, que queda a medio camino entre el adoctrinamiento religioso y lo que hoy en día entendemos como enseñanza. Ambos modelos, eso sí, comparten una máxima fundamental: la vital importancia de la educación, y especialmente la enseñanza infantil, periodo en la vida de una persona en el que se modela su futuro modo de ser.

No obstante, esta oposición no es algo que deba interpretarse como un hecho aislado. Ambas maneras de entender la educación forman parte de un enfrentamiento que desde el siglo XVIII se dio en todos los ámbitos de la sociedad y dividió la población española en dos bandos, hecho al que suele referirse como "las dos Españas." Esta rivalidad marcó la inestabilidad política del país durante buena parte del siglo XIX y la primera mitad del siglo XX, alternándose épocas de relativa calma con otras de tensión extrema que dieron lugar a sublevaciones, levantamientos, tres guerras carlistas—1833-1840, 1846-1849,1872-1876—y una guerra civil—1936-1939.

"La lengua de las mariposas" se sitúa en los meses previos al último enfrentamiento bélico mencionado y muestra la oposición entre estas dos Españas, además de por los dos modelos educativos citados, a través de la vida cotidiana de los vecinos de un pueblo gallego. En última instancia, y precisamente por la ausencia de grises anteriormente mencionada, tanto el relato como la posterior adaptación cinematográfica que realizó José Luis Cuerda, igualmente titulada *La lengua de las mariposas*, presentan una posición ideológica clara. El lector puede advertir un rotundo rechazo hacia todo lo relacionado con el bando franquista, al que se le atribuyen características negativas, a la vez que puede apreciarse una idealización del bando republicano, por el que llega a producirse una cierta empatía gracias a dos de sus personajes

---

2   Los escritos de Juan de Mairena y Abel Martín aparecieron en revistas y prensa a partir de 1926. En 1936 la obra de ambos autores ficticios fue recogida en *Juan de Mairena (sentencias, donaires, apuntes y recuerdos de un profesor apócrifo)*.

3   La novela *El diario de Hamlet García* fue publicada en México en 1944.

principales: don Gregorio y Ramón, el padre de Moncho. En el caso de don Gregorio, la construcción a base de opuestos además se extiende a su modelo de enseñanza, resultando en la creación de un maestro idealizado y modélico.

II. "LA LENGUA DE LAS MARIPOSAS"

En 1995 Editorial Galaxia publicó la colección de cuentos *Que me queres, amor?* La obra, escrita originalmente en gallego y posteriormente traducida al castellano,[4] fue galardonada un año después con el Premio Nacional de Narrativa[5] y con el Premio Torrente Ballester.[6] La mayoría de los dieciséis relatos recogidos en el libro refieren historias que se desarrollan en diversos lugares de Galicia, alternando ambientes rurales y urbanos. En ellas Rivas aprovecha para mostrar las vidas cotidianas de sus personajes, captando con estas historias diferentes momentos del siglo XX.

"La lengua de las mariposas," segundo de los cuentos incluidos en la colección, transcurre, como se ha explicado, en un pueblo gallego durante los meses anteriores al comienzo de la Guerra Civil española. En esta ocasión, Rivas elige como protagonista a Moncho, un niño que está a punto de comenzar su escolarización. La historia llega al lector por medio de los recuerdos del joven, los cuales detallan su relación con el maestro a la vez que esbozan la transformación en las relaciones entre los habitantes del pueblo en el que vive antes del alzamiento militar. Según avanza el relato, el lector, a través de los ingenuos ojos de Moncho, advierte cómo la tensión entre los vecinos crece y cómo los personajes van quedando perfilados en uno u otro bando. Si bien se desconoce que la guerra civil está a punto de comenzar, información que aparece en las últimas páginas del relato, el autor ofrece pistas al incluir un fragmento del poema de Antonio Machado "Recuerdo infantil:" "En un cartel se presenta a Caín fugitivo y muerto Abel, junto a una mancha de Carmín" (Rivas 24).

---

4   *¿Qué me quieres, amor?* fue publicada en castellano por la editorial Alfaguara en 1996.

5   El Premio Nacional de Literatura, Modalidad Narrativa, es concedido anualmente por el Ministerio de Educación, Cultura y Deporte. En este galardón "se premia la mejor obra de un autor español editada por primera vez en año inmediatamente anterior al del premio" (http://www.boe.es/diario_boe/txt.php?id=BOE-A-2014-3450).

6   El Premio de Narrativa "Torrente Ballester," concedido por la Diputación Provincial de La Coruña, premia anualmente a escritores españoles además de "homenajear al ferrolano Gonzalo Torrente Ballester" (http://bop.dicoruna.es/bopportal/publicado/2014/02/20/2014_0000001586.html).

En el lado republicano, además del maestro y el padre de Mocho, la obra menciona a otros vecinos: "El alcalde, los de los sindicatos, el bibliotecario del ateneo Resplandor Obrero, Charli, el vocalista de la Orquesta Sol y Vida, el cantero al que llamaban Hércules, padre de Domdobán..." (32). Sin embargo, del lado Nacional el autor apenas ofrece detalles, aunque podría interpretarse que hay tres personajes afines al bando sublevado: el cura, Suárez el indiano y el capitán de carabineros. Un caso especial es la madre de Moncho, mujer religiosa y de mentalidad tradicional que no tiene interés por la política. Cuando llegan al pueblo noticias del levantamiento militar actúa para proteger a su familia quemando toda prueba que puediera comprometer a su marido. En última instancia, y en el medio de ambos bandos, quedaría Moncho. Todos los personajes mencionados, no obstante, van más allá del propio individuo, y se convierten en representantes de diferentes colectivos que a su vez se adhieren a las causas republicana o nacional: el poder civil, la cultura y el movimiento obrero frente a la Iglesia, la oligarquía y las fuerzas del orden.

La versión cinematográfica del cuento de Rivas, estrenada cuatro años después de la publicación de *Que me queres, amor?*, ofrece una trama más compleja y detalla más en profundidad el contexto en el que se desarrolla la historia. Para la realización del guión del largometraje Cuerda utilizó además de "La lengua de las mariposas" otros dos relatos igualmente recogidos en la antedicha colección: "Un saxo en la niebla" y "Carmiña." El director manchego, entonces conocido por utilizar en sus películas un registro en el que se mezcla lo cómico y lo absurdo, siguiendo la línea marcada por Luis García Berlanga, cambió en esta ocasión de estilo. A diferencia de *Total* (1983), *El bosque animado* (1987) o *Amanece, que no es poco* (1989), la adaptación cinematográfica de "La lengua de las mariposas" exhibe la seriedad y el dramatismo que Rivas presenta en su cuento. Estas características serían nuevamente utilizadas años después en *Los girasoles ciegos* (2008), adaptación de la novela homónima del escritor Alberto Méndez.

III. De la Misión krausista a la Institución Libre de Enseñanza

Llegada la década de los 30, y con el fin de remediar el alto índice de analfabetismo existente, el Gobierno de la II República puso en marcha un ambicioso proyecto que incluía la construcción de miles de escuelas. Dos de las consecuencias inmediatas de esta decisión fueron la escolarización de una parte importante de la población infantil que hasta entonces no tenía acceso a tal prestación, y la creación de puestos de trabajo para miles de maestros, cuyos sueldos además fueron mejorados. Asimismo se crearon misiones pedagógicas, cuya finalidad era hacer llegar la cultura a las zonas rurales.

El compromiso de la II República por reformar el sistema educativo quedó fijado en la Constitución de 1931. Según el texto, la educación a partir de entonces quedaba administrada por el Estado y se separaba de la Iglesia:

> El programa educativo de la República para la formación de los ciudadanos queda reflejado en la Constitución promulgada el 9 de diciembre de 1931, que establece la laicidad, gratuidad y obligatoriedad de la enseñanza primaria. La educación y la cultura quedan ahora en manos del Estado, desarmando el monopolio que había establecido la Iglesia. (Olaizola n. pág)

No obstante, si bien estas medidas fueron aplicadas a principios de la década de los 30, hay que remontarse a mediados del siglo XIX para buscar el origen de esta propuesta, cuando el filósofo, jurista y pedagogo Julián Sanz del Río introdujo en España la doctrina krausista.

Con el fin de contextualizar la filosofía de Karl Christian Friedrich Krause, Gonzalo Capellán de Miguel explica que: "Krause desarrolló su labor intelectual en el momento de máximo apogeo de la filosofía idealista alemana, a cuya influencia no podía escapar pese a su reacción contra el idealismo absoluto de sus maestros" (139). Frente a la filosofía racionalista francesa y la hegemonía política del Imperio napoleónico, y ante la rápida evolución de una sociedad inglesa marcadamente burguesa que adoptó un pensamiento empírico, Alemania se vio apremiada a buscar una filosofía propia que reflejara su esencia y ayudara a modelar una identidad propia. La solución a esa búsqueda surgió de las ideas de Immanuel Kant, considerado como precursor del idealismo alemán, que posteriormente fueron seguidas por Fichte, Schelling y Hegel, este último el creador del idealismo absoluto.

Krause, que fue alumno de los tres filósofos poskantianos—Fichte, Schelling, y Hegel—intentó con sus trabajos llevar el idealismo alemán a un terreno más próximo a lo material:

> Para Krause la teoría del conocimiento no puede desconocer ni la observación, los hechos, ni la especulación, las ideas. Antes bien, debe componerse de una adecuada combinación de ambas. De aquí nace la teoría del "ideal," noción clave de su filosofía. El ideal expresa lo que debe ser de acuerdo con la razón, con el orden divino de la vida, mientras que los hechos muestran la realidad, lo que es. De explicar lo primero se encarga la Filosofía, de lo segundo la Historia y todas las ciencias constan de ambas partes. (Capellán 140)

Continúa explicado Capellán que existe una tercera ciencia que se ocuparía de transformar la realidad y adecuarla al ideal, labor que le correspondería a la Política. Heinrich Julius Ahrens, discípulo de Krause, desarrolló este último concepto y lo aplicó al Estado, llegando a una posición contraria al absolutismo estatal (140-41). Por último, Capellán destaca la labor de G. Tiberghien, alumno de Ahrens que criticó el dogmatismo eclesiástico defendiendo que: "La autoridad y la intolerancia deben dejar paso a la razón y la autoridad" (Capellán 142). No obstante, para el filósofo belga la religión y la razón no eran conceptos contrarios a la ciencia y la razón (Capellán 142).

A pesar del poco seguimiento que la doctrina krausista tuvo en Alemania, las ideas de Krause y el trabajo de sus seguidores, Ahrens y Tiberghien, llegaron a una España estancada donde no habían terminado de calar ni la razón ilustrada francesa ni el pragmatismo británico. La adaptación ibérica de la filosofía germana se convertiría así en el krausismo español, y estuvo vigente desde los años 40 del siglo XIX hasta la tercera década del siglo XX, desapareciendo prácticamente en su totalidad tras la Guerra Civil.[7]

El krausismo español nació como una doctrina militante, una especie de religiosidad racional cuyo propósito era sacar al hombre de la ignorancia y del egoísmo en los que vive. Según el ideal krausista, el hombre, explica Juan López Morillas, no "ha perdido por completo la noción de su origen y destino" (69), y gracias a la razón y al espíritu científico "da señales de volver de su enajenamiento secular y empieza a enderezar su paso hacia la solidaridad universal" (69). Con el fin de difundir las ideas de Krause en España, Sanz del Río editó una traducción al castellano de *Urbild der Menschheit* de Krause. En esta obra, que se tradujo como *Ideal de la humanidad para la vida*, Del Río propone una vida en armonía con el entorno siguiendo siempre un criterio racional. Volviendo a "La lengua de las mariposas," todas las características hasta ahora mencionadas: armonía con el entorno, razón, espíritu científico, sirven para describir a don Gregorio. Si a esto se añade su rectitud, integridad y devoción por la enseñanza, queda convertido en una suerte de pastor laico entregado a su misión pedagógica.

Uno de los grandes logros del krausismo fue la creación en 1876 de la Institución Libre de Enseñanza. Según explica el sitio web de la Fundación Giner de los Ríos,[8] la ILE fue creada por un grupo de catedráticos de la Universidad

---

7   Aunque tras la Guerra Civil la doctrina krausista fue erradicada en España, sus ideas cruzaron el Atlántico acompañando a los exiliados españoles que se refugiaron en diversos países hispanoamericanos. No obstante, en países como México, Cuba y Argentina ya existía una tradición krausista desde el siglo XIX.

8   El sitio web de La Fundación Giner de los Ríos, http://www.fundacongi-ner.org/index.htm, explica que "Tras la entrada en vigor de la Constitución de 1978,

Central de Madrid, entre los que destacan Francisco Giner de los Ríos, Gumersindo de Azcárate y Nicolás Salmerón, que fueron apartados de la universidad por "defender la libertad de cátedra y negarse a ajustar sus enseñanzas a los dogmas oficiales en materia religiosa, política o moral" (n. pág). Por esta razón decidieron continuar con su labor pedagógica al margen de las instituciones educativas del Estado, creando un centro privado orientado a todos los niveles de enseñanza: primaria, secundaria y universitaria, y distinguiéndose principalmente por su interés en la pedagogía[9] y en la ciencia.

A pesar de su teórico posicionamiento al margen en cuestiones religiosas y políticas,[10] pronto aparecieron detractores de las ideas krausistas, para los cuales, explica López Morillas, "El krausismo era así como una sociedad secreta consagrada en cuerpo y alma al avieso designio de quebrantar la unidad religiosa de España y de subvertir su estructura política y religiosa" (58). Aquí es preciso recordar nuevamente el ambiente de inestabilidad política y social en el que vivía España, el cual hacía prácticamente imposible permanecer al margen en el debate entre liberales y conservadores. La situación se convirtió en un "o estás conmigo o estás contra mí," y la España más tradicional se pronunció en contra de la misión krausista al igual que hizo con otros modelos de enseñanza que aparecieron por aquella época y que, en algunos casos, sí contenían una ideología política.

En su análisis sobre los orígenes de la psicología educativa en España, Helio Carpintero confirma la manipulación que sufrió la educación al entender ambos bandos de su importancia para propagar una u otra ideología: "La educación pareció a muchos una 'via regia' para sobreponerse a la crisis social que a lo largo del siglo XIX se fue intensificando, hasta llegar al tiempo crítico del 98. Por ello mismo, estuvo muy pronto ligada a dimensiones ideológicas y políticas que condicionaron su desarrollo" (14). Así pues, la educación podría dividirse en tres tendencias diferentes según su ideología.

---

la Fundación recuperó su patrimonio y plena capacidad de acción" (n. pág.).

9   A finales del siglo XIX y principios del siglo XX comenzó a aparecer un interés por la piscología educativa. Esto devino en la creación de escuelas que seguían innovadores modelos de enseñanza. Además de la Institución Libre de Enseñanza cabría citar a la italiana María Montessori, creadora del método Montessori.

10   El artículo 15 de los Estatutos de la ILE expone que: "La Institución Libre de Enseñanza es completamente ajena a todo espíritu e interés de comunión religiosa, escuela filosófica o partido político; proclamando tan solo el principio de la libertad e inviolabilidad de la ciencia, y de la consiguiente independencia de su indagación y exposición respecto de cualquiera otra autoridad que la de la propia conciencia del Profesor, único responsable de sus doctrinas" (Fundación Giner de los Ríos n. pág).

La primera de ellas se caracteriza por adoptar una postura apolítica, y es aquí donde quedaría encuadrado el krausismo:

> Tres líneas, en síntesis, podrían servir para ordenar el campo que se abre ante nuestros ojos. Una, que llamaríamos 'central,' la que hubo de aproximarse al estudio de las cuestiones de educación y aprendizaje desde un punto de vista científico y positivo, tratando de estudiarlas como procesos reales, sometidos a leyes y analizables con rigor y objetividad. El movimiento krausista, pronto convertido en krauso-positivista, representa esta opción con bastante coherencia y propiedad. (Carpintero 14)

Acompañado al krausismo se encontrarían otros modelos que caminan a uno u otro lado del espectro político:

> Por la derecha y por la izquierda de la anterior, vendrían a discurrir desarrollos que de algún modo subordinaban la 'escuela' al cumplimiento de unos principios ideológicos que se sentían como superiores y prioritarios. En la derecha mencionada cabe situar la concepción religiosa conservadora, partidaria de una escuela confesional católica; por la izquierda, discurrirá una línea de pensamiento que impone el laicismo racionalista: de ello puede ser buen ejemplo el modelo de la Escuela Moderna que defendiera Ferrer Guardia. (Carpintero 14)

Sin embargo, continúa explicando Carpintero, la polarización de la población española en dos sectores: uno que abraza la tradición y la ortodoxia católica frente a otro que defiende el progresismo y el laicismo (22), hizo que la vía krausista, a pesar de su naturaleza apolítica, finalmente fuera considerada como peligrosa por los primeros debido a su carácter librepensador.

Tal animadversión por el krausismo no debe llamar a sorpresa. Durante siglos la Iglesia se había encargado de moldear una identidad española donde la religión gozaba de una importancia crucial. Esto se había conseguido gracias a que la educación, durante cientos de años, había significado en realidad adoctrinamiento en la religión cristiana. Comenzó en la alta Edad Media, continuó en los siglos XV y XVI ayudando en la conversión de judíos y moriscos en la península[11] y de indígenas en América, y posteriormente sirvió como herramienta

---

11   "La Iglesia y la clerecía, ya desde el período altomedieval, y en razón de un reparto de oficios entre las clases sociales, se habían reservado el de la enseñanza.... Y en el último tercio del siglo XV y principios del XVI surge un fuerte movimiento catecumenal de reuniones sinodales y publicaciones de catecismos y cartillas para urgir

contra la Reforma protestante. Llegado el siglo XIX, si bien los tiempos habían cambiado, la educación todavía no había roto sus vínculos con la Iglesia, que se defendía con firmeza de las nuevas ideas y de los nuevos modelos de enseñanza, tuvieran o no tuvieran que ver con ideología política alguna.

IV. Don Gregorio y Moncho

Anteriormente se ha mencionado que "La lengua de las mariposas" narra, pasados los años, los recuerdos que Moncho conserva sobre la relación que tuvo con su maestro y de cómo esta se truncó con el inicio de la Guerra Civil. Debido a la subjetividad con la que estos textos suelen ser presentados, a menudo mostrando una información sesgada sobre un determinado tema, la literatura de la memoria por lo general no puede ser entendida como una exposición imparcial de la realidad, pero sí puede servir de complemento a la historia oficial. Asimismo, y desde una perspectiva actual, el cuento de Rivas, unido a toda la literatura y cine que sobre la Guerra Civil han aparecido desde el final del franquismo, podría decirse que se ha convertido en una fase necesaria para poder superar la guerra y las posteriores casi cuatro décadas de dictadura. Las voces de los derrotados, silenciadas desde que acabara el enfrentamiento, pueden de repente contar sus historias, su versión de los hechos, ayudándose de la ficción.

Las memorias de Moncho, por tanto, muestran cómo él recuerda aquellos años a la vez que presentan una ficción idealizada de su maestro y de la relación que ambos mantuvieron. Don Gregorio no es el irritable y violento maestro que sanciona con castigos físicos a sus alumnos siguiendo la sentencia "la letra con sangre entra," tipo de comportamiento que Goya expone y presumiblemente critica en su cuadro *Escena de la escuela*. Tampoco es un maestro que se contenta cuando ve que los alumnos aprenden y aprovechan el tiempo y se molesta cuando estos no atienden o faltan al respeto. El comportamiento de don Gregorio podría entenderse como el de un estoico, un místico, un Quijote empleado en el negocio de la educación o, desde una perspectiva más actual, un maestro modélico teniendo en cuenta los avances de la psicología educativa que en fechas recientes proponen una atención individualizada del estudiante. Sin embargo, don Gregorio, cuyo contexto es los años treinta del siglo pasado, cobra una dimensión especial cuando se analiza al trasluz de la doctrina krausista.

Al leer el cuento, resulta difícil no acordarse de la interpretación que ofrece Fernando Fernán Gómez en la adaptación cinematográfica. Aunque

---

la conversión de judíos y moriscos, como última oportunidad antes de la expulsión." (Bartolomé Martínez 178-79) ciertamente el personaje del largometraje está basado en el del libro, además de similitudes también hay diferencias y añadidos que ayudan a crear un don Gregorio más completo y más humano. Al analizar su comportamiento, don Gregorio se asemeja al de un misionero laico que se traslada a un pueblo gallego para educar a los niños que allí viven. La película añade además el voto de castidad que don Gregorio acepta tras la muerte de su esposa.

La conducta de don Gregorio, como se avanzó anteriormente, sigue los preceptos krausistas. Guiado por la razón y por un espíritu científico, vive en armonía con su entorno y entregado a su profesión. Para los niños, especialmente para Moncho, la escuela no parece una obligación, sino que cada lección se torna en una aventura, en un viaje fantástico a tiempos y lugares misteriosos y desconocidos. Los alumnos de don Gregorio se convierten en los hijos que nunca tuvo, especialmente el protagonista, y para ellos el maestro crea dentro del aula un espacio seguro, sin violencia y óptimo para el aprendizaje; nada que ver con el salón de clase donde los errores se pagan con malos tratos y al que los estudiantes tienen miedo. El error, según se percibe por la forma de enseñar de don Gregorio, no debe castigarse ya que forma parte del proceso educativo.

Por medio de la puesta en práctica de estos preceptos, la doctrina militante que formula *Ideal de la humanidad para la vida* propone un comportamiento humanista donde el progreso hará "efectiva la perfección moral" (López Morillas 81). De esta manera, el camino hacia un mundo utópico por el que transita el hombre krausista, y siempre con la dignidad humana como referente, ha de tener como objetivo la creación de una sociedad que actúe "con unidad de fin" (López Morillas 81), donde naturaleza y espíritu dejen de ser antagónicos y salven al hombre de la angustia en la que vive (López Morillas 81).

La intolerancia, una de las causas de la angustia del hombre, se ve representada en dos aspectos de la sociedad española: la religión y la política. Con respecto al primero, explica López Morillas que desde el último cuarto del siglo XIX comenzó a hablarse en España del "problema religioso." López Morillas advierte que el problema no era tanto religioso, sino que se refería a los privilegios seculares y a la inmunidad del clero. Esto devino en un doble conflicto: "uno, jurisdiccional, entre la autoridad eclesiástica y el poder civil; otro, político e ideológico, entre la coalición Estado-Iglesia y el espíritu liberal de la época" (153). No es extraño, por tanto, que desde los sectores más conservadores de la sociedad se viera al krausismo con cierto antagonismo debido a su carácter laico. Paradójicamente, el ideal de humanidad que perseguía el krausismo tiene un origen cristiano, por lo que es difícil afirmar que los krausistas fueran antirreligiosos. Sin embargo, como ya explicado, el clima de tensión en el que se vivió durante décadas hizo que todo se polarizara y no hubiera lugar para los "medio amigos."

El segundo de los aspectos en los que la sociedad española muestra su intolerancia es la política. En diciembre de 1874 el general Arsenio Martínez Campos encabezó un pronunciamiento militar que devolvió el poder a la monarquía borbónica. La llegada de Alfonso XII, no obstante, no tenía como propósito el establecimiento de otro sistema de gobierno absolutista. Amparado por la revolución industrial y el establecimiento de un nuevo orden social, la monarquía apoyó la creación de un modelo político liberal. A pesar de la naturaleza apolítica del krausismo, los krausistas, que según López Morillas buscaban el cambio a la vez que deseaban estabilidad, apoyaron a Isabel II frente a Carlos María Isidro, aceptaron a Amadeo de Saboya y prefirieron la República a la Monarquía (181). La inestabilidad política de España, demostrada por los constantes cambios, a menudo producidos de manera violenta, obligaron al krausismo a adaptarse a las circunstancias que imponía un contexto histórico cambiante. Así pues, con el paso del tiempo la inclinación del krausismo por el liberalismo se hizo más evidente.

Volviendo a "La lengua de las Mariposas," la forma de ser de don Gregorio es percibida de forma diferente por progresistas y por conservadores. Mientras que para los primeros los maestros merecen respeto ya que "Ellos son las luces de la República" (29), según afirma el padre de Moncho, los segundos se fijan en su desapego por la Iglesia. La madre pregunta a Moncho si ha rezado en el colegio y este le contesta que sí, "Una cosa que hablaba de Caín y Abel" (25). La madre de Moncho, no reconociendo que su hijo se refiere al poema de Machado antes citado, se extraña de que lo acusen de ser un antirreligioso: "no sé por que dicen que el nuevo maestro es un ateo" (25). En cuanto a la política, el cuento no presenta a don Gregorio como un hombre con una ideología explícita. No obstante, el largometraje sí que deja entrever una afinidad del maestro por la República, al menos por asociación. Los amigos del maestro, con los que a menudo se reúne en el bar del pueblo para charlar o escuchar la radio, son los partidarios del bando republicano.

En cuanto a la relación de don Gregorio y Moncho, esta comienza antes del primer día de escuela. Sin haber siquiera conocido al maestro, el joven estaba aterrorizado ya que no dejaban de repetirle "¡Ya veras cuando vayas a la escuela!" (20). Condicionado como estaba el muchacho, el primer encuentro entre maestro y alumno resultó accidentado: el maestro tenía cara de sapo y los compañeros de clase se ríen de Moncho tras responder que su nombre es "Pardal," tras lo cual el joven huye del aula y decide escaparse a América. Esa noche los vecinos del pueblo lo encuentran en el monte, donde se había quedado dormido. Pasado el incidente del primer día, y tras la fallida fuga trasatlántica, Moncho termina por convertirse en el mejor discípulo de don Gregorio (Rivas 28).

A pesar de los cambios que desde mediados del siglo XIX se estaban introduciendo en la educación, esta mantiene la "estructura básica de la relación maestro-discípulo" (Carpintero 14). En el caso de don Gregorio y Moncho, sin embargo, esta relación con el tiempo prospera y va más allá del salón de clase. Que el maestro no pegue, que en vez de gritar se quede callado o la manera que tenía don Gregorio por hacer interesantes los contenidos presentados en clase, hacen que Moncho disfrute del colegio y termine por encariñarse con su maestro. Tan es así, que había fines de semana y días festivos en los que maestro y muchacho iban juntos de excursión.

Si embargo la pureza de la relación existente entre el maestro krausista y el alumno se ve corrompida por la llegada de la Guerra Civil—la lucha fratricida entre Caín y Abel que expusiera en su poema Antonio Machado. Moncho, hijo de las dos Españas—de padre republicano y madre religiosa—es reclamado por el bando vencedor, y aquí comienza la gran transformación del muchacho. En un primer momento Moncho pasó del recelo por la escuela a disfrutar de ella así como del mundo en el que vive, deleitándose en armonía con su entorno. Sin embargo, cuando Moncho ve salir a su maestro de la escuela y subir al camión junto al resto de republicanos presos, el muchacho pierde su inocencia. No obstante, si bien Moncho quiere imitar el odio con el que el resto de los niños insultan a los prisioneros, y llamarle traidor y criminal, finalmente no puede, y lo único que atina a gritar es "¡Sapo! ¡Tilonorrinco! ¡Iris!" (33). La semilla krausista había sido plantada.

V. Presencias y ausencias

A pesar de su corta extensión, "La lengua de las mariposas" ofrece al investigador una amplia variedad de temas que analizar: la memoria, la Guerra Civil española, la vida rural en el primer tercio del siglo XX, la educación, la infancia, la vejez, la amistad, etc. La aproximación al cuento que propone este estudio parte de una premisa: que el relato sirve como homenaje a los maestros represaliados por el Régimen franquista. Para ello, Rivas crea un personaje que personifica a la vez que idealiza el ideario pedagógico krausista. El contexto en el que se desenvuelve don Gregorio, justo antes del comienzo de la Guerra Civil, es el de una España dividida por dos maneras antagónicas de entender el mundo.

Uno de los muchos puntos de fricción entre estos dos ideales, cada vez más en los extremos por circunstancias políticas y religiosas, fue la educación. El relato de Rivas muestra dos modelos educativos por medio de presencias y de ausencias. Por un lado, el lector advierte un modelo de enseñanza centrado en el estudiante que presenta unas características favorables para el aprendizaje. Al mismo tiempo el espacio educativo creado por don Gregorio sirve de referencia ante el modelo de enseñanza tradicional, presente en el relato por medio de su ausencia. Si la propuesta de don Gregorio se considera como innovadora, el tradicional se entiende como atrasado; si don Gregorio da importancia a la ciencia, el tradicional no. Si don Gregorio no emplea castigos físicos, el tradicional sí. Ante esta ausencia de grises, don Gregorio se presenta como la luz frente a la turbiedad de una educación que durante siglos ha permanecido supeditada al dogma religioso.

Esta manera de entender el mundo y de vivir una vida en armonía con el entorno tuvo su origen en la llegada a España de la doctrina krausista a mediados de la década de los cuarenta del siglo XIX. Años después la Generación del 98 se encargó de analizar la realidad española por medio de la aplicación de las ideas krausistas. Unamuno, Baroja, Machado, Valle-Inclán y compañía, la Edad de Plata de las letras españolas, siguiendo los pasos que marcara Mariano José de Larra, acertaron a retratar una España enferma, estática e invertebrada. La solución a los males de España, según los krausistas, pasaba por reformar la educación y crear una nueva generación de españoles preparada para llevar a cabo esta misión. No obstante, esta tarea, tal y como describe Rivas en "La lengua de las mariposas," se vio truncada con el comienzo de la Guerra Civil. En última instancia, aquella propuesta educativa, que en su día desafiaba el orden establecido, se vio obligada a exiliarse acompañando a los miles de republicanos que abandonaron España.

Obras citadas

Aldecoa, Josefina. *Historia de una maestra*. Barcelona: Anagrama, decimoquinta edición, 2004.

————. *La fuerza del destino*. Barcelona: Anagrama, segunda edición, 2006.

————. *Mujeres de negro*. Barcelona: Anagrama, cuarta edición, 1995.

Bartolomé Martínez, Bernabé. "La educación institucional: las escuelas de primeras letras." *Historia de la educación en España y América. Vol. 2 La educación en la España moderna (Siglos XVI-XVIII)*. Coord. Buenaventura Delgado Criado. Madrid: Fundación Santa María, Ediciones SM, Ediciones Morata, 1993. 175-94.

Capellán de Miguel, Gonzalo. "La renovación de la cultura española través del pensamiento alemán: Krause y el krausismo." *BROCAR* 22 (1998): 137-51.

Carpintero, Helio. "La psicología educativa en España. Unas notas históricas sobre sus primeros pasos." *Psicología Educativa* 17.1 (2011): 13-25. Internet. 17 de febrero de 2015.

Cuerda, José Luis. *Amanece, que no es poco.* 1989.

———. *El bosque animado.* 1987.

———. *La lengua de las mariposas.* 1999.

———. *Los girasoles ciegos.* 2008.

———. *Total.* 1983.

Diputación de La Coruña. www.bop.dicoruna.es. Internet. 11 de enero de 2015.

Fundación Giner de los Ríos. http://www.fundacionginer.org/index.htm. Internet. 22 de febrero de 2015.

Krause, Karl Christian Fiedrich. *Urbild der Menschheit.* Dresde: 1811.

López Morillas, Juan. *El krausismo español. Perfil de una Aventura intelectual.* México D. F.: Fondo de Cultura Económica, 1956.

Machado, Antonio. *Juan de Mairena (sentencias, donaires, apuntes y recuerdos de un profesor apócrifo).* Madrid: Espasa-Calpe, 1936.

Masip, Paulino. *El diario de Hamlet García.* Barcelona: Anthropos, 1987.

Ministerio de Educación, Cultura y Deporte. www.mcu.es. Internet. 11 de enero de 2015.

Méndez, Alberto. *Los girasoles ciegos.* Barcelona: Anagrama, vigésima cuarta edición, 2008.

Olaizola, Andrés. "Historicidad de la escuela española y narración en "La lengua de las mariposas" de Manuel Rivas." *Espéculo* 46 (noviembre de 2010-febrero de 2011): n. pág. Internet. 16 de enero de 2015.

Pombo, Álvaro. *El temblor del héroe.* Barcelona: Áncora y Delfín, 2012. Impreso.

Prado, Benjamín. *Mala gente que camina.* Madrid: Punto de Lectura, tercera edición, 2011.

Rivas, Manuel. "Carmiña." *¿Qué me quieres, amor?* Traducido por Dolores Vilavedra. Madrid: Punto de Lectura, cuarta edición, 2008. 89-95.

———. "La lengua de las mariposas." *¿Qué me quieres, amor?* Traducido por Dolores Vilavedra. Madrid: Punto de Lectura, cuarta edición, 2008. 17-33.

———. "Un saxo en la niebla." *¿Qué me quieres, amor?* Traducido por Dolores Vilavedra. Madrid: Punto de Lectura, cuarta edición, 2008. 35-53.

Sanz del Río, Julián. "Introducción." *Ideal de la humanidad para la vida.* Madrid: 1860.

ESTUDIOS LATINOAMERICANOS

Espíritu de época: valores y estética del Krausismo en la obra modernista *La Edad de Oro* de José Martí

Regla Albarrán Miller
The University of Arizona

E S TESIS DE ESTE estudio que la obra literaria de José Martí (1853-1895), intelectual y prócer de la Independencia cubana, presenta conceptos a partir del espíritu de época del krausismo, los cuales se sustentan en esta ideología del idealismo clásico alemán del siglo XIX.[1] La labor por la causa de la independencia cubana, a la que Martí se entregó completamente, se complementa con su labor como poeta y escritor. Su trabajo, realizado con arduo afán de renovación en las letras hispanas, lo situó como iniciador dentro del nuevo movimiento literario modernista que tuvo lugar en la Hispanoamérica hacia los finales del XIX. Aunque su labor poética le ha otorgó muchos de los laureles recibidos y es conocido que a través de la poesía es que se convirtió en uno de los iniciadores del movimiento modernista, en este trabajo he de referirme a su prosa poética, que se manifiesta desde su experimentado trabajo con la crónica, ateniéndonos a la certeza de que más de la mitad de la totalidad de su obra fue publicada en periódicos.

En este estudio, al incursionar en los elementos que fundamentan el ideario martiano sostenidos en el texto de *La Edad de Oro* (1889), hago referencia a los fundamentos que la doctrina del krausismo trajo como contribución a su aún hoy vigente pensamiento. Además, sostengo mi análisis en el énfasis de la importancia del krausismo para el texto de *La Edad de Oro* en conjunción con la importancia de su actividad periodística. La crónica es aspecto al

---

1   Este ensayo es parte del estudio que presento como Capítulo Introductorio para la disertación de mi tesis de doctorado.

que se le considera fundamental en toda la obra martiana y este lo agrego al análisis en que sugiero la incorporación de dicho elemento de la modalidad modernista volcado en este texto.

La doctrina krausista, como parte del pensamiento idealista clásico alemán del siglo XIX, se sitúa entre los factores ideológicos influyentes en muchos de los más prominentes intelectuales de habla hispana. Este fenómeno es observado no solo en España, desde donde se importó hacia las últimas décadas de ese siglo, sino también en el continente americano. Sin embargo, la fructífera presencia del krausismo en la historia intelectual hispanoamericana no ha sido aún estudiada en nuestros países con profundidad. A pesar de la gran influencia que ha ejercido esta doctrina en América Latina en las múltiples áreas de los estudios literarios, los históricos-sociológicos, los antropológicos, los culturales y de identidad, no ha sido hasta muy reciente fecha que se le ha brindado un estudio más amplio y profundo. Respaldo esta opinión luego de mis propias investigaciones sobre el tema, con los datos aportados por la investigadora Josefina Suárez Serrano, autora del ensayo "La impronta del krausismo en Cuba" (2000), quien declara que hasta el último cuarto del pasado siglo "el krausismo solo era estudiado con rigor en España" (398). Muy a pesar de esto, para este estudio presento el krausismo como principal fundamento ideológico al analizar la obra martiana, valiéndome de análisis de la crítica que colaboran a argumentar mi punto de vista.

En análisis más recientes de autores como Thomas Ward también se hace posible encontrar la ideología del krausismo como basamento filosófico para la obra de intelectuales hispanos.[2] Para un estudio sobre Martí, aunque considero válido el eclecticismo martiano pues sostuvo Martí su amplio criterio crítico en más de una corriente filosófica—cosa que también se atribuye a Krause, para referirme a su obra señalo el krausismo con criterio de base fundamental, completamente presente en el texto de *La Edad de Oro*.[3] Es esta revista escrita para los niños el material literario que escojo como caso de estudio para afirmar mi tesis acerca del papel que la moral y estética del krausismo formularon en Martí, al par que como su experiencia con la crónica. En esta obra que analizo queda plasmado que el trabajo conjunto de la estética krausista y la experiencia con la crónica conforman la expresión literaria, que junto con un renovado uso del lenguaje, condujeron la producción martiana hacia el modernismo, movimiento de las letras manifestado en la prosa de *La*

---

2   Ward, La teoría literaria. Romanticismo, krausismo y modernismo ante la globalización industrial.

3   Título del original y a partir de ahí deletreado en esta forma que uso en todo el escrito.

Edad de Oro, por lo que cito al investigador Iván Schulman quien asegura que "La revolución que denominamos "modernista" se manifiesta primero en la prosa de Manuel Gutiérrez Nájera y Martí" (Schulman 95).

Es misión en este trabajo mostrar cómo el acercamiento de Martí al "racionalismo armónico" que proclama el krausismo cede paso a su condición natural de educador. Deseo en este trabajo mostrar conceptos que aparecen en *El Ideal de la humanidad para la vida* (1860). Este libro es una traducción reelaborada por Julián Sanz del Río (1814-1869) del *Urbil der Menschheit* (1811) del fundador del krausismo, el filósofo alemán Karl Christian Friedrich Krause (1781-1832). Deseo mostrar cómo en virtud de los conceptos humanistas de libertad, equidad, bondad y justicia que aparecen manifestados en el texto de *La Edad de Oro* (presentes en su *Ismaelillo*, de 1882, obra que la crítica considera lo inicia en los anales del movimiento modernista) el quehacer martiano se conjuga con los del maestro. Con el texto *de La Edad de Oro*, Martí llega al alma de los más jóvenes lectores desde sus manifiestos por la libertad y justicia, para hacerles comprender la necesidad de que para adquirir ambas es necesario primero adquirir cultura. Si con la presentación del *Ismaelillo* Martí se dirigió a su hijo Pepe, en *La Edad de Oro* se dirige a todos los niños. De entre las sentencias martianas, "Ser cultos para ser libres" es la que mayormente lo ha señalado como apóstol por la independencia y padre de la patria. En esta máxima muestra su patriotismo, pero en ella también muestra su excelencia como educador. Para este estudio argumento que el humanismo de la ideología krausista forma gran parte en el ideario martiano. Esta ideología de amor hacia la libertad del ser humano lo destacó como de luchador por la independencia, no solo de Cuba, sino de América. Sobre esta base en que se erigió en gran humanista, llegó además a situarse como modelo del intelectual moderno. Desde joven había tenido la posibilidad de conocer de esta filosofía krausista, como aseguran algunos de sus críticos y se llega a la conclusión que obtuvo el conocimiento a través de su maestro Rafael María de Mendive (1821-1886), poeta residente en La Habana de entonces, de círculo y tertulias literarias a las que eran dados los que como Mendive pertenecían a la clase del criollo ilustrado.

Reconociendo que este tipo de reuniones eran dadas en los círculos literarios habaneros, considero ésta como la forma primera en que la doctrina krausista impactó en el espíritu del aún muy joven Martí. Posteriormente, Mendive se convirtió en su mentor y hubo visitas frecuentes de Martí a la residencia de la familia Mendive, donde su joven genio y gracia le permitieron participar en las conversaciones referentes al acontecer en la metrópoli. Mendive fundó una escuela para varones a la que asistía Martí desde que era casi un niño. Sabido es que desde muy joven discutía y participaba en situaciones de carácter político, todo esto dándose en La Habana en momentos en que el krausismo estaba en boga en España. Los datos de la vida intelectual y personal de su maestro y mentor Mendive le señalan una estadía de cuatro años en España en los momentos cruciales en que el "espíritu de época" del krausismo revolvía la sociedad y la vida en general en la península.

Al señalarse la influencia del krausismo en Martí se presentan diferentes elementos que sirven de modelo. En el análisis el autor cubano Tomás G. Oria para su libro *Martí y el krausismo* (1987), la influencia del krausismo que Martí refleja en su obra y como librepensador deja entrever la arista krausista que Oria analiza en el "Yo" martiano de la poética de los "Versos Sencillos" (1891), con el concepto del "Yo" que desarrolló Krause para su doctrina. Al ahondar en el enfoque del discurso krausista en el texto de *La Edad de Oro*, la perspectiva que me planteo para sugerir la presencia krausista en el pensamiento martiano parte de los conceptos de los estatutos de moral y estética krausista que tomo en cuenta como mayor soporte, y que en mi criterio son los que conllevan en el curso de su labor intelectual el peso de su humanismo y su desarrollo hacia el Modernismo. El trabajo enfatizado en los conceptos de virtud de la moral krausista lo sumergen en consideraciones humanistas pues atañen a todos los seres humanos en una extensión universal, lo cual está presente en toda la obra martiana. Siguiendo los conceptos que Krause desarrolló con su criterio acerca de la estética, Martí se sumerge en los cambios que lo señalan como precursor de la nueva modalidad literaria Modernista.

Teniendo en consideración que en él ha nacido ya la imperiosa necesidad de poner en práctica dichos estatutos krausistas, que los ha hecho ya suyos y que a partir de ellos se integra al ejército de hombres que dan servicio a la humanidad, considero que lo que pudiera haber sido un deseo individual del artista de expresarse es ahora, en atención a la humanidad, un deber. Así lo expresó en carta a su amigo en México Manuel Mercado. Llevarles a todos los hombres el sentir por la libertad, al par de facilitarles los medios para adquirir educación y cultura, es una necesidad que se cumple al escribir *La Edad de Oro*. Por tanto, considero que la revista *La Edad de Oro* no es un simple texto escrito para entretener, lo cual era razón primera de la literatura para niños en el siglo XIX. Escrito con lenguaje sencillo, este texto no deja de tener toda la carga emotiva que él supo poner en sus páginas hasta convertirlo en texto de estudio. Considero también que al colocar en un lugar primordial este pensamiento humanista que encabeza su quehacer para elevar los niveles de cultura se transforma a sí mismo en mejor hombre.

Es en virtud del humanismo que remueve su ser que Martí se inicia en el movimiento nuevo de las letras. En Martí el movimiento modernista es más que la búsqueda de renovación de los viejos patrones en las letras hispanas. En él existe la demanda krausista de dar una función útil y vital a la filosofía. Según planteamiento del analítico profesor Iván Schulman, "ya nos es lícito hablar del modernismo como movimiento que es el producto de un solo hombre... ni como arte de valores escapistas y preciosistas exclusivamente... se rechaza el concepto del modernismo como una literatura de estetas dedicados al cultivo del arte a espaldas de la realidad... se le considera como arte epocal, como manifestación literaria de una época regeneradora" (Schulman 12). El uso que comenzó a dar a su lenguaje revolvió estructuras de esquemas formulados para las letras hispanas. Sus conocimientos en filología, la experiencia con la crónica, así como "el mundo de angustia metafísica, de comprensión social, y de preocupación continental" (Schulman 18) que en él se albergaba, se entrelazó con la estética krausista que deja ver en su poética y en su prosa. De esta forma revitalizadora trajo nueva sangre a las letras, siendo este reavivamiento práctico y útil que propone el krausismo, razón que inició en esta nueva cruzada literaria junto a Manuel Gutiérrez Nájera, José Asunción Silva y Julián del Casal.

I. Una breve incursión al krausismo

El krausismo, que como doctrina filosófica origina y da nombre Karl Christian Friedrich Krause (1781-1832), se fundó desde el idealismo clásico alemán que le dio origen noble, pero al mismo tiempo oscuro. El uso del adjetivo "oscuro" tan en uso en referencia con el idealismo de Krause, es manifestado con referencia a la cierta falta de claridad en la exposición de las máximas krausistas y de sus planteamientos. Para mejor explicar este aspecto escogemos una cita del autor Elías Díaz en *La filosofía social del krausismo* (1983), quien afirma que en la forma en la que Krause se daba a sus lectores era utilizando un lenguaje en el que, al llegar a las conclusiones y hacia el final de lo expuesto, se presentaba, con "verdaderos delirios de visionario" (Díaz 19). A esto se agrega el que entre los clásicos idealistas alemanes la figura de Krause no fue bien reconocida, y aún hoy día, no goza de amplio conocimiento entre los estudiosos de la filosofía alemana y su historia. Por eso, la investigación minuciosa realizada por Enrique Menéndez Ureña ha sido beneficiosa a todos, aún a los estudiosos de Krause en Alemania, donde existían quejas por el olvido y en muchos casos desconocimiento de la figura de Krause. Era necesario llenar la falta de estudios detallados sobre Krause y el esclarecimiento de los términos pues sobre este aspecto se ha dicho que "una parte de la obra krausiana, sobre todo varias de las obras editadas póstumamente, carece de los mínimos exigibles para su comprensión: su terminología es inaccesible..." (*Las habilitaciones*, Preliminar XIX).

Para la España de la época, como para los países de Hispanoamérica que trabaron conocimiento con el krausismo, fueron las ideas devenidas desde la perspectiva de Sanz del Río las que le dieron cuerpo a la doctrina ideológica. Krause era un perfecto desconocido y su doctrina alemana se adaptó para las necesidades sociales y el conocimiento de los ciudadanos españoles. Por tanto la supuesta oscuridad que plantean los críticos al referirse a la doctrina krausista conllevó a que en muchos de los escritos al referirse a la doctrina los autores usen el término "oscuro" al hablar de esta ideología. Se destaca que esta falta de claridad afectó grandemente la introducción del krausismo tanto en la sociedad española, como en la hispanoamericana. En el caso de Cuba, la llamada falta de claridad dejó huellas de dramática polémica entre el expositor profesor Teófilo Martínez de Escobar en la Universidad de La Habana en 1879 y el pensador y educador cubano, Enrique José Varona (1849-1933), que aún afectan la imagen del krausismo entre los estudiosos cubanos.[4] Hechos como este que señalo contribuyeron a que ante la crítica, los krausistas muchas veces aparecieran como unos místicos sin razonamiento confiable en sus análisis. Es de esta forma como se le reseña a Krause y a sus seguidores en todo un capítulo de *Los heterodoxos españoles* (1956) Volumen II, del historiador y crítico Menéndez y Pelayo (1856-1912).

Sin embargo, esta oscuridad de origen no determinó una adversidad en su trayectoria. Aunque breve en inicio, tuvo una determinante influencia al expandirse la doctrina por países de la Europa occidental, y llegó a asentarse en Bélgica y España. En estos dos países comienza a extenderse el idealismo, concepto humanista que fundamenta la doctrina, el cual se sostiene en que las reformas y nuevos estatutos que proclama el krausismo pasarían a ser lo "ideal" para el bien de la humanidad. La incidencia de que Krause expresara la doctrina en términos oscuros hizo que a la península ibérica llegara la ideología krausista en una forma de adaptación realizada por el filósofo español Julián Sanz del Río (1814-1869). Inspirado en lo que había aprendido en España antes y en Alemania después, Sanz del Río quiso importar la doctrina a su país para hacer avanzar a la sociedad española por los caminos transitados por sociedades europeas más modernas y actualizadas. Por esta razón viajó a Alemania en 1843 y regresó con la misión de incorporar este nuevo "espíritu de época" a las necesidades de la vida social españolas de su tiempo. Es a partir

---

4   Medardo Vitier, historiador cubano presenta más amplia información al respecto en su libro *Las ideas y la filosofía en Cuba* (1970).

de la incorporación de la doctrina krausista a la esta vida y sociedad españolas que España sacude el marasmo que la mantenía rezagada en relación a otros países europeos como Inglaterra, Francia y Alemania.

Es de considerarse como determinante la función que tuvo el krausismo en la entrada de España a la modernidad. Constancia de esto nos da el autor López Morillas en su libro *El krausismo español. Perfil de una aventura intelectual* (1956), quien desde las primeras notas donde se prologa el libro deja ver entre sus apuntes que establece, como una gran ventaja de la doctrina, que facilite la incorporación de la sociedad española al pensamiento europeo moderno, opinión que también sustenta el autor Elías Díaz. Este último da su opinión sobre la existencia de una identificación entre la doctrina y la nueva clase que iba surgiendo en la España del siglo XIX, la de una burguesía liberal progresista (Díaz 22). Así, siguiendo el curso del pensamiento de estos críticos, considero sea totalmente lógico que el paso dado por la España decimonónica a esferas de ideologías más modernas y avanzadas en los aspectos sociales, políticos, económicos y culturales repercutieran en sus antiguas colonias de América, dado que todo lo que acontecía en la metrópoli afectaba Hispanoamérica.

Desafortunadamente, a pesar de los aportes contemporáneos en estudios sobre literatura, historia, antropología, socio-económico-políticos y culturales presentados por autores como Menéndez y Pelayo, López Morillas, Elías Díaz, quienes confirman la presencia del krausismo entre los intelectuales de Hispanoamérica en el pasado siglo XIX, es de considerar que dichos estudios aún son muy escasos. En los estudios hasta ahora realizados, todavía aparece un tono de ambigüedad acerca de la presencia krausista, cuando no de total negación. Por otro lado, entre los críticos contemporáneos que la dan por cierta y determinante, se denota la ausencia de material que responda muchas de las interrogantes. Al adentrarnos en los caminos del krausismo nos damos cuenta que mucha de la ambigüedad existente estriba en los conflictos a que se enfrentó el krausismo desde sus comienzos, de carácter religioso, o consideraciones anti-religiosas, de la tendencia de Krause a lo masónico.

Recientes análisis concretan la presencia krausista en José Martí. El cubano Tomás G. Oria en su libro *Martí y el krausismo* (1987) argumenta que fue a través de *El Ideal de la humanidad* de Sanz del Río que Martí entra en relación con la doctrina krausista. La autora cubana Lissette Mendoza Portales plantea en *Cultura y valores en José Martí* (2007) su opinión coincidente con el juicio de Raúl Roa—quien fuera ministro del exterior durante las primeras décadas del gobierno de Fidel Castro y reconocido estudioso de la obra martiana—en que la presencia del krausismo en Martí viene de Sanz del Río. Citando a Roa, la autora dice: *"poco que se ahonde en el krausismo de Martí se advertirá enseguida que proviene más de los krausistas españoles que de Krause"* (Mendoza Portales 53), con lo que corrobora su opinión. Para estos autores, sin lugar a dudas, hubo un encuentro entre Martí y el krausismo que nos es subrayado por la autora Susana Rotker en su libro *Fundación de una escritura: las crónicas de José Martí* (1992); pero para esta autora la presencia krausista en Martí se sustenta en el krausismo original de Krause.

En análisis de la presencia del krausismo entre intelectuales hispanos, muchos autores se inclinan a considerar de mayor la influencia ideológica los conceptos de la doctrina manifestados originalmente por Krause en su *Das Urbild der Menscheit* (1811). Es este entre todos sus libros el texto más conocido y donde se representa la cimera expresión del idealismo alemán de este filósofo, pero para otros críticos se acentúa la influencia krausista en la etapa del krausismo español, readaptación por el filósofo Sanz del Río en el texto de *El ideal de la Humanidad*. Mi opinión es que en el caso de Martí ambos modelos tienen vigor, pues la utilidad que Krause propuso a partir del énfasis en la educación de la humanidad se complementó con el impulso dado por Sanz del Río en los replanteamientos para el mundo hispano y en las reformas realizadas en el ámbito pedagógico de universidades y de las escuelas en general para el área hispana.

II. Siguiendo los modelos de Krause y Sanz del Río

En este estudio argumento sobre la influencia krausista en el pensamiento de José Martí. En mi criterio no queda duda de que los dos filósofos ejercieron influencias sobre el pensamiento martiano e inclinaron a Martí por las sendas del humanista educador moldeador de espíritus que en él se admira. En Martí se reconoce el papel fundamental que ejerció la doctrina de Krause en lo concerniente a la educación y a seguir la vocación de sana y limpia moral que da a los hombres el trabajo. En Krause era condición indispensable aparear lo intelectual y lo moral a los bienes recibidos por trabajo honrado, ya que consideraba que es en el trabajo donde el ser humano encuentra su desarrollo moral. En esta cita de *El Ideal de la humanidad* declara el criterio krausista que "el interés bien entendido, el legítimo amor propio, la noble aspiración á la pública estima, el amor al trabajo, si no ponen los cimientos, levantan vallados y muros de reparo en el campo moral" (*El Ideal* XXII), lo cual en contraste presenta Martí en una nota a los niños en la que alaba los valores del trabajo, "Les hablaremos de todo lo que se hace en los talleres, donde suceden cosas más raras e interesantes que en los cuentos de magia" (*La Edad de Oro* 16). Ahora, cabe considerarse que no deja de ser cierto que, desde las adaptaciones realizadas por Sanz del Río para realizar el proyecto que se conoce como "krausismo español", es desde donde mayormente Martí recibió la influencia filosófica de la doctrina, dado lo consecuente entre las relaciones históricas y de intercambio entre ambos países, Cuba y España.

Está por demás reseñar las visitas de ambos, de Mendive y Martí a España, las referencias e intercambios culturales entre la península y Cuba y que, durante sus visitas, ambos están empapándose de todo el acontecer del krausismo por la península, pues estas suceden en momentos muy candentes de la doctrina. Esto hace suponer que este aspecto hispano de la doctrina domina en influencia versus el aspecto germano que representa Krause. Sin embargo, analizando los conceptos sobre la educación y las reformas pedagógicas inspiradas en la doctrina de Krause, vemos que son sustentadas en Sanz del Río, en cuyo seguimiento de estos planteamientos krausistas tomamos lo que Martí aseveró, que el ideal de mejor futuro de la humanidad radica en que ésta reciba una mejor educación.

Dentro de los conceptos humanistas, los aspectos educativos de la sociedad son tópico fundamental en la filosofía de Krause. La educación debe estar basada en criterios de libertad, tolerancia, honestidad, sentido de la responsabilidad, de la dignidad y del valor sagrado de la persona humana. Todos los elementos antes mencionados han sido de gran valor en el criterio de Krause, cuyo pensamiento, muy al estilo de su época, se había desarrollado desde el movimiento ilustrado y estaba sobre todo apoyado en la obra filosófica de Inmanuel Kant. La escuela de Kant daba la supremacía al ser humano. Para Martí así sería el nuevo hombre americano, digno, responsable, honesto, con conocimiento del alto valor de sí mismo. Por eso declaró: "Así queremos que los niños de América sean: hombres que digan lo que piensan y lo digan bien: hombres elocuentes y sinceros" (*La Edad de Oro* 16).

Krause fue discípulo de Fitche y de Schelling, quienes a su vez lo fueron de Kant. Con ellos estudió y resumió diferencias entre la razón cartesiana y la razón kantiana, aparejando ambos conceptos con la necesidad de tolerancia, a la vez que se propuso llevar una vida de rigor científico. Resumió todas las escuelas de pensamiento que había conocido hasta entonces en un razonamiento que las abarcara en una síntesis y que brindara esa armonía racional que buscaba y que encontró bajo el término que para el mundo hispano Sanz del Río denominó *racionalismo armónico*.

Krause siguió criterios kantianos sobre la supremacía del sujeto cognoscente y más aún, aventajó en sus argumentos sobre la capacidad y el límite de conocimiento del sujeto. Su desarrollo de estos criterios los articula en forma de universalidad, en la forma de que no solo competen a pueblos que tenían ya formada una concepción filosófica de pensamiento, o que provenían de un criterio social adelantado, o que hubieran sentado bases en la historia de la cultura, sino de toda la humanidad. En el razonar armónicamente existe un reclamo hacia todos los seres que pueblan el mundo a conocerse y entenderse. El hombre ha sido puesto en la tierra para mejorarla y regenerarla conforme a la idea del Dios Supremo, creador de este plan divino. "Esta tierra, nuestra morada, y esta humanidad en ella son una parte interior del reino de Dios, dentro del cual los hombres llegarán un día a la perfección que cabe en su naturaleza conforme al plan divino del mundo" (*El Ideal* 35-36).

Krause argumenta con criterios teológicos aplicados a la sociedad. La primera vocación de Krause y que lo llevó a hacer estudios en la Universidad de Jena fue la de los estudios de teología. Krause señala su idea de Dios como principio real y el plan divino que Dios ha concebido porque ciertamente cree *que* "bajo un Dios hay una sola Humanidad y una ley de gobierno común, para realizarla pacíficamente entre los hombres" (*El Ideal* 25). Entre los criterios planteados por el racionalismo armónico se argumenta que en el uso del razonamiento, y en los sistemas establecidos a través de ello, se debe anteponer la armonía a la contradicción, pues la búsqueda de la verdad es de gran importancia, pero ello no sería posible sin alcanzar antes los conceptos de tolerancia y armonía predicados desde el mismo Dios. Por esta relación de los hombres con Dios, las bases para establecer la verdad deben hacerse sobre conceptos de verdadera libertad y armonía, lo que los haría llegar a las ciencias en completa armonía racional. La idea de Dios y la ciencia se une en armónico orden. "La idea de Dios como Dios y Ser Supremo, y el conocimiento de los seres como fundados en la verdad de Dios, son demostrados ya en la ciencia" (*El Ideal* 36). Dios y ciencia unidos en la ideología de Krause dan un valor práctico a la filosofía la cual es puesta en función de servicio a la sociedad.

En *El ideal de la Humanidad* se conjugan los elementos que se acercan a la vida de la sociedad española y penetran en ella pues como afirma Sanz del Río, todo lo tomado de la doctrina de Krause y que planteaba en el texto de *El Ideal* "concertaba a mi parecer con las necesidades morales de mi pueblo" (*El Ideal* XI). "El Hombre, siendo el compuesto armónico más íntimo de la Naturaleza y el Espíritu, debe realizar históricamente esta armonía y la de sí mismo con la humanidad, en forma voluntaria racional y por el puro motivo de su naturaleza, en Dios" (*El Ideal* XII). Esta religiosidad de la doctrina al establecer el racionalismo armónico lo corrobora Fernando Martín Buezas en *La teología de Sanz del Río y del krausismo español* (1977) donde declara que "no se podía optar por el escepticismo ni por el materialismo; había que hacerlo por un pensamiento hondamente transido de religiosidad" (Martín Buezas 52).

El racionalismo armónico pone su énfasis en el uso del razonamiento y los sistemas que se utilicen como método al razonar. De esta forma se debe anteponer siempre la armonía a la contradicción para que se cumpla el planteamiento de Krause, de que se establezca una distinción entre educación e instrucción, como lo manifiesta el investigador Enrique Hernández Ureña en su ensayo "Krause y su ideal masónico hacia la humanidad" (94), lo cual es recurrente con el pensamiento martiano en "Me hice maestro que es hacerme creador." Según este criterio el educar convierte al educador en creador de almas libres, lo que Martí expresó también en su máxima de "Ser cultos para ser libres." En todo este concepto está demostrado un sentir mucho más amplio que el solo querer dar instrucción. Consideramos que obviar la estética moralista krausista presentes en esta época del siglo XIX, tanto para España como para Hispanoamérica, sería negar la contribución que este elemento filosófico trajo a las Humanidades todas, tanto en las áreas de los estudios sobre educación y los de pedagogía, tanto como a los estudios literarios, históricos, sociales, económicos, culturales, interdisciplinarios, que tenemos hoy día en práctica.

III. EL KRAUSISMO Y SUS PLANTEAMIENTOS EN CUBA

Figura de relieve en las letras hispanas, José Martí y Pérez (1853-1895), recorrió un largo camino desde su juventud hasta llegar a ser figura cimera de las letras cubanas. Comenzó muy joven estudios con el maestro Rafael María de Mendive, y existe la aseveración de que es en esta etapa cuando conoció Martí el *Ideal de la Humanidad,* el cual se constituyó desde un libro de filosofía práctica encaminado a la divulgación fácil de la doctrina krausista en un manual de moral (Oria, *Martí y el krausismo*). En otra de sus citas señala Oria la postura krausista del educador y filósofo cubano José de la Luz y Caballero, figura cubana que fuera maestro de Mendive, quien a su vez lo fue de Martí (Oria 30). Los conceptos de moral y apreciación de la bondad, virtud que propaga el krausismo en *El Ideal* impactaron a Martí y lo llenaron de los conceptos de libertad, igualdad y justicia que se hicieron estandarte en todo el ideario martiano y que han reflejado esta fuerte influencia en el prócer cubano y en su obra.

Martí dedicó mucho de su tiempo e influencia como hombre que supo hablar a las masas en reseñar la tremenda importancia de educar desde las edades más tempranas. *La Edad de Oro* fue por su dedicatoria a los niños considerada una obra demeritoria del talento del prócer independentista, aunque muy poca referencia se hace de este texto en los análisis y estudios críticos cuando se la sitúa entre la obra martiana. Para con *La Edad de Oro* ha existido siempre la referencia de que fue escrita para niños, pensando en el destinatario infantil y que, por tanto, la obra no presenta en toda su capacidad el intelecto del autor. Esta información se basa en la existencia de una determinada gradación y preferencia temática en la literatura dedicada a los niños, y fundamentalmente en el siglo XIX. Cierto que Martí se valió de elementos valiosos a usar por un escritor de libros para niños como es la presentación de personajes que rompen las normas impuestas—tal es el caso del cuento "Meñique"—donde el quebrantamiento de las normas, tema de contenido en la literatura infantil, representa más la intencionalidad de educar porque en este cuento se les demuestra a los niños que el saber vale más que la fuerza. Al presentar las historias que hemos escogido en contraste analizamos las máximas krausistas que propone *El Ideal* para argumentar los conceptos krausistas en la obra. En *El Ideal de la humanidad* se plantea la máxima establecida para el tema de las "Edades," y en ella Krause declara que "Después de la oposición del sexo es la oposición de las edades la más íntima y la que abraza más diferencias históricas...; cada edad expresa á su modo toda la racionalidad y toda la humanidad de una manera original y única... El hombre de sentido humano es vivamente interesado y atraído por la amabilidad de la niñez, no mirando en el niño un hombre imperfecto y a medio formar, sino una manifestación entera, bella y única en su género y tiempo de nuestra humanidad" *(El Ideal* 96).[5]

Esta propuesta de la doctrina apoya el criterio que he formado sobre la influencia del krausismo en el pensamiento martiano en referencia al propósito de Martí al escribir *La Edad de Oro.* Considero que abiertamente se plantea que el texto no fue concebido con el único, simple y sano placer de entretener y hacer reír a los niños con sus cuentos e imágenes impresas. El hecho de haber sido dedicada para los menores de la casa no le quita calidad a esta obra, de la que el propio Martí, en una referencia íntima en carta a su amigo Manuel Mercado en México señala así*:* "Los que esperaban, con la excusable malignidad del hombre, verme por esta tentativa infantil, por debajo de lo que se creían obligados a ver en mí, han venido a decirme con su sorpresa más que con sus palabras, que se puede publicar un periódico de niños, sin caer de la majestad a que ha de procurar alzarse todo hombre." La cita está tomada de la carta que envió a su amigo mexicano Manuel Mercado en el momento de presentarle números de la revista, de fecha 3 de agosto de 1889.

IV. Conceptos krausistas en La Edad de Oro

Martí llevó mayor intención en sus narraciones de La Edad de oro que ofrecer entretenimiento a los más jóvenes. Quería mostrarles material que los

---

5   Se conserva la ortografía del texto original.

ayudara a conocer historias sobre la vida de los hombres, conocimiento de la
sociedad y de otras culturas para que se crearan una visión futura. Con toda
esta información se reconoce que la revista se presentaba de forma opuesta a
lo que era intención fundamental de la literatura para niños en el siglo XIX.
Esto hace se entienda la causa de su desaparición luego del cuarto número
debido a contradicciones entre Martí y quien financiaba la revista. Por otro
lado, no fueron pocos los detractores de la obra que trataron de presentarla
como un escrito insignificante, una obra venida a menos para descanso y so-
laz del incansable luchador. Hoy vista desde la distancia podemos analizarla
desde la posición de un texto que se convierte en tribuna oratoria desde la
cual Martí les habla a los niños.

Desde *La Edad de Oro* se propuso Martí llevar la educación a los más
jóvenes a través de máximas krausistas que apoyaban sólidos argumentos en
contra de la escolástica. En la España de la época, los planes de estudios brilla-
ban por su ausencia pues los políticos jugaban con los programas pedagógi-
cos y en la enseñanza todo era pura farsa. Como señala Elías Díaz se aprendía
de la física sin jamás ver una máquina ni un aparato, lo cual pesaría en la
propia experiencia que habría tenido Martí en su paso por las instituciones
educativas españolas.

Sin ahondar demasiado en ello, es posible ver desde los primeros escritos
de Martí sobre la prisión que muy joven sufrió en Cuba, que ya esta tendencia
ideológica se manifestaba en sus palabras, pero he de argumentar por sobre
todo con el texto de *La Edad de Oro*, pues es ahí donde precisamente en Martí se personifican muchos de los conceptos krausistas a que hago referencia y
extraigo de *El Ideal de la humanidad*. En esta obra de Sanz del Río hay una
referencia a los niños en la que se les ve como a la etapa joven de la Humanidad, concepto este que Martí manejó completamente. Martí era hombre con
miras hacia el bien de la humanidad y conocía de la importancia de educar
a los ciudadanos, importante labor a desarrollar desde los primeros años del
ser humano, cuando la sencilla arcilla que compone al niño aún es moldeable,
pues el niño representa el "género y tiempo de nuestra humanidad" (*El Ideal*
96). Martí al dirigirse a los más jóvenes les estaba hablando a los hombres
y mujeres de la futura nación, por eso vemos que al hablarle a los niños, les
habla con el ansia de moldear en ellos características y cualidades morales que
son constitutivas de su pensamiento y que veo reflejadas en el racionalismo
armónico del krausismo como símbolos de la vida ideal para la cual la doctrina suponía había que preparar a la humanidad.

V. Krausismo en otras áreas de Hispanoamérica

La doctrina filosófica de Krause fue adaptada a otras sociedades europeas, además de la española y en las múltiples y variadas investigaciones que se realizan sobre los estudios realizados acerca de países de Hispanoamérica y el Caribe hispano, la vigencia el krausismo es traída hoy a análisis académicos sobre los estudios contemporáneos en toda la gama de estudios literarios, históricos, sociales, culturales, políticos y los jurídicos. Entre los discípulos de Krause se encontraba el jurista alemán Heinrich Ahrens. Acerca de Ahrens destaca López Morillas que en su cátedra de la Universidad de Bruselas, se profesaba un sistema de filosofía del derecho inspirado directamente en las doctrinas de Krause (López Morillas 21). Otro autor seguidor del krausismo, Rupero Navarro, amigo y colega de Sanz del Río, hizo con estas enseñanzas jurídicas en 1841 la versión española del libro de Ahrens, la cual se reimprimió varias veces y es la que ha servido a muchas generaciones de juristas de habla hispana por toda Hispanoamérica. Este ejemplo sobre la jurisprudencia deja señalado que debe considerarse el krausismo bajo todos estos aportes con que marcó la intelectualidad de Hispanoamérica, lo cual ha sido de gran logro para la doctrina que promovía Sanz del Río, quien al dar a conocer a Krause por toda España, traduciendo su texto más reconocido, el *Das Urbild der Menscheit,* lo da a conocer por todo el mundo hispano bajo el sugestivo título de *El ideal de la Humanidad.* Sanz del Río consideraba que lo que ahí se exponía habría de atraer no solo a los españoles sino de forma trascendental a la humanidad toda.

Existe otro aspecto que bien destaca a Sanz del Río y al krausismo español. Nos referimos al hecho de que aunque la doctrina la crea Krause en las primeras décadas del siglo XIX, es Sanz del Río, con su publicación del 1860 quien posibilitó que se la conociera más ampliamente hacia las últimas décadas de ese siglo y de esta manera, a su fundador. Es en esa labor realizada por Sanz del Río la que hace que se propagara extendidamente la doctrina krausista.

La diferencia entre el krausismo original y el krausismo español se presenta no en los planteamientos sino en el método de hacer llegar sus máximas. Se ha dicho por los investigadores y traductores de la obra de Krause que no dista mucho el trabajo que desarrolló Sanz del Río de la obra original. Sin embargo, Sanz del Río supo darle el carácter necesario a la obra de Krause para hacerse conocer entre los españoles. En referencia a la importancia de distinguir el krausismo de krausismo español en esta cita lo explica Elías Díaz diciéndonos que porque "siendo el krausismo una importación extranjera, llega a ser en España una de las manifestaciones intelectuales más castizas y españolas," lo cual no deja duda que haber dejado la doctrina en su estado original hubiese retardado mucho el momento de su arribo, si es que hubiese llegado a conocerse.

El texto de Elías Díaz contiene una cita de Azorín, ilustrativa de la importancia del krausismo español. En esta cita Azorín dejó establecida la magnitud del gran significado que la doctrina trajo no solo para el grupo dentro de la sociedad española que la aceptó, sino que establece la relación de un krausismo concerniente a toda la España intelectual: "En la segunda mitad del siglo XIX se ha producido una honda y fuerte manifestación del pensamiento filosófico en España. Aludimos al krausismo... Y cosa singular: siendo el krausismo una importación extranjera, llega a ser en España una de las manifestaciones intelectuales más castizas y españolas, más hondamente españolas que aquí se han producido. ¿Por qué? Porque al idealismo noble, generoso y poético, unió las tendencias prácticas propias de nuestro temperamento intelectual" (Elías Díaz 17).

El krausismo nació en Alemania pero creció en España y desde este país llegó hasta los nuevos territorios de la América hispana. Esto se debe al trasiego constante entre la metrópoli y las colonias—y a que todo marcado acontecimiento en España, y en Europa en general, tenía toda la atención de la intelectualidad de las Américas. Por tanto, es de considerar que por analogía el efecto de la doctrina en la península haya hecho su extensión hasta Hispanoamérica. Debemos analizar que muy a pesar de las razones de diferencias políticas reinantes entre las colonias y la metrópoli, que podrían impedir la manifestación abierta de aceptación a las ideas que venían de España, los aconteceres españoles impactaban en las Américas hasta bien entrado el siglo XX. En este momento específico del esplendor del krausismo, las relaciones entre la metrópoli española y los territorios en las Américas se encontraban en un momento histórico-político en que se anteponían de manifiesto a toda razón mucho de los odios y diferencias entre los criollos y los peninsulares.

La presentación de la doctrina filosófica influyente en el pensamiento de muchos intelectuales de las Américas como española—la mayor parte de ellos criollos hijos de españoles, sus ideas políticas ya divididas entre separatistas luchadores por la autonomía e independencia, y los seguidores de continuar bajo el sistema colonial—haría entrar al krausismo en un campo de discordia que define al racionalismo armónico como imposible de implantar. Para más, los separatistas argumentaban que el seguimiento de las ideologías españolas supondría una forma más de mantener lazos de sumisión a lo cual se oponían porque luchaban en contra de cualquier forma o manifestación de dominio español sobre las colonias.

Sabemos que la doctrina filosófica de Krause fue adaptada a otras sociedades europeas, además de la española. En las múltiples y variadas investigaciones que se realizan sobre los estudios realizados acerca de países de Hispanoamérica y el Caribe hispano, la vigencia el krausismo es traída hoy a análisis académicos sobre los estudios contemporáneos en toda la gama de estudios literarios, históricos, sociales, culturales, políticos y los jurídicos. Los actuales estudios sobre el krausismo como ideario filosófico, sitúan al krausismo español en un alto nivel conceptual entre las diferentes escuelas de pensamiento devenidas de la filosofía clásica alemana. Para los estudios contemporáneos en las ya mencionadas áreas de la literatura, la historia, los estudios socio-políticos-jurídicos, etc., la doctrina del krausismo se presenta reflejada tanto en la fase original como en la etapa española desarrollada por Sanz del Río, pero no es hasta muy reciente facha, que se establece la influencia del krausismo español en campos de estudios sobre Hispanoamérica en las áreas de literatura, historia, antropología, estudios sociales, económicos, políticos, así como los de educación y pedagogía.

La escuela de pensamiento creada por Krause en las primeras décadas del siglo XIX y que, repito, tuvo enorme influencia en la vida socio-cultural española de finales de ese siglo y de principios del XX, es hoy con relevante vigencia traída a análisis académicos y estudios contemporáneos de carácter socio-cultural que conllevan al estudio de los análisis sobre cultura, identidad cultural y nacional que se están llevando a cabo desde todas las diferentes áreas de los estudios interdisciplinarios en España y en Hispanoamérica en el Caribe hispano.

Considero *La Edad de Oro* de Martí texto que conforma el caso de estudio para el planteamiento de este ensayo. En esta obra se reflejan máximas humanistas del krausismo que constituyen los fundamentos de los aspectos practicables de esta filosofía y que encuentro en este texto de Martí y que mantienen vigencia y significado en la sociedad contemporánea. La sociedad cubana contemporánea ha basado su estatus moral en juicios políticos provenientes del ideario martiano y como cada gobierno creado luego de instaurada la República de Cuba en el 1902, el actual formado luego del triunfo de la Revolución cubana de 1959 también ha planteado una serie de máximas martianas como representativas de su gobierno.

Obras citadas

Araujo, Nara y Teresa Delgado. *Textos de teorías y crítica literarias (Del formalismo a los estudios postcoloniales)*. México: Universidad Autónoma Metropolitana. Unidad Iztapalapa, 2003.

Díaz, Elías. *La filosofía social del krausismo español*. Madrid: Edición Edicusa, 1973.

Krause, Karl Christian Friedrich. *Ideal de la humanidad para la vida*. Madrid: Sobre la edición de Imprenta de F. Martínez García, 1871.

López-Morrillas, Juan. *El krausismo español: Perfil de una aventura intelectual*. México: Fondo de Cultura Económica, 1956.

Martí, José. *Ismaelillo*. La Habana: Centro de estudios martianos, 2009.

———. *La Edad de Oro*. Miami: Ediciones Universal, 2001.

Martín-Buezas, Fernando. *La teología de Sanz del Río y del krausismo español*. Madrid: Editorial Gredos, 1977.

Mendoza Portales, Lissette. *Cultura y valores en José Martí*. Cuba: Editorial Pueblo y Educación, 2008.

Menéndez Pelayo, Marcelino. *Historia de los heterodoxos españoles*. Vol. II Madrid: Imprenta F. Maroto e Hijos, 1880-1882.

Menéndez Ureña, Enrique. *Krause, educador de la humanidad. Una biografía*. Madrid: Publicaciones de la Universidad Pontificia Comillas. Unión editorial, 1991.

———. *El krausismo alemán y el krausofröbelismo (1833-1881)*. Madrid: Universidad Pontificia Comillas, 2002.

———. "Krause y su ideal masónico: hacia la educación de la humanidad." *Historia de la educación. Revista interuniversitaria* 4 (1985): 73-96.

Orden-Jiménez, Rafael V. *Las habilitaciones filosóficas de Krause*. Estudio preliminar y notas. Traducción del latín de Luís y Carlos Baciero. Madrid: Publicaciones de la Universidad Pontificia Comillas, 1996.

Oria, Tomas G. *Martí y el krausismo*. Boulder: Society of Spanish and Spanish-American Studies, 1987.

———. "Martí, el moralista del krausismo." Diss. University of Massachusetts. 1980.

Rotker, Susana. *Fundación de una escritura: Las crónicas de José Martí*. La Habana: Casa de las Américas, 1992.

Sanz del Río, Julián. *El ideal de la humanidad*. Madrid: Facultad de Filosofía y Letras, 1871. Reproducción Impresa en los Estados Unidos (antes de 1923).

Schulman, Iván. *Génesis del Modernismo*. México: Ed. El Colegio de México, 1966.

Suárez Serrano, Josefina. "La impronta del krausismo en Cuba." *Brasil: Revista brasileira do Caribe*. Vol III, no. 16 (enero-junio 2008): 397-410.

Vitier, Medardo. *Las ideas y la filosofía en Cuba*. La Habana: Editorial de Ciencias Sociales, 1970.

Ward, Thomas. *La teoría literaria: Romanticismo, Krausismo y Modernismo ante la globalización industrial*. University, MS: Romance Monographs, 2004.

Los vínculos de Vicente Salvá con Cuba: liberalismo, bibliofilia y lexicografía en el siglo XIX

Armando Chávez Rivera
University of Houston - Victoria

En 1844 el gramático, bibliógrafo y librero Vicente Salvá (1786-1849) se empeñó en preparar una edición corregida y aumentada de la novena edición del *Diccionario de la lengua castellana* publicado por la Real Academia Española en 1843. Tenía a su favor más de cuarenta y cinco años de lecturas y apuntes, desde sus tiempos de notable estudiante universitario en Valencia y luego de editor en Londres y París.[1] Salvá había publicado dos ediciones corregidas (1838, 1841) del diccionario académico que fueron comercializadas con éxito.[2] El *Nuevo diccionario de la lengua castellana* (*NDLC*) (1846) fue una de sus obras de madurez y logró una excelente circulación.[3] Según se anuncia en la portada, "comprende la última edición íntegra, muy

---

1   Salvá estudió filosofía, teología y jurisprudencia en la Universidad de Valencia. Entre sus propósitos de juventud estuvo consagrarse a la enseñanza universitaria, pero luego sus ocupaciones más constantes fueron las de librero, gramático y editor.

2   Se trata del *Diccionario de la lengua castellana* (1838), a partir de la novena edición publicada por la Real Academia en 1837, con "algunas mejoras por Don Vicente Salvá," como se indica en la portada. En la reedición de 1841 se aclara en la primera página que es "mucho más correcta que la primera."

3   Salvá logró un diccionario de la lengua enriquecido y actualizado al incluir artículos nuevos, reorganizar los que ya estaban, agregar nuevas acepciones, corregir definiciones, e introducir neologismos, tecnicismos y regionalismos. Sobre este tema recomiendo consultar los aportes de Ignacio Ahumada Lara, Pedro Álvarez de Miranda, Dolores Azorín, Félix Córdoba Rodríguez y Jesús Gútemberg Bohórquez.

rectificada y mejorada, del publicado por la Academia Española, y unas veinte y seis mil voces, acepciones, frases y locuciones, entre ellas muchas americanas" (iii). Semejante labor de selección e inclusión de voces de Hispanoamérica— la mayor entrada masiva de éstas en un diccionario monolingüe del español hasta entonces—junto a otros méritos, han ubicado a Salvá como uno de los más importantes lexicógrafos españoles de su centuria, así como referente para la lexicografía en el siglo XX y la labor posterior de la RAE.[4] Precisamente una de las más amplias representaciones de voces *provinciales* o regionalismos americanos en ese diccionario son las que circulaban entonces en Cuba y las cuales estuvieron al alcance de Salvá gracias a su conocimiento de libros, manuscritos e intelectuales de la isla, tema sobre el cual se han publicado aisladas referencias en los ciento setenta años transcurridos.

Dedicado al comercio y la edición de libros desde 1809, Salvá acrecentó su notoriedad desde la aparición de su *Gramática de la lengua castellana según ahora se habla* (París, 1830), de la cual hizo sucesivas reediciones corregidas que lograron amplia aceptación. Otros nexos y proyectos en esa misma época son reveladores de su dinamismo como intelectual. En Londres, donde residió de 1824 a 1830 junto a su familia, estableció la Librería Española y Clásica, mantuvo vínculos con el poeta, filólogo y jurista venezolano Andrés Bello (1781-1865) y colaboró con *El Repertorio Americano* (Londres, 1826-1827). En esa capital publicó en 1825 y 1826 sus catálogos sobre libros españoles y portugueses, los cuales incluyen referencias ahora clásicas sobre la historia de América del Sur e islas del Caribe.[5] Años después, cuando se trasladó a Francia, entre sus allegados se encontraban intelectuales, profesionales y políticos de México, Colombia, Perú y Cuba. El público hispanoamericano resultó clave para abrir la Librería Hispano-Americana en París en 1830, desde la cual surtió de publicaciones a países recién salidos del coloniaje.

Los nexos de Salvá con los hispanoamericanos no fueron resultado de una relación fortuita entre editor y clientes, sino expresión de un fenómeno más significativo en que pesaron circunstancias culturales, literarias, económicas y políticas; fueron evidencia de un contexto en que gravitaban las ideas liberales, el ocaso del poder colonial, y la avidez de los criollos por establecer

---

4   Manuel Seco, quien fuera director de la RAE, considera a Salvá como "el lexicógrafo español mejor preparado" del siglo XIX (284), lo elogia como referente imprescindible para la labor de esa institución y la entrada amplia y planificada de regionalismos americanos en el *DRAE* de 1925. En ese año, el *Diccionario de la lengua castellana*, así titulado durante dos siglos, pasó a ser *Diccionario de la lengua española*.

5   Catalogue of Spanish Books (Londres, 1825) y Catalogue of Spanish and Portuguese Books (Londres, 1826).

conexiones en nuevos términos y más amplias con Europa y no sólo con la otrora metrópoli. La labor de editar y suministrar textos a las nuevas repúblicas hispanoamericanas puede ser comprendida mejor si contemplamos a Salvá como un sujeto que tempranamente se caracterizó por su liberalismo, dinámica actividad política y rechazo a la censura. Muy joven aun había obtenido una licencia del Papa Pío VII para adquirir y conservar libros prohibidos. El Salvá que huyó de España en 1823 al término del trienio liberal, bajo amenaza de muerte lanzada por Fernando VII, entró en contacto con hispanoamericanos liberales al servicio de las nuevas repúblicas y otros que habían tenido que emigrar o exiliarse. Por tanto, el suministro de obras a esos países aunaba el olfato comercial y el editorial con fines políticos propicios para que los aires ilustrados europeos se esparcieran al otro lado del Atlántico.

En ese contexto, el vínculo con Cuba se enmarcó en los amplios proyectos del editor y lexicógrafo valenciano hacia Hispanoamérica, y tuvo la peculiaridad de que permitió dar cauce a un proyecto inédito de intelectuales habaneros. Se trata del diccionario de "Provincialismos de la Isla de Cuba" (en adelante "DPIC"), un registro de cubanismos redactado a inicios de la década de 1830 por el religioso y profesor de filosofía Francisco Ruiz, con los aportes de ilustres miembros de la Comisión Permanente de Literatura de la Real Sociedad Patriótica de La Habana y bajo el espíritu de promoción cultural del legendario editor, bibliógrafo y mecenas Domingo del Monte (1804-1853).[6] A la vez, el vínculo de Salvá con Cuba debe observarse inserto en el entramado de la intensa interrelación que mantuvieron los criollos letrados de la isla con intelectuales europeos durante las décadas de 1830 y 1840, lo cual se refleja en el intercambio epistolar sistemático y las publicaciones literarias y políticas que fluían desde La Habana hasta Madrid y otras ciudades europeas, y viceversa. Las próximas páginas abordan momentos notables de la relación de Salvá con escritores, publicaciones y documentos de Cuba, con su consiguiente reflejo en el *NDLC*.

I. Liberalismo y circuitos intelectuales. El renombre de Salvá llega a La Habana

En La Habana, las ediciones preparadas por Salvá circularon en la década de 1830 entre el primer grupo de intelectuales cercanos a Del Monte. Varios de ellos se encargaron de concebir un conjunto de obras fundacionales de la

---

6   Varios documentos escasamente conocidos o inéditos que pertenecieron a Domingo del Monte o estuvieron relacionados con su labor en la Real Sociedad Patriótica de La Habana se encuentran actualmente en bibliotecas estadounidenses. Agradezco a Lesbia Orta Varona y Esperanza Bravo de Varona las facilidades para consultar los conservados en la Colección Herencia Cubana de la Universidad de Miami.

literatura nacional y participaron en reclamos ante la metrópoli a fin de lograr una mayor autonomía política para la isla en las décadas de 1830 y 1840. Se trata de una etapa dorada para la literatura cubana en que notables letrados criollos se agruparon en instituciones culturales, trataron de comprender los nexos del país con la metrópoli y el mundo, hicieron circular sus creaciones en manuscritos e impresos, y recuperaron obras inéditas o escasamente conocidas sobre la historia de la isla, desde páginas del sacerdote Bartolomé de las Casas (1486-1566) hasta las del político José Martín Félix de Arrate (1701-1765), el primer historiador cubano.

Las ediciones de Salvá fueron anunciadas en *Bimestre Cubana* (1831-1834), una revista de múltiples intereses culturales y literarios, estimada como la mejor de su tipo en su época por el historiador, traductor e hispanista estadounidense George Ticknor (1791-1871). La publicación fue fundada en 1831 con el nombre de *Revista y Repertorio Bimestre de la Isla de Cuba* por el frenólogo y educador catalán Mariano Cubí y Soler (1801-1875) durante su estancia en La Habana (1829-1832), pero quedó en manos de los criollos en 1832. La influencia de la publicación puede ser sopesada si tomamos en cuenta que ya en la contratapa del segundo número, correspondiente a agosto de 1831, se anunciaba que tenía distribuidores en unas veinticinco localidades isleñas así como en territorio estadounidense, por ejemplo en Nueva Orleáns, Richmond, Baltimore, Filadelfia, Nueva York y Boston, entre otras ciudades. Adicionalmente, se invitaba a los "editores de obras periódicas españolas y estrangeras [sic] a cambiar sus producciones con la nuestra," expresión del interés por acceder a otros espacios de edición y circulación. *Bimestre Cubana* se ufanó de sus contactos con intelectuales españoles y de sus colaboradores cubanos, algunos tan relevantes como el presbítero Félix Varela (1781-1853).

En agosto de 1831, *Bimestre Cubana* promovió en su segundo número algunas de las publicaciones de Salvá en París en 1830, entre ellas *La Bruja ó cuadro de la corte de Roma*, "novela española por Salvá" (248), así como *Irene y Clara ó la madre imperiosa*, "novela moral que publica D. Vicente Salvá" (248), cuya autoría también se le atribuye.[7] El espíritu anticlerical de ambas obras coincide con las críticas que a finales de esa década lanzaron intelectuales del círculo de Del Monte contra la supuesta complicidad del clero con el

---

7   El bibliógrafo e historiador catalán Antonio Palau y Dulcet (1867-1954) considera que Salvá es el autor de *La Bruja ó cuadro de la corte de Roma*. En la portada, Salvá indica como editor que se trata de una novela "hallada entre los manuscritos de un respetable teólogo, grande amigote de la curia romana."

gobierno colonial y su presunta indiferencia ante la corrupción en Cuba.[8] En la sección de novedades literarias, *Bimestre Cubana* anunció la impresión de las novelas con la precisión de que aparecían "en castellano" pues en las mismas páginas se promocionaban otras en inglés y francés. Asimismo, avisó de la edición del famoso *Tratado de la Regalía de España* (París, 1830), del jurista y economista Pedro Rodríguez de Campomanes (1732-1803), precisando que "lo publica del manuscrito original del autor D. Vicente Salvá" (235), detalle significativo que apunta al prestigio del valenciano como experto y coleccionista de libros españoles. En esa época Salvá trabajaba en preparar ediciones a partir de manuscritos, así como en corregir y enriquecer obras ya publicadas pero de alta demanda, como diccionarios y otros textos de consulta. En él confluían el talento del filólogo, el esmero del editor y la destreza de librero.

Al editar a algunos contemporáneos españoles, Salvá hizo mejoras y sugerencias significativas, por ejemplo en *El moro expósito ó Córdoba y Burgos en el siglo décimo* (París, 1834), de Ángel María de Saavedra (1791-1865), Duque de Rivas. Específicamente, Salvá "no sólo ayudó con sus observaciones a que el autor corrigiese y mejorase sino que puso el prólogo que precede a las Poesías sueltas" (Reig 315). *El moro expósito* circuló entre los cubanos, deja constancia el escritor y editor Ramón de Palma (1812-1860) en su intercambio epistolar con Del Monte (*Centón epistolario* 1:420). Esa obra de Saavedra fue un referente del romanticismo español en una década en que escritores de la isla valoraban si debían continuar bajo los preceptos del neoclasicismo. Otro de los libros publicados por Salvá fue el *Diccionario universal latino-español* (1793), de Manuel García de Valbuena y Blanco (¿?-1821), impreso bajo el título de *Nuevo Diccionario de Valbuena* (París, 1832) y mencionado en la profusa correspondencia del círculo delmontino. Esta fue una de las ediciones de éxito de Salvá; le costó dos años de intenso trabajo, se comercializó ampliamente y le procuró buenos dividendos.[9]

Resulta evidente que en la década de 1830 la capital cubana era una de las plazas de distribución de Salvá en América. Consecuentemente, La Habana,

---

8   Varios textos que emergieron a finales de esa década del grupo delmontino llevan también una crítica hacia sectores del clero por su supuesta indiferencia ante la situación de deterioro moral y decadencia que generaba la sociedad esclavista. Ver las respuestas de Domingo del Monte a un cuestionario de Richard Robert Madden sobre el estado de la religión en Cuba, inserto en *Poems by a Slave in the Island of Cuba* (Londres, 1840).

9   Ver detalles sobre la preparación y circulación de ese libro en *Vicente Salvá: un valenciano de prestigio internacional* (314), de Carola Reig Salvá, y en el *Catálogo de la Biblioteca de Salvá* (2:300).

México y Valparaíso fueron las ciudades a las cuales sugirió mudarse a su hija menor, Bienvenida, y su esposo, Vicente Berard, a la vez sobrino de Salvá. La idea era que el matrimonio, entonces radicado en Marsella, expandiera el negocio familiar de libreros en tierras americanas. La pareja descartó la propuesta y se instaló en Valencia (Reig 213). Salvá estaba unido matrimonialmente con una de las hijas de Diego Mallén, librero francés establecido en Valencia. En esa ciudad, Diego Mallén y su hijo Pedro Juan Mallén eran los propietarios de una librería que fue cimiento de experiencia y activos para los emprendimientos de Salvá en Inglaterra y Francia.

Presumiblemente, el prestigio de Salvá habría llegado a La Habana en virtud de su primer establecimiento de libros en la capital inglesa, de 1824 a 1830, y por el vínculo que entonces estableció con Bello, figura de primera referencia en los círculos intelectuales habaneros. Bello había viajado a Londres en 1810 como representante de la república venezolana, junto a Simón Bolívar, y permaneció allí como diplomático hasta 1829. Las ideas de Bello servían de inspiración a los criollos cubanos para fomentar una literatura de espíritu nacional y americano, a lo cual se abocaron con la organización de tertulias, la formación de bibliotecas públicas y privadas, y la escritura de narrativa y poesía de inspiración neoclásica y romántica en que aparecían voces y motivos locales, pero además mediante la circulación de novedades llegadas de Europa, la convocatoria de concursos literarios y la intensa circulación de mano en mano de manuscritos de su propia autoría, los cuales en algunos casos se perdieron o tardaron hasta más de un siglo en ser impresos.

Las tres colaboraciones de Salvá en los cuatro números de *El Repertorio Americano* lo habrían hecho más visible para los hispanoamericanos y en especial para los cubanos, que tuvieron razones bien justificadas para prestarle atención a la revista. En enero de 1827, en el segundo número de *El Repertorio Americano* aparece el "Juicio crítico sobre las poesías de Heredia" (34-45), estudio encomiástico de Bello sobre el primer libro de José María Heredia (1803-1839), impreso en 1825 cuando éste ya vivía exiliado en los Estados Unidos. El artículo elogia enfáticamente la sensibilidad y la precocidad de Heredia y reproduce fragmentos de sus poemas. Ese mismo número de *El Repertorio* incluye otros dos textos que directamente coinciden con temas y figuras de primera mano implicadas en la historia cubana: Bartolomé de las Casas y Alexander de Humboldt (1769-1859). Sobre el sacerdote se publica "Noticias de la vida i escritos de D. f. Bartolomé de Las-Casas" (179-211), del español Pablo de Mendíbil (1788-1832), abogado y profesor liberal también exiliado entonces en Londres, mientras que de Humboldt se reproduce un fragmento de *Ensayo político sobre la isla de Cuba* (249-260), libro que había

sido publicado por primera vez pocos meses antes, en 1826. Coincidentemente a continuación del texto de Bello sobre Heredia, aparece el primero de
Salvá en *El Repertorio Americano*, "Bibliografía española, antigua i moderna"
(45-58), el cual sería proseguido en los dos números siguientes de la revista.
Esas páginas de Salvá citan a menudo su catálogo de libros publicados en
1826 y una nota al pie indica que está "lleno de excelentes notas bibliografías
i literarias" (48) y la misma precisa, con inocultable afán publicitario, que el
almacén de Salvá en Londres es el "más bien surtido de libros españoles que
en Europa existe" (48). De ese modo, vemos a Salvá trabajando en comunicación con intelectuales de primera línea como Bello y su revista, pero a la vez,
contemplado desde el otro lado del Atlántico, desde La Habana, el valenciano exiliado en Inglaterra se erigía en referente sobre la edición y la circulación
de la literatura peninsular, la cual en esos años era motivo de estudio y debate
en la isla.

No obstante, lo que probablemente afirmó el protagonismo de Salvá en
Cuba, más allá de su labor como editor e impresor, fue la inserción en 1832
de uno de los más acuciosos estudios críticos acogidos por *Bimestre Cubana*
y dedicado a *Gramática de la lengua castellana según ahora se habla* (París,
1830). Firmada por el presbítero Varela, figura cimera de la historia nacional,
la reseña sobre el manual de Salvá es altamente elogiosa. En este punto se
anudan de modo profundo cultura, política, historia y circunstancias vitales
de Salvá y los cubanos. En 1823 Varela se estableció en los Estados Unidos tras
dejar abruptamente España cuando representaba a Cuba como diputado en
las Cortes Españolas (1822-1823). Varela había votado en junio de ese año a
favor de la destitución por incapacidad de Fernando VII. Como diputado a
Cortes (1822-1823) por Valencia, Salvá confrontó entonces la misma circunstancia y escapó a Londres, al igual que otros liberales españoles. Salvá y Varela
comparten el acontecimiento de haber tenido que lanzarse fuera de territorio
español en el mismo momento y bajo similares amenazas de muerte luego de
la restitución del absolutismo. Queda en el terreno de las probabilidades que
Salvá haya conocido a Varela, al igual que a los otros dos representantes de
la isla en ese periodo, Leonardo Santos Suárez (1795-1874) y Tomás Gener
(1787-1835), este último de origen catalán. Resulta llamativo en grado sumo
que Varela tuviera acceso a la *Gramática* inmediatamente después de su publicación en París (en realidad impresa en 1831, aunque la portada indique
1830) y trabajara ágilmente en la escritura de una exhaustiva reseña que fue
anunciada con expectativa por Gener en carta a sus amigos en La Habana
(*Centón epistolario* 1:211), la cual fue destinada por Del Monte, editor de

Bimestre Cubana, para la privilegiada ubicación de primer artículo del número de abril de 1832.[10]

No vamos a internarnos en las dieciocho páginas firmadas por Varela
ni en los aspectos gramaticales que le suscitaron interés por una obra que
refleja a Salvá en sus posturas liberales. Varela revela estar al tanto de críticas
y polémicas por la aparición de esa obra, pero opta por elogiar de modo reiterado y enfático al autor y en las páginas finales minimiza "algunos ligeros
lunares" (15) del texto, los cuales disculpa por tratarse de la primera edición y
considera subsanables. Experiencia, tino y sagacidad son adjetivos dedicados
a Salvá por Varela, quien incorporó la enseñanza antiescolástica en su etapa
en el habanero Seminario de San Carlos y San Ambrosio. Allí formó a varios
de los más influyentes cubanos del XIX y desde entonces los elogios a su magisterio y carácter personal se extendieron con ribetes de leyenda. Por tanto,
fue notable la aparición en 1832 del artículo sobre la *Gramática* de Salvá, siendo Varela quien impulsó la modernización de la enseñanza universitaria en
Cuba y figura a la cual todavía se le guarda veneración.

II. Bibliofilia. Publicaciones, intercambios y fuentes cubanas

A partir de este flujo de publicaciones desde París, observamos la gravitación
de Salvá como editor de referencia para intelectuales de La Habana y cubanos
asentados en otros países. En compañía de su hijo, Pedro Salvá y Mallén (1811-
1870), fue armando una espléndida colección de libros y manuscritos, cuya
composición hoy puede conocerse gracias al catálogo terminado de preparar
por Pedro, fallecido repentinamente, y publicado por sus hijos en 1872.[11] Ese
inventario deja constancia de que Salvá atesoraba textos relacionados con la
conquista, la colonización, la exploración, los recursos y las voces propias de
tierras americanas. Los testimonios de conquistadores, exploradores, misio-
neros e historiadores sobre el Nuevo Mundo eran parte de los intereses com-
partidos por Salvá y Del Monte, quien sin escatimar gastos fue estructurando
su colección durante viajes y mediante encargos a libreros de Europa y los

---

10   Gener anuncia a Del Monte en carta de noviembre de 1831 que Varela
estaba escribiendo la reseña (*Centón epistolario* 1:211). De origen catalán y emigrado
a Cuba, Gener fue diputado a Cortes por La Habana en la época de Varela y Salvá.
En 1823 huyó de España al restablecerse el absolutismo y se radicó en Nueva York.

11   El *Catálogo de la Biblioteca de Salvá* fue publicado en dos tomos en 1872
e incluye un detallado prólogo de Pedro Salvá y Mallén con una evocación de los
méritos de su padre como bibliógrafo, coleccionista y editor, así como amplia información sobre la rica colección conformada por ambos durante varias décadas. El
catálogo es hoy en día de consulta obligada para bibliófilos.

Estados Unidos. Para este artículo he constatado que Del Monte poseía los catálogos de libros españoles y portugueses publicados en 1825-1826 y llevaba anotaciones de los encargos y las sumas abonadas al valenciano.

Durante sus meses en París, Del Monte visitaba a los Salvá para adquirir libros y colaborar con las pesquisas del *NDLC*, según corrobora la invitación escrita con confianza y afecto por Salvá padre para que se detuviera por su despacho para consultas lexicográficas. Posiblemente en alguno de esos encuentros, adquirió un ejemplar del primer libro de carácter científico publicado en Cuba y el cual seis décadas después ya era de difícil localización en la isla. *Descripción de diferentes piezas de historia natural, las más del ramo marítimo, representadas en setenta y cinco láminas* (La Habana, 1787), del portugués asentado en La Habana Antonio Parra Callado (1739-¿?), reúne información sobre peces de Cuba y grabados coloreados a mano por el hijo del autor, entonces adolescente. El libro mereció elogios de naturalistas cubanos y europeos durante el XIX.

Rememoremos adicionalmente una circunstancia que revela a Salvá y Del Monte. En 1844, desde Londres, el influyente militar, escritor y abogado español Salustiano de Olózaga (1805-1873) alerta a Del Monte sobre la venta de la biblioteca del poeta Robert Southey (*Centón epistolario* 3:253-254).[12] La colección fue subastada del 8 al 25 de mayo de ese año por S. Leigh Sotheby & Co., antecesora de la actual corporación multinacional Sotheby's. Rico en libros y manuscritos, el conjunto comprendía ediciones antiguas sobre la historia de Perú, México, Paraguay, Brasil, las Antillas y las colonias españolas. Olózaga le envió el catálogo de la subasta a Del Monte junto con una misiva en la cual se le brinda para adquirir fondos en venta y le solicita indicaciones sobre las sumas máximas que estaría dispuesto a pagar. Como prueba del interés generado por esa venta, le cuenta a Del Monte que "han venido gentes de todas partes llamados por la fama de sus raros y preciosos libros y de esa ha venido el hijo de Salvá" (*Centón epistolario* 3:254). Pedro Salvá había quedado al mando de la librería Hispano-Americana en París luego del regreso de su padre a Valencia. Dedicado a la comercialización de libros desde la adolescencia, el joven también era un reputado bibliógrafo, coleccionista y restaurador. Por tanto, constatamos que la bibliofilia tendió un puente concreto entre los intereses de estos intelectuales de Cuba y España, y es punto importante para comprender la riqueza de fuentes orales y escritas que gravitaron en la conformación del *NDLC*, cuya preparación ensimismó a Salvá en

---

12   Influyente personaje en España, Olózaga fue preceptor de Isabel II, presidente del Consejo de Ministros, embajador en Francia, y miembro de la Real Academia de Historia y de la Real Academia Española.

jornadas meticulosamente trazadas desde las ocho de la mañana hasta las seis
de la tarde, aislado de familiares y amigos.

Del Monte se convirtió en colaborador providencial para Salvá y, a la vez,
éste le resultó propicio a Del Monte en su deseo de dar cauce al ya aludido
registro de cubanismos elaborado por la Comisión Permanente de Literatura
y cuya redacción estuvo a cargo del mencionado Francisco Ruiz, ex discípulo
y amigo del padre Varela.[13] Ruiz tuvo ayuda de otros miembros de la Sociedad Patriótica habanera y en especial del propio Del Monte, quien desde su
estancia en Madrid en 1827 había ideado confeccionar un glosario cubano
y en esos días elaboró una primera lista de palabras del español que habían
adoptado acepciones diferentes en su uso en Cuba.[14] Al llegar a este punto, es
necesario subrayar que el diccionario de voces cubanas publicado en 1836 por
el geógrafo y cartógrafo Esteban Pichardo (1799-1879) ha pasado a la historia
del español como el primero que fuera impreso dedicado exclusivamente a
regionalismos de un país hispanoamericano, Cuba; sin embargo, otra obra
con ese mismo objetivo ya había sido elaborada en la isla, como así confirma
la existencia del "DPIC," cuyos folios sólo circularon de mano en mano y
estuvieron a la vista de pocos.[15] "El DPIC" ostenta el valor adicional de ser
resultado de un trabajo en equipo de intelectuales cubanos, hispanoamericanos, en el contexto de su propia comunidad.

La primera propuesta de crear un diccionario de voces cubanas fue planteada por el fraile mercedario José María Peñalver (1749-1810) ante los miembros
de la Real Sociedad Patriótica de La Habana en una sesión de noviembre de
1795. La concepción de semejante proyecto tenía como ilustre precedente al
Diccionario de autoridades (Madrid, 1726-1739), el cual fue gestado con el ánimo de afirmar la grandeza del español en Europa luego de la aparición de diccionarios dedicados al francés y el italiano. Peñalver sugirió la redacción de una

---

13   El estrecho nexo que en vida tuvieron Ruiz y Varela tuvo un postrer momento de reafirmación en 1853, cuando Ruiz se encargó de gestiones para llevar los
restos de Varela desde la Florida hasta Cuba.

14   Vale subrayar un detalle revelador de cómo confluían miembros de las
élites en los mismos circuitos. Entre los colaboradores de Ruiz en el "DPIC" estuvo
Joaquín Santos Suárez (1798-1869), cuyo hermano, ya mencionado en este artículo,
fue diputado en Cádiz en la misma etapa de Salvá. La obra más conocida de Joaquín
Santos Suárez es *La cuestión africana en la isla de Cuba, considerada bajo su doble
aspecto de la trata interior y esterior* [sic] (1863), en que analiza implicaciones económicas y sociales de terminar con la esclavitud en la isla.

15   Pichardo presentó tres ediciones posteriores, enriquecidas y con título mo-
dificado, en 1849, 1861 (reeditada en 1862) y 1875.

obra centrada en los giros propios del español en la isla y que diera fe orgullosa-
mente de los recursos locales. El proyecto de diccionario delineado por Peñalver
sería un modo de contribuir a la cultura, el arraigo por el país, las relaciones comerciales y los vínculos con otras naciones, en especial con la metrópoli; o sea,
impulsaría la situación de bonanza económica y enriquecería el imaginario y el
orgullo nacionales. Tres décadas después, en otro contexto histórico y en una
institución con fuerte presencia de miembros favorables a la atadura colonial, la
noción de articular un diccionario de cubanismos no había perdido el objetivo
inicial de mostrar las riquezas naturales y otros aspectos promisorios del país
caribeño para sí, la metrópoli y el mundo. El "DPIC" va a ser la primera concre-
ción de esos intentos. Salvá tuvo acceso al manuscrito y lo usó para incorporar
dialectismos cubanos al *NDLC* y verificar la condición americana de otros.

La concepción de una edición del *DRAE* enriquecida y con profusa
muestra de voces americanas fue expresión del pensamiento liberal de Salvá,
quien consideraba que las voces hispanoamericanas no debían ser ignoradas
y, al contrario, debían ser contempladas al nivel de las regionales de España.
Además, rechazaba que las opiniones políticas y religiosas menoscabaran la
labor intelectual y del lexicógrafo. En ese sentido, se hace necesario citar en
extenso un planteamiento suyo en páginas previas insertas en la primera edición de su *NDLC*, en 1846:

> La omisión casi absoluta de los provincialismos de la América bien puede
> llamarse á boca llena una injusticia en la época en que formaban aquellas
> vastas regiones otras provincias de nuestra monarquía: aun ahora que las
> mas se han separado de su antigua metrópoli, les toca de derecho concu-
> rrir con sus singulares pájaros, animales y frutos, con las voces que espe-
> cifican los trabajos de sus ricas minas ó de los ingenios de azúcar, y con
> sus idiotismos, á enriquecer el diccionario castellano. Las disensiones, las
> guerras y la diversidad de opiniones religiosas y políticas nunca deben
> tener eco en la república de las letras, sobre todo tratándose de pueblos, á
> quienes, por más que los hayan desunido circunstancias pasajeras, la ge-
> neración actual y las futuras mirarán siempre como descendientes de un
> mismo origen. La sonora lengua en que están escritas las constituciones
> de las nuevas repúblicas americanas, la que con tanta maestría manejan
> algunos de sus escritores, y la que sirve de vehículo para comunicarse y
> entenderse sus habitantes, será testimonio mas cierto y duradero de que
> los descubridores del Nuevo-mundo, los que lo arrancaron de la igno-
> rancia y barbarie en que yacía, y le comunicaron los conocimientos que
> de las ciencias y artes poseía á la sazón la Europa, fueron españoles; y que

hijos de españoles han sido los que han proclamado su independencia, que la distancia de la metrópoli y las luces de la época actual hacían inevitable. (iv)

En esa declaración, Salvá logra mantener el delicado equilibrio entre el aporte español a territorios americanos y el reconocimiento a las demandas de éstos para independizarse. Guiado por ese espíritu, el *NDLC* coloca al mismo nivel la cultura de cada territorio, se eleva por encima de prejuicios y concede alta valía a fuentes orales y documentos provenientes de tierras americanas.

Las voces *provinciales* de Cuba están entre las más ampliamente representadas en el *NDLC* de todas las provenientes de una nación hispanoamericana y son precedidas en cantidad solamente por las de América Meridional, México y Perú, de acuerdo con información resumida por Dolores Azorín (2008). Esta preponderancia de términos cubanos se debe a que Salvá dispuso de al menos tres fuentes procedentes de la isla. Como declara en el prólogo, se había sentido afortunado de haber consultado el *Diccionario provincial de voces cubanas* (Matanzas, 1836) de Pichardo, y a Del Monte, que le ayudó a resolver "varias dudas" (xvii). Asimismo, confiesa: "he disfrutado otro manuscrito, hecho por algunos habaneros de instrucción" (xvii), que, tal como he constatado para este artículo, se trata del "DPIC." Salvá deja constancia de que también contó de tres informantes más sobre otros territorios americanos, pero lamenta haber carecido de mayor número de colaboradores para poder registrar más voces. Podemos apreciar el impacto y magnitud del empeño de Salvá si observamos la limitada cantidad de americanismos presentes en dos obras de referencia de la época: El *Diccionario de autoridades*, con entre 127 y 168 americanismos, de acuerdo con diversos estimados (Salvador 133; Gútemberg 55-56) mientras que en el *Diccionario castellano con las voces de ciencias y artes* (1786-1793), del filólogo jesuita Esteban Terreros y Pando, se han contabilizado unas 183 voces de procedencia americana (Guerrero 154).

De modo muy concreto podemos contemplar detalles del intercambio de Del Monte y Salvá con respecto a los preparativos del *NDLC*. En una breve misiva, del 20 de enero de 1845, recaba información a Del Monte sobre el uso de los términos *frijol* y *judía* (*Centón epistolario* 3:394): "dos cosas se me ofrecen preguntar á V. sobre la voz frijol: la primera si pronuncian Vms. *Fríjol* ó *Frijól*, y la segunda, si entienden por ello lo q.e en España llamamos *judía* (*hanicot* en francés), o lo q.e decimos *garvanso* (*pois* para los franceses)" (*Centón epistolario* 3:357). Adicionalmente, Salvá explica en el prólogo del *NDLC* su método para determinar cuáles palabras eran americanismos: en el caso de *frijol*, lo decidió luego de consultar a "un mejicano, un chileno, un venezolano y un habanero, y después de hallarlos conformes en que frijol significaba para todos judía" (XXVIII). Como observamos, las fuentes cubanas que Salvá tuvo a mano se le hicieron fiables y de ahí su disposición a admitir en el *NDLC* acepciones provenientes del volumen de Pichardo, los folios del "DPIC"—enviados de La Habana a Francia en abril de 1845—y las consultas a Del Monte en París.[16]

III. LÉXICO CUBANO. NOVEDADES, DESACUERDOS Y REPERCUSIONES

Salvá añadió más de mil quinientos americanismos a su versión mejorada del diccionario de la lengua, de los cuales al menos trescientos veinticinco llevan la especificación "p. de Cuba."[17] Los *provincialismos* de Cuba incluidos en el *NDLC* aluden a campos temáticos tan diversos como flora, fauna, agricultura, industria azucarera, ganadería, utensilios, equipos de trabajo, cocina local, apariencia física, aspectos morales y relaciones sociales. Muchos términos parecen corresponderse con imágenes de riqueza natural, feracidad y abundancia propagadas sobre Cuba desde 1492. La producción azucarera es uno de los campos mejor representados, con numerosas voces específicas sobre aspectos agrícolas y técnicos. En contraste, son escasas las menciones al tabaco y nulas las relacionadas con el café, pese a que también eran fuentes de ingresos para el campo cubano.

Llamaron la atención del valenciano términos sobre la cocina local, como el *aporreado* en referencia a "plato compuesto de carne de vaca deshilachada y tomates: especie de ropa vieja machacada" (*NDLC* 87); la *cafiroleta* como "dulce en pasta hecho de buniato, coco, huevo, azúcar y canela" (187); el majarete como un "manjar dulce que se hace con el jugo del maíz tierno, rallado y

---

16   Del Monte llega a Francia a inicios de 1844 proveniente de los Estados Unidos para pasar algunos meses pero imprevistos familiares y políticos lo retuvieron en París hasta mayo de 1846. Tuvo que desistir de viajar a España, como era su propósito, y de retornar a Cuba. A finales de abril de 1844, el capitán general de la isla había ordenado la detención de Del Monte y otros supuestos implicados en una conspiración antigubernamental.

17   Dolores Azorín (21) estima que Salvá agregó 1.532 americanismos a su versión mejorada del diccionario de la lengua, de los cuales 325 llevan la especificación de "p. de Cuba" y otros siete tienen carácter enciclopédico, para un total de 332, que representan un 21,67% y son seguidos en cantidad por voces de México (19,97%) y Perú (9,53%). No tomo como definitivos los datos de Azorín sobre la cantidad de cubanismos en el *NDLC* porque algunos fueron pasados por alto, según he comprobado en el proceso de preparación de este artículo.

mezclado con leche y azúcar, espesándolo á la lumbre" (680); el matahambre como "especie de mazapán, hecho de harina de yuca, azúcar y otros ingredientes" (700); y el *mogomogo* como "el guisado cuyo caldo se hace muy espeso, por estar la carne ó las aves cortadas en menudos pedazos" (725). Son términos que ofrecen una idea de la creatividad culinaria de los cubanos, como si ésta fuese una extensión de la suculencia y el colorido de las frutas que deslumbró desde los días de la conquista y ha sido nota distintiva de las letras nacionales.

En el *NDLC*, Salvá contempla como cubanismos palabras de origen indoamericano como *buniato* en referencia a "batata por la planta y por su bulbo" (176), así como *buren* [sic] para "vasija de barro cocido, de forma circular en que se tuesta el cazabe y otras tortas de harina" (177). La definición de *burén* está endeudada con la planteada en el "DPIC," pese a que Pichardo le dedica un artículo mucho más amplio en la primera edición de su diccionario, en 1836. Por otra parte, hay lemas que revelan la presencia de esclavos, africanos y descendientes, por ejemplo: *apalencarse* como "hacerse fuertes los negros cimarrones en sus rancherías, aprovechándose de lo áspero y quebrado del terreno" (1846:82); *cabildo* como "baile de negros, y el sitio en que se reúnen con este objeto" (183); *muleco* o *mulecón* para "el negro bozal de once á diez y siete años" (739); *muleque* como "el negro bozal de siete á diez años" (739), y *ranchería* en alusión a "la reunión de negros cimarrones en los bosques y palenques" (912). Asimismo, Salvá asume como provincialismo cubano la palabra *grajiento* en referencia a "el que despide el olor fuerte y desagradable de los negros" (559), afirmación de tono racista tomada del "DPIC." Las marcas raciales y clasistas junto con estereotipos y valoraciones morales afloran en los registros de cubanismos durante el siglo XIX.

Por otra parte, Salvá refleja términos marineros que adoptaron nuevas acepciones en la isla, como *fogonadura*, usado en Cuba en referencia a "la parte de un horcón ó poste que se mete debajo de tierra, y la cabeza de una viga que se introduce en la pared" (524). *Fogonadura* ya aparecía en el *DRAE* de 1843 (3747) pero limitada la acepción—y reproducida ésta por Salvá—a "cada uno de los agujeros que tienen las cubiertas de la embarcación [sic], para que pasen por ellos los palos á fijarse en la sobrequilla" (*NDLC* 524). La definición asentada como cubanismo por Salvá está basada casi textualmente en el "DPIC." El término no aparecía en la edición de Pichardo de 1836.

Como ya hemos visto, durante mis cotejos del "DPIC" con el *NDLC* se hace evidente que en ocasiones Salvá incorporó como cubanismos palabras que no figuran en el diccionario académico de 1843 ni tampoco en la primera edición de Pichardo en 1836. Por ejemplo, en el *NDLC* Salvá aceptó como provincialismos cubanos: *aguachento* como "lo que pierde su jugo y sales por estar impregnado de agua" y particularmente las frutas (32), *aindia-do* o *aindiada* como "de color de indio, es decir, entre rojo y cobrizo" (36), definición calcada del "DPIC;" el adverbio *anaina* como "solapadamente, con segunda intención" (70); *apolismar* como "magullar" (86), tal cual en el "DPIC;" *baquetudo* como "pachorrudo" (137), procedente del "DPIC" y con una ortografía que ha sido cuestionada por el posible reemplazo de la *b* por la *v*; y *biscornear* como "torcer la vista, estar bisojo" (155). En cuanto a *furnia*, incluida en el *NDLC* como "sumidero natural por donde corren las aguas que se recogen en los terrenos bajos" (537), fue copiada exactamente del "DPIC;" *chancletear* por "andar con chancletas" (332), todavía de uso extendido en Cuba, y al parecer también hallada por Salvá en el "DPIC." Estos son ejemplos de lemas del "DPIC" copiados por Salvá para publicarlos por primera vez en un diccionario impreso en Europa. En nota al pie damos cuenta de otros ejemplos.[18]

En el *NDLC*, Salvá utilizó una simbología para indicar los artículos modificados, así como los términos y definiciones añadidos para distinguir los que ya estaban presentes en la novena edición del *DRAE* utilizada como base. Sobre algunos términos que estaban en el diccionario académico, pero a los cuales el valenciano les agregó una acepción propia de Cuba, se encuentran: *aguaitar* (*NDLC* 32), la cual originalmente aparecía en el *DRAE* como "ace-char ó atisbar. Hoy tiene uso entre la gente vulgar" (32) y Salvá le sumó la acepción cubana de "ver sin ser visto y sin llevar malicia en ello" (32). Sobre *burujón*, que ya aparecía en el *DRAE* de 1843 (118), el lexicógrafo valenciano agregó una acepción cubana tomada exactamente del "DPIC" como "por-ción de ropa envuelta de cualquier modo y sin órden" [sic] (*NDLC* 178). No aparecía en el diccionario de Pichardo de 1836, pero éste la adoptó en edición posterior. *Canículo* aparece en el *Diccionario de autoridades* en 1729 como "voz inventada y jocosa" (115-16) y como "burlesca" en el diccionario de Terre-ros y Pando (336), así que décadas después Salvá agregó, junto a la acepción ya registrada de "lo perteneciente al can o perro" (*NDLC* 202), su uso en Cuba en el sentido de "mentecato" (202).

Salvá tomó algunas frases familiares, populares o jocosas que aparecen en los folios cubanos del "DPIC," por ejemplo: *amigo de gancho y rancho* como "el muy íntimo, el que tiene amistad estrecha con otro" (*NDLC* 66); *estar ó tener en gayola* (549) por estar en la cárcel; *ser como la sombra del guao* (565)

---

18   Las similitudes entre artículos lexicales del "DPIC" y el *NDLC* puede no-tarse además en cuanto a términos como: *bejuquera, curricán, destutanarse, fajada, guanajada, guataquear, guisasal, jorro, lampriazo, mansera, melusa, mojinete, palan-quetero, pichilingue, pitirrear, rebolisco, sambeque, tarantines, trisca* y *truyada.*

en referencia a "tener mala influencia en algún negocio" (565); y *menear el guarapo* (566) como castigar. Asimismo, fijó su atención en voces sugerentes del espíritu alegre y bromista de la población, entre ellas *guasanguero* por "divertido, bullicioso" (567), todavía muy popular en la isla.

Pichardo se quejó en su edición de 1849 de que Salvá no lo citara ampliamente en el *NDLC*,[19] pero el valenciano probablemente no se enteró de ese reproche porque falleció a inicios de mayo de ese año a causa del cólera. Pichardo fue más detallado en los cuestionamientos en las siguientes ediciones de su diccionario (1861 y 1875). En la edición de 1861 despliega una lista de casi cuatro decenas de palabras como muestra de sus desacuerdos con Salvá y lamenta haber constatado que las mismas supuestas incorrecciones fueron reproducidas por el *Diccionario enciclopédico de la lengua* (1853). Recordemos que en el siglo XIX era una práctica recurrente que unos diccionaristas copiaran de otros, acreditando la fuente u omitiéndola. Pichardo elogia el *NDLC* de Salvá y a la vez refuta lemas y artículos por cuestiones ortográficas, de definición o de uso. O sea, cuestiona y al mismo tiempo se prestigia a sí por haber sido citado por un afamado gramático y lexicógrafo europeo.

Tanto las inclusiones afortunadas de cubanismos por Salvá como otras cuestionables que éste hizo basándose en el "DPIC," el diccionario académico y otras fuentes, sirvieron de referencia posterior a lexicógrafos cubanos e hispanoamericanos para añadir voces o perfilar mejor algunas definiciones. La asombrosa circunstancia de que Salvá haya registrado por primera vez esos cubanismos lo convirtió en fuente de celebrados lingüistas de la isla, como Juan M. Dihigo (1866-1952), quien en su *Léxico cubano: Contribución al estudio de las voces que lo forman* (La Habana, 1928, 1946) coteja cada término en numerosas fuentes como el *Diccionario de autoridades* y usualmente menciona si Salvá lo acogió o no en el *NDLC*. Así lo hace con respecto a aguachento, considerado ahora un americanismo pero que apareció tempranamente en Salvá, como señalé anteriormente. Otras definiciones del *NDLC*, algunas copiadas del "DPIC," generaron polémicas durante el siglo XX por su aparición en las páginas de Salvá y la posterior reproducción en diccionarios editados en Europa. Tampoco la obra de Pichardo ha quedado inmune a frecuentes críticas y reproches; a éste se le reconoce la novedad, la originalidad y la enorme constancia de publicar sus diccionarios aunque carecía de formación como lexicógrafo.

---

19   Las casi cuatro decenas de lemas del *NDLC* cuestionadas por Pichardo por cuestiones de ortografía o etimología abarcan voces todavía en uso en la isla, entre ellas: *ajiaco, cachaza, catibía, cocotudo, cancharrazo, canica, macuto, matojo, perico, sambumbia* (Pichardo 1861, iv-v).

Por otra parte, con hallazgos y pese a desaciertos, Salvá se ubica en una posición preponderante en la difusión del léxico de Cuba junto con otros centenares de americanismos. Hoy en día podemos apreciar que cubanismos y americanismos incluidos por Salvá en su diccionario, tras nutrirse, cotejar y copiar del volumen de Pichardo y de los folios del "DPIC," fueron entrando gradualmente en registros de la RAE. El *NDLC* tuvo éxito de público y se reeditó varias veces. Los americanismos del *NDLC*, entre ellos los cubanismos, fueron reproducidos por exponentes de la lexicografía no académica, como el *Diccionario enciclopédico de la lengua española* (1853), dirigido por Eduardo Chao (1822-1887) y publicado por la empresa de los catalanes José Gaspar Maristany y José Roig Oliveras; el *Nuevo suplemento al diccionario universal de la lengua española* (1869), del filólogo Ramón Joaquín Domínguez (1811-1848); el *Diccionario enciclopédico de la lengua castellana* (1895), de Elías Zerolo, Miguel de Toro y Gómez, Emiliano Isaza "y otros escritores españoles y americanos;" el *Nuevo diccionario enciclopédico ilustrado de la lengua castellana* (1901), de Miguel de Toro y Gómez (1851-1922); el *Diccionario de la lengua española* (1917), de José Alemany y Bolufer (1866-1934); y el *Diccionario general y técnico hispano-americano* (1918), de Manuel Rodríguez Navas (1848-1922), otro referente por su ingente esfuerzo en registrar voces hispanoamericanas.

Al tanto de los resultados de Pichardo y Salvá, Del Monte recomendó para futuros proyectos clasificar las palabras etimológicamente, considerar la influencia de "la introducción de las lenguas y la institución de la esclavitud" (*Revista de Cuba* 547) y tomar como referentes investigaciones y registros previos de lenguas indígenas publicados por religiosos en los siglos XVI. Además, se mostró informado de las ediciones de esas obras, muchas de las cuales estaban en su poder, según he corroborado en los inventarios de su biblioteca personal. En cuanto a publicaciones previas sobre el léxico en tierras americanas, Del Monte demuestra conocer las principales fuentes que Salvá consultó para preparar la edición de 1846, por ejemplo textos de Fernández de Oviedo, De las Casas, Antonio Alcedo, Jorge Juan y Juan de Ulloa, Terreros y Pando, y los vocabularios de los idiomas y dialectos indios de las islas de las Antillas y Caribes, de las tribus de México y Centroamérica, de los indígenas de la Florida e incluso "noticias etnográficas de las islas canarias, Andalucía, Brasil y África" (547).[20] La mayoría de esos libros estaba en poder de Del Monte, quien solía compartir su biblioteca con sus contertulios, como parte de proyectos de escritura, edición y publicación para fomentar una literatura nacional en Cuba.

---

20   Las principales obras de esos autores aparecen en los registros de la biblioteca delmontina.

IV. Conclusiones. Salvá y Cuba, vínculos reconstruidos

El nexo de Vicente Salvá con obras, documentos e intelectuales cubanos muestra una faceta de su proyecto editorial estructurado desde Europa hacia el otro lado del Atlántico. Coincidentemente, los intelectuales del grupo delmontino remitían material literario, político y cultural desde la colonia hacia las metrópolis europeas en busca de reconocimiento literario y respaldo político para demandas de reformas y autonomía para la isla. Específicamente los intercambios de Salvá y Del Monte los reafirman como editores y promotores con perspicacia para articular proyectos de gran influencia cultural y política. Son dos personajes que establecen comunicación en función de complementar sus respectivos proyectos. Del Monte, como representante de los criollos letrados cubanos, deviene estupendo interlocutor para el editor, lingüista y lexicógrafo valenciano de posturas liberales. Un arco de coincidencias simbólicas los aúna en el marco de la literatura, la cultura y la política. Sus nexos y colaboraciones corroboran el funcionamiento de circuitos culturales y políticos entre Hispanoamérica y Europa. Años después, cuando ya ambos habían fallecido, otra previsible coincidencia los hace confluir: la espléndida colección de libros y manuscritos de Del Monte fue subastada en los Estados Unidos, y el catálogo de ventas citó, entre otras referencias, estimados de precios anotados décadas antes por Salvá en Europa.

La inserción de los americanismos al nivel de otras voces y regionalismos de la Península implicó el ejercicio de un criterio inclusivo y de igualdad con respecto a la lengua y puso en entredicho la supremacía metropolitana sobre antiguos dominios coloniales. Asimismo, mostró una apertura cultural e idiomática coherente con las posturas humanistas y el liberalismo político de Salvá. Posiblemente su obra tuvo mayor impacto de circulación desde París que la primera edición de Pichardo, aparecida unos diez años antes en una ciudad de provincia en el Caribe.[21] Como he subrayado, el *NDLC* presentó numerosas voces cubanas al público europeo e hispanoamericano. Pese a los empeños de Pichardo de lograr registros corregidos y cada vez más completos a lo largo de las subsiguientes ediciones, tal vez éstas hayan tenido menos visibilidad para un público más general y diverso que las páginas del voluminoso *NDLC* en su condición de diccionario enriquecido más allá de los límites estrictamente delimitados entonces por la RAE. El *NDLC* concede espacio

---

21   Pichardo comenta en la introducción de la segunda edición de su diccionario, en 1849, que la anterior se había agotado rápidamente. Afirma además que para esa segunda había realizado notables adiciones y correcciones tomando en cuenta criterios de científicos e investigadores cubanos.

al léxico cubano con una amplitud que paradójicamente supera la muestra de otras sociedades hispanoamericanas de fuerte tradición cultural, lo cual realza el mérito de varios miembros de la Sociedad Económica de Amigos de La Habana quienes con sus investigaciones crearon condiciones en ese sentido. Vale conjeturar que el imaginario europeo e internacional sobre Cuba se haya expandido desde mediados del XIX gracias también, en alguna medida, a esas sonoridades de la isla insertas en el *NDLC*, concreto resultado del conocimiento por parte de Vicente Salvá de libros, documentos y legendarios intelectuales abocados entonces a consolidar y dar brillo a la nación cubana.

Obras citadas

Ahumada Lara, Ignacio. *Cinco siglos de lexicografía del español.* Jaén, España: Universidad de Jaén, 2000. Impreso.

Álvarez de Miranda, Pedro. *Los diccionarios del español moderno.* Gijón, España: Ediciones Trea, 2011. Impreso.

Azorín Fernández, Dolores. "Para la historia de los americanismos léxicos en los diccionarios del español." *Revista de Investigación Lingüística* 11 (2008): 13-43.

Bello, Andrés. "Juicio crítico sobre las poesías de Heredia." *El Repertorio Americano* 2 (1827): 34-45.

Catalogue of the Third Part of the Remarkable Library Collected in Spain, Cuba and the United States by de Family of Delmonte. New York: G.A. Leavitt & Co., 1888.

Guerrero Ramos, Gloria. "Dialectismos en el Diccionario de Esteban de Terreros y Pando." *Actas del II Congreso Internacional de Historia de la Lengua española.* Vol. 2. Madrid: Pabellón de España, 1992. 151-59.

Gútemberg Bohórquez, Jesús. *Concepto de "americanismo" en la historia del español. Punto de vista lexicológico y lexicográfico.* Bogotá: Instituto Caro y Cuervo, 1984.

Monte, Domingo del. *Centón epistolario.* 4 vols. La Habana: Imagen Contemporánea, 2002.

———. "Diccionario de provincialismos cubanos." *Revista de Cuba* XI (1882): 547-49.

Palau y Dulcet, Antonio. *Manual del librero hispano-americano: inventario bibliográfico de la producción científica y literaria de España y de la América Latina desde la invención de la imprenta hasta nuestros días, con el valor comercial de todos los artículos descritos.* Vol. 18. Barcelona: Palau Dulcet, 1966.

Pichardo y Tapia. Esteban. *Diccionario provincial de voces cubanas.* Matanzas, Cuba: Imprenta de la Real Marina, 1836.

—————. *Diccionario provincial casi-razonado de voces cubanas.* La Habana: Imprenta de M. Soler, 1849.

—————. *Diccionario provincial casi razonado de vozes cubanas.* La Habana: Imprenta del Gobierno, Capitanía General y Real Hacienda, 1861.

Diccionario provincial casi razonado de vozes y frases cubanas. La Habana: Imprenta El Trabajo de León F. Dediot, 1875.

Peñalver, José María. "Memoria que promueve la edición de un Diccionario Provincial de la Isla de Cuba." *Antología de lingüística cubana.* Vol. 1. La Habana: Ciencias Sociales, 1977. 13-20.

Real Academia Española. *Diccionario de la lengua castellana.* Madrid: Imprenta de F. M. Fernández, 1843.

—————. *Diccionario de la lengua castellana. Reimpreso de la octava edición publicada en Madrid en 1837 con algunas mejoras.* París: Vicente Salvá, 1838.

Reig Salvá, Carola. *Vicente Salvá: un valenciano de prestigio internacional.* Valencia, España: Instituto de Literatura y Estudios Filológicos, 1972.

Revista y Repertorio Bimestre de la Isla de Cuba. 1.2 (1831).

Salvá, Pedro. *Catálogo de la biblioteca de Salvá.* 2 vols. Valencia: Imprenta de Ferrer de Orga, 1872.

Salvá, Vicente. "Bibliografía española, antigua i moderna." *El Repertorio Americano* 2 (1827): 45-58.

—————. *La bruja, ó cuadro de la corte de Roma: Novela.* París: Librería Hispano-Americana, 1830.

—————. *Gramática de la lengua castellana según ahora se habla.* París: Demonville, 1830.

—————. *Nuevo diccionario de la lengua castellana.* París: Librería de Don Vicente Salvá, 1846.

Salvador Rosa, Aurora. "Las localizaciones geográficas en el Diccionario de Autoridades." *Lingüística española actual* l (1985): 103-90.

Seco, Manuel. *Estudios de lexicografía española.* Madrid: Gredos, 2003.

Terreros y Pando, Esteban de. *Diccionario castellano con las voces de ciencias y artes.* Madrid: Imprenta de la viuda de Ibarra, hijos y compañía, 1786-1793.

Varela, Félix. "*Gramática de la lengua castellana según ahora se habla,* ordenada por D. Vicente Salvá. París, año de 1830." *Revista Bimestre Cubana* 3.6 (1832): 1-18.

Una lectura modernista de *Los de abajo*

SERGIO M. MARTÍNEZ
Texas State University

> En la época de su mayor actividad, los autores modernistas se valieron
> de muchos géneros y medios literarios de expresión y, por consiguiente,
> existe una novela modernista, que pertenece al contexto más amplio de
> la literatura del *fin de siècle*. (Mayer-Minnemann,
> *La novela hispanoamericana de fin de siglo*)

L
A NOVELA HISPANOAMERICANA DE entre siglos (XIX y XX), siguiendo las diferentes tendencias artísticas que coincidían en el continente americano (realismo, naturalismo, regionalismo, costumbrismo, mundonovismo, indigenismo y criollismo), se distinguía por una estética
realista-naturalista que buscaba explicar el comportamiento humano y su rol
en la sociedad desde una óptica científica. Para esto, la novela hispanoamericana de fin de siglo mezcla elementos de las diferentes tendencias, entre
ellas la experimentación científica propuesta por los naturalistas, a la cual se
le agregaban elementos típicos del realismo. Al crear una historia de ficción,
el artista incorporaba en su obra las costumbres populares, el lenguaje, los
personajes típicos, los olores y los sabores de una determinada región con el
fin de agregarle un tono autóctono al mundo que lo rodeaba. En cambio, el
artista de la primera etapa modernista busca crear obras que representaren el
arte mismo, la obra en sí, "el arte por el arte." Los narradores de principios
del siglo XX que logran sobrevivir esta primera época escapista y fatalista del
modernismo, quienes en algunos casos terminan con sus vidas ante la imposibilidad de salvar un mundo que se doblega ante el materialismo capitalista, se
preocuparon por representar los problemas que amenazaban a la humanidad
en su entorno inmediato. Es decir, los escritores modernistas de la segunda
generación evitaban el escapismo y el ensimismamiento del que eran objeto
sus antecesores. Por un lado, se sentían atrapados en una sociedad insensible

ante el arte, lo cual los obligaba a buscar refugio en la estética del "arte por el arte" o a evadir su realidad al recrear espacios lejanos y exóticos para eludir el materialismo del cual eran objeto. Ambas tendencias, el escapismo y el ensimismamiento artístico, representaban una manera de resguardo del artista de "fin de siglo" ante la frivolidad burguesa de la época. Así pues, el artista modernista de principios del siglo XX intenta concretizar el anhelo de libertad artística que deseaba la primera generación sin despreocuparse de los problemas inmediatos en las repúblicas hispanoamericanas; así sucede con escritores criollistas como Mariano Azuela.

Con la modernidad se desarrolla en el ser humano un deseo por lo material que sustituye las sensibilidades culturales y artísticas. Los aspectos culturales autóctonos de las naciones hispanoamericanas se vieron cada vez menos apreciados, lo cual se reflejaba en un arte de aspecto frívolo despojado de toda función utilitaria y responsabilidad humanitaria. Sin embargo, al iniciarse la segunda década del siglo XX, para los escritores y artistas ya no es posible ignorar la realidad que los rodeaba. Como antecedente de las vanguardias surge en Hispanoamérica un nuevo interés por representar las problemáticas nacionales y regionales tanto en la poesía como en la narrativa. En la novela hispanoamericana, por mencionar algunos casos, se encuentran obras como *Don Segundo Sombra* de Ricardo Güiraldes en Argentina, *Doña Bárbara* de Rómulo Gallegos en Venezuela, *La vorágine* de José Eustasio Rivera en Colombia y *Los de abajo* de Mariano Azuela en México. Ned Davison lo explica en la siguiente cita:

> Novelas como *La vorágine, Doña Bárbara, Don Segundo Sombra, Los de abajo*, los cuentos de Quiroga y toda la ficción neo-realista subsiguiente están endeudadas a las invenciones y modificaciones técnicas y de dicción proporcionadas por los modernistas. La elaboración simbólica de estas obras posteriores se deriva directamente de los nuevos conceptos de expresión y comunicación experiencial desarrollados durante los años del movimiento [modernista]. (64)

Todas estas obras son el producto que se origina del naturalismo decimonónico, el cual desembocó en otras tendencias como el criollismo; sin embargo, en cada una de estas narrativas se pueden rastrear características de la estética modernista, como lo ha demostrado Mayer-Minnemann en *La novela hispanoamericana de fin de siglo*. En la novela la función del escritor criollista era ocuparse de representar las problemáticas inmediatas que afectaban a cada región, tal es el caso en *Los de debajo* de Mariano Azuela.

Lo belicoso de un hecho que sacudió la nación como lo fue la Revolución mexicana no podría ignorarse. Azuela vio la necesidad de documentar y representar la situación en su obra y, en las letras mexicanas para la posteridad, lo hace de tal manera que aun cuando se trata de la Revolución, un evento violento y sangriento, lo logra sin dejar de crear una obra con una cuidada estructura y una estética que la hace merecedora de reconocerse como modernista. Sin embargo, afirma Seymor Menton que entre las novelas telúricas hispanoamericanas de la época *Los de abajo* es una obra que se ha visto algo opacada por otros escritores del período que seguían la corriente cosmopolita (1003-04). Por otro lado, Luis Leal logra captar lo innovador en la obra al decir que en los *Los de abajo* se abandonan las normas de la novela europea y se forja una nueva forma narrativa, genuinamente americana, que ha de tener resonancias en el desarrollo de la novela hispanoamericana (864).

Como el modernismo fue un movimiento de moda en las décadas que precedieron a la Revolución mexicana, misma época que coincide con la formación literaria de Azuela, el escritor no escapa a la influencia modernista. Así pues, tomando en cuenta la gestación artística de Azuela y los sucesos que le tocó vivir, en el presente análisis se intenta subrayar los aspectos modernistas en *Los de abajo* sin quitarles mérito a las características y modalidades naturalistas o realistas. Azuela, sin dejar de ser criollista, es un escritor con una profunda "preocupación por la perfección formal, desde el nivel de la frase hasta la estructura de la novela en su conjunto (Aníbal González 24). Igualmente, los novelistas modernistas, en sus preocupaciones y estilos, "enfocaron el problema de la relación entre su quehacer literario y la realidad social" (27). La intención de este trabajo no es ser exhaustivo, ni restarle importancia a la obra como novela de la Revolución mexicana; lo que se pretende es resaltar algunas de las características de la obra para apreciar su valor estético y proponer una lectura modernista de la misma. En fin, se analiza la obra desde la perspectiva estética que demandaba la época.

Cedomil Goić en su *Historia de la novela hispanoamericana* clasifica *Los de abajo* como novela modernista; sin embargo, al ser la obra de Goić de corte generacional solo le dedica un espacio breve y panorámico en el cual básicamente explica que esta es modernista porque Azuela nació dentro del marco generacional del grupo de los modernistas. No obstante, debido al espacio limitado de la obra de Goić, en esta no se ofrece un análisis estético detallado de la obra que explique del carácter modernista de *Los de abajo*. La novela de Azuela, escribe Goić, dentro de su antropología naturalista y carencia de eufemismos, "conlleva signos propios de la tendencia dominante bajo la cual escribe regularmente Azuela" (145), es decir, la obra se apega a ciertas características del modernismo, pero la siguen dominando los elementos criollistas y naturalistas. Pollmann afirma que para la época en que Mariano Azuela escribe su novela, el modernismo "empieza a emplear su lujo poético europeófilo para descubrir y describir las bellezas propias americanas y el legado naturalista desemboca en una especie de realismo crítico, así que los autores pueden ponerse a modelar y analizar su propia realidad geográfico-social (12). Con el fin de mostrar el valor estético modernista de *Los de abajo* en este estudio se analizan los aspectos estructurales, las descripciones espacio-ambientales y el simbolismo característico del modernismo. El análisis se ilustra con ejemplos de obras de algunos escritores representativos del modernismo hispanoamericano con el fin de apoyar la idea de que esta novela de la Revolución mexicana podría leerse como obra modernista.

Aun cuando la crítica de *Los de abajo* se ha inclinado por analizar los aspectos sociales e históricos, la caracterización y los personajes de la obra en su carácter criollista y regionalista por tratarse de una obra representativa en la que se vive la lucha armada de la Revolución mexicana, no cabe duda que Azuela busca crea una obra de valor estético al lograr la perfección estructural. Se logra la perfección estructural al presentarse una circularidad temporal y espacial en la cual se cierran una serie de eventos determinantes de la Revolución mexicana. Sin embargo, en su circularidad, la obra ofrece un final incierto al dejar al lector en la incertidumbre sobre el rumbo que tomará la lucha cuando Demetrio Macías termina con la mirada fija en el horizonte. De esta manera, la estructura de la obra ofrece la posibilidad de la renovación, la vuelta al origen de los hechos en relación a la visión cíclica del eterno retorno como tema.

En *Los de abajo*, a diferencia de los primeros modernistas que siguen la doctrina de "el arte por el arte," Azuela busca la innovación y la perfección estructural, pero sin ignorar los hechos que afectan el entorno inmediato de la sociedad mexicana. Como afirma Menton, Azuela logra en *Los de abajo* la estructura perfecta, circular y tripartita, representa una estructura de la epopeya de la Revolución mexicana y de cierta manera, la epopeya del pueblo mexicano en general (1004). Como se puede ver, no solo se trata de la estructura externa, sino que el aspecto estructural de la obra se extiende al contenido, a lo interno que se ve representado en los ámbitos geográfico y temático de la historia narrada.

En cuanto a la ubicación geográfica, al inicio de la historia los hechos pasan en el cañón de Juchipila, mismo lugar donde termina después de haberse hecho la ruta de la Revolución en el norte de México. Menton destaca que "el primer encuentro que Demetrio tiene con los federales, [y] el último, después de haber pasado por Zacatecas, transcurren en el cañón de Juchipila. Así pues, se puede asegurar que la unidad estructural de la novela se da casi en forma circular¹ cerrando de esta manera la jornada ya que la ruta seguida empieza y termina en el mismo lugar (1005). Si se toman en cuenta los lugares donde las dos grandes batallas mencionadas tuvieron lugar, una es el encuentro con los federales durante la toma se Zacatecas (la cúspide de la revolución liderada por Demetrio Macías, ya bajo el mando Pancho Villa) y la batalla en Celaya (lugar donde sufre la derrota el ejército de Pacho Villa ante las fuerzas federales comandadas por el general Álvaro Obregón), el punto de origen es el punto del destino final. Igualmente, la forma circular nos evoca a obras clásicas en las cuales el tema de la unidad tripartita ha sido estudiado. Asimismo, Menton menciona que al "[i]gual que el Poema de *Mio Cid* [y la *Divina Comedia*], *Los de abajo* consta de tres cantos (o partes). Es más, [en *Los de abajo*], la estructura tripartita se refuerza constantemente por las muchas combinaciones de tres personas, tres cosas y tres palabras o frases paralelas" (1010). Al hablar de los modernistas no se puede ignorar que los escritores recurren a obras clásicas que ofrecen estructuras tripartitas como la *Divina Comedia*, la cual tiene resonancia al ser representada y afrentada. En *Los de abajo*, durante uno de los saqueos llevados a cabo por los hombres de Demetrio Macías una vez que llegan a su máximo triunfo revolucionario y al inicio del descenso de los personajes como seres humanos. Desde ese momento los ideales y héroes de la Revolución empiezan a corromperse e inician un declive imparable hasta tocar fondo de nuevo en el cañón de Juchipila. Dentro de la estética modernista esto se aprecia al revelarse la insensibilidad ante el arte. Los hombres revelan el poco aprecio que tienen por el arte al desenvolverse en un ambiente en el cual la cultura no tiene lugar. Desde el momento del triunfo bélico se presagia el desfallecimiento de los ideales revolucionarios y de la sensibilidad artística.

Ahora, aun cuando la narración de los hechos y las descripciones de las condiciones ambientales superen a aquellas descripciones que estimulen los sentidos por lo sensorial, lo plástico o por la creación de imágenes coloridas de acuerdo a las expectativas modernistas, en varias escenas y paisajes de *Los de abajo* se logran algunas imágenes romántico-modernistas. En algunos segmentos de la novela, esparcidos a lo largo de la historia, se ofrecen

---

1   Menton utiliza el triángulo como figura para representar tanto viaje revolucionario como los temas y símbolos en la obra, sin embargo, en este trabajo utilizamos igualmente la figura del círculo ya que, al igual que el triángulo, el punto de origen es igualmente el punto de destino. Ambos se inicial y terminan en el mismo lugar y promueven la continuación de la trayectoria.

descripciones sensoriales que resaltan y se contrastan con otras descripciones naturalistas del ambiente y el espacio. Lo plástico y bello de situaciones y ambientes que evocan el estilo y la estética característicos del modernismo hispanoamericano de fines del siglo XIX se logran estimulando los sentidos del lector por medio de la musicalidad y los ritmos armónicos. En *Los de abajo*, algunos de estos ejemplos emulan las descripciones de dos grandes representantes del modernismo: Rubén Darío y Manuel Gutiérrez Nájera. Las siguientes dos citas de "El rubí" de Darío y de "La mañana de San Juan" de Gutiérrez Nájera representan estas descripciones que, en el estilo de Azuela, se emulan en *Los de Abajo*. En "Rubí" se aprecia la musicalidad, la jovialidad y el colorido que caracteriza a muchas de sus obras:

> El mundo estaba alegre, todo era vigor y juventud; y las rosas, y las hojas verdes y frescas, y los pájaros en cuyos buches entra el grano y brota el gorjeo, y el campo todo, saludaban al sol y a la primavera fragante.

> Estaba el monte armónico y florido, lleno de trinos y de abejas; era una grande y santa nupcia la que celebra la luz; y en el árbol la savia ardía profundamente, y en el animal todo era estremecimiento o balido o cántico, y en el gnomo había risa y placer. (5)

Aun cuando Darío recurre a un tema de índole mitológica para explicar el origen de una piedra preciosa, el rubí, se hace de una manera que estimula los sentidos y las emociones creando un estado de alegría en el se trasmite un estado de ánimo. Por otro lado, en el cuento de Gutiérrez Nájera la descripción de la mañana igualmente estimula igualmente los sentidos y transmite una sensación de felicidad, con la diferencia de que Gutiérrez Nájera personifica la mañana al adjudicársele características humanas que la convierten en un personaje protagónico en la historia. Esto se puede apreciar en la siguiente cita:

> Pocas mañanas hay tan alegres, tan frescas, tan azules como esta mañana de San Juan. El cielo está muy limpio, "como si los ángeles lo hubieran lavado por la mañana;" llovió anoche y todavía cuelgan de las ramas brazaletes de rocío que se evaporan luego que el sol brilla, como los sueños luego que amanece.... También la naturaleza sale de la alberca con el cabello suelto y la garganta descubierta; los pájaros, que se emborrachan con agua, cantan mucho, y los niños del pueblo hunden su cara en la gran palangana de metal. (141)

En *Los de abajo* se encuentran descripciones similares en las que, con el tono pesimista de los naturalistas, se aprecia el estilo modernista que sigue predominando en la época. Veamos cómo se logra en las siguientes dos citas: "El río arrastraba cantando en diminutas cascadas; los pajarillos piaban en los pitahayos, y las chicharras monorrítmicas llenaban de misterio la soledad de la montaña" (Azuela 12) y "Fue de día: los gallos cantaron en los jacales; las gallinas trepadas en las ramas del huizache del corral se removieron, abrían las alas y esponjaban las plumas y en un solo salto se ponían en el suelo" (28). En la primera se ve la musicalidad y la vegetación del campo con sus sonidos y aves, mientras en la segunda, la cual se hace cuando Luis Cervantes aparece para unirse a las tropas de Macías, las aves que cantan pasan de ser silvestres en las obras de Darío y Gutiérrez Nájera a ser aves domesticadas en la obra de Azuela; estas últimas reflejan el carácter local y rural del criollismo, pero sin deslindarse del estilo es modernista. Más apegada al estilo modernista es la siguiente cita, la cual transmite el estado de ánimo de Camila, cuando atraída a Luis Cervantes descubre que no es correspondida.

A esa hora, como todos los días, la penumbra apagaba en un tono mate las rocas calcinadas, los ramajes quemados por el sol y los musgos resecos. Soplaba un viento tibio en débil rumor, meciendo las hojas lanceoladas de la tierna milpa. Todo era igual; pero en las piedras, en las ramas secas, en el aire embalsamado y en la hojarasca, Camila encontraba ahora algo muy extraño: como si todas aquellas cosas tuvieran mucha tristeza. (51)

Si bien la emoción trasmitida no sea la alegría que se promueve en las citas de Darío y Gutiérrez Nájera, la tristeza es igualmente un estado de ánimo representado por medio de sonidos e imágenes simbolistas. En la siguiente cita se continúa la misma descripción cuando Camila a punto de llorar desvía una mirada desesperanzada:

Para que no le viera los ojos, Camila los levantó hacia el azul del cielo. Una hoja seca se desprendió de las alturas del tajo y, balanceándose en el aire lentamente, cayó como mariposita muerta en sus pies. Se inclinó y la tomó en sus dedos.... Y tiró la hoja desmenuzada entre sus dedos angustiosos y se cubrió la cara con la punta de su delantal. Cuando abrió los ojos, Luis Cervantes había desaparecido. (52)

Así como estos ejemplos se podrían encontrar otras descripciones espacio-ambientales de *Los de abajo* que representan la estética modernista.

Otra característica que se puede considerar importante en la estética de
la novela modernista es la presencia del artista frustrado y desilusionado ante
la insensibilidad artística y cultural de la época. En la última parte de siglo
XIX la sociedad se siente naufragar en el desengaño social ante un materialismo que controla el funcionamiento de la humanidad. Esta situación no
le es indiferente al artista ya que su producción cultural se ve cada vez más
marginada y relegada. Por esa razón, al sentirse rechazado éste se representa
a sí mismo con un tono pesimista; de esta manera ambos, artista y arte, son
temas recurrentes en la literatura modernista hispanoamericana. En *Los de
abajo* hay otros eventos que, como el azote de la guerra, agravan la situación
del arte y la cultura. Sin embargo, Azuela logra consolidar en una sola obra la
insensibilidad artística de la época con los cruentos hechos bélicos que casti-
gaban al país. José Promis afirma que la novela modernista no representaba
una alternativa a la novela naturalista, sino que entre ambas se establecía una
compleja relación de afinidades y diferencias, de encuentros y desencuentros
(77). El fatalismo naturalista del escritor criollista se conecta con la estética
modernista en *Los de abajo* creando una obra con valores estéticos y contenido social importantes. Es así que Azuela logra expresar la frustración cultural
del artista en un ambiente de balas y humo de pólvora.

En algunas escenas de la novela se observa como las letras se ven afren-
tadas por el materialismo creciente entre los hombres de Demetrio Macías.
Conforme la tropa avanza y logra triunfos importantes en la guerra armada,
la insensibilidad y la pérdida de sentido humano igualmente crecen. El siguiente ejemplo es una metonimia de la devaluación de la literatura. La literatura, representada en uno de los "avances" que obtienen los hombres de
Demetrio, una máquina de escribir, se irá depreciando hasta ser totalmente
destruida por no tener significado alguno más allá de lo material.

> —¿Quién me merca esta maquinaria?—pregonaba uno, enrojecido y fa-
> tigado de llevar la carga de su "avance."
> Era una máquina de escribir nueva, que a todos atrajo con los deslum-
> brantes reflejos del niquelado.
> La "Oliver," en una sola mañana, había tenido cinco propietarios, co-
> menzando por valer diez pesos, depreciándose uno o dos cada cambio
> de dueño. La verdad era que pesaba demasiado y nadie podía soportarla
> más de media hora.
> —Doy peseta por ella—ofreció la Codorniz.
> —Es tuya—respondió el dueño dándosela prontamente y con temores
> ostensibles de que aquél se arrepintiera.

La codorniz, por veinticinco centavos, tuvo el gusto de tomarla en sus manos y de arrojarla luego contra las piedras, donde se rompió ruidosamente. (70)

El simbolismo en esta cita es importante para las artes ya que la máquina representa el mundo de las letras, de la literatura y de toda forma de escritura. Al ser una metonimia de la producción artística literaria, su depreciación también representa la actitud de una sociedad que se deja llevar por el deslumbre metálico de los objetos.

El personaje del poeta Valderrama igualmente se podría ver como significante del artista frustrado característico en la narrativa modernista. Aníbal González afirma que el artista es otro rasgo "que distingue a la novela modernista: en casi todas las novelas modernistas nos topamos con la figura del artista (ya sea poeta, pintor, músico o escritor) que busca angustiosamente definir su posición y su papel dentro de la nueva sociedad" de entre siglos (27). Así, Valderrama, aun cuando se presenta como un personaje trastornado, a quien llaman "el loco," es uno de los personajes que hace los comentarios y observaciones más cuerdos sobre la situación revolucionaria. Una vez más, el poeta es una metonimia representativa de la frustración del artista literario en una sociedad que sufre ante el materialismo y el deseo de poder. La situación de Valderrama se ve representada en la siguiente escena:

Antes de reanudar la marcha se encendieron lumbres donde asar carne de toro. Anastasio Montañez, que buscaba leños entre los huizaches, descubrió la cabeza tusada del caballuco de Valderrama.

—¡Vente ya, loco, que al fin no hubo pozole!... —Comenzó a gritar. Porque Valderrama, poeta romántico, siempre que de fusilar se hablaba, sabía perderse lejos y durante todo el día. —¿Ya sabe usted las nuevas?— le dijo Venancio con mucha gravedad.

—No sé nada.

—¡Muy serias! ¡Un desastre! Villa derrotado en Celaya por Obregón. Carranza triunfando por todas partes. ¡Nosotros arruinados!

El gesto de Valderrama fue desdeñoso y solemne como de emperador.

—¿Villa?... ¿Obregón?... ¿Carranza?... ¡X... Y... Z...! ¿Qué se me da a mí?... ¡Amo la revolución como amo al volcán que irrumpe! ¡Al volcán porque es volcán; a la revolución porque es revolución!... Pero las piedras que quedan arriba o abajo, después del cataclismo, ¿qué me importa a mí?

Y como el brillo del sol de mediodía reluciera sobre su frente el reflejo de una blanca botella de tequila, volvió grupas y con el alma henchida de regocijo se lanzó hacia el portador de tamaña maravilla.

—Le tengo voluntá a ese loco—dijo Demetrio sonriendo—, porque a veces dice unas cosas que lo ponen a uno a pensar. (138-39)

Demetrio Macías, aun cuando no alcanza a comprender la envergadura de la situación en que se encuentra, ni el motivo que lo impulsa a la lucha revolucionaria, logra captar algún sentido humano en las palabras de Valderrama. No sabe por qué, pero "ese loco" le cae bien. Valderrama, al encontrarse solo ante una sociedad que carece de sensibilidad y crítica social, es visto como un personaje "raro," un hombre trastornado arrastrado por el vendaval de la revolución, atrapado en un sitio al que no pertenece, enajenado en un ambiente de barbarie y violencia.

La escena que mejor representa la dejadez literaria de los hombres de Demetrio se aprecia cuando aparece en escena una edición especial de la *Divina comedia*, obra que simboliza la más alta cultura literaria, sin embargo, la inconsciencia cultural y artística de los revolucionarios la llevan a la destrucción. La escena de la destrucción de la *Divina comedia* en *Los de abajo* va más allá de simplemente representar el arte. La obra clásica se ve malbaratada a tal grado que llega a compartir con otros objetos y libros su destrucción en las llamas de una fogata, cuyo único fin era cocer elotes. El resto de los libros que se encontraban junto a la *Divina Comedia* se malvenden por no estimarse ni por su contenido y ni su valor artístico. Seymour Menton comenta que "[e]sta interpretación se refuerza a la vez que se complica con dos alusiones simbólicas. El arrancar los grabados de la *Divina Comedia* en el segundo capítulo de la segunda parte señala el descenso al infierno de la barbarie" (1005). El inicio de la desilusión y degradación de los ideales revolucionarios se ilustran en la siguiente cita:

Afuera, en un ángulo del patio y entre el humo sofocante, el Manteca cocía elotes, atizando las brasas con libros y papeles que alzaban vivas llamaradas.

—¡Ah —gritó de pronto la Codorniz-, mira lo que me jallé!... ¡Qué sudaderos pa mi yegua!...

Y de un tirón arrancó una cortina de peluche, que se vino al suelo con todo y galería sobre el copete finamente tallado de un sillón.

—¡Mira, tú... cuánta vieja encuerada! —clamó la chiquilla de la Codorniz, divertidísima con las láminas de un lujoso ejemplar de la *Divina Comedia*—, Ésta me cuadra y me la llevo.

Y comenzó a arrancar los grabados que más le llamaban su atención. Demetrio se incorporó y tomó asiento al lado de Luis Cervantes. Pidió cerveza, alargó una botella a su secretario, y de un solo trago apuró la suya. Luego, amodorrado, entrecerró los ojos y volvió a dormir.

—Oiga—habló un hombre a Pancracio en el zaguán., ¿a qué hora se le pueda hablar al general?

—No se le puede hablar a ninguna; amaneció crudo—respondió Pancracio—. ¿Qué quiere?

—Que me venda unos de esos libros que están quemando.

—Yo mesmo se los puedo vender.

—¿A cómo los da?

Pancracio, perplejo, frunció las cejas:

—Pos los que tengan monitos, a cinco centavos, y los otros... se los doy de pilón se me merca todos.

El interesado volvió por los libros con una canasta pizcadora. (88-89)

Así como las llamas del infierno acaban con los pecadores en la *Divina Comedia*, las llamas acaban con la *Divina Comedia* en *Los de abajo*. El simbolismo en la obra es latente y sugerente de la crisis por la que atraviesa la humanidad de entre siglos.

Aprovechando que se ha mencionado el simbolismo, recordemos la manera en que los artistas modernistas veían sus sueños e ilusiones artísticas esfumarse en la nada debido a la indiferencia capitalista. Por medio de figuras retóricas como el símil, los ideales revolucionarios de algunos personajes se ven desvanecidos en *Los de abajo*, característica que se observa en las siguientes dos citas. Muchos poetas reflejaban en sus obras la angustia al ver sus ideales disiparse. Un ejemplo de esto se encuentra en el poema "El brindis del bohemio" del poeta romántico-modernista Guillermo Aguirre y Fierro. En el poema se ofrece una escena en la cual los sueños de los bohemios se truncan. El poema fue publicado en 1910 en El Paso, Texas, mismo lugar donde Azuela publicaría *Los de abajo* seis años después. En él se siente la angustia de la voz poética al decir:

En torno de una mesa de cantina,
una noche de invierno,

regocijadamente departían
seis alegres bohemios.

Los ecos de sus risas escapaban
y de aquel barrio quieto
iban a interrumpir el imponente
y profundo silencio.

El humo de olorosos cigarrillos
en espirales se elevaba al cielo,
simbolizando al resolverse en nada,
la vida de los sueños. (1-12, énfasis nuestro)

Por otro lado, en *Los de abajo* se observa esta misma imagen cuando el narrador comenta sobre la desilusión de los ideales revolucionarios del intelectual Solís ante la situación de desesperanza:

Su sonrisa volvió a vagar siguiendo las espirales de humo de los rifles y la polvareda de cada casa derribada y cada techo que se hundía. Y creyó haber descubierto un símbolo de la revolución en aquellas nubes de humo y en aquellas nubes de polvo que fraternalmente ascendían, se abrazaban, se confundían y se borraban en la nada. (79)

Al igual que en el poema de Aguirre y Fierro las sonrisas, los chascarrillos, versos y humo de los cigarrillos se elevaban y desaparecían en la nada, en *Los de abajo* el humo de los rifles simbólicamente se eleva y se disuelve en la nada como la revolución misma consume sus propios ideales. De igual manera, el artista-intelectual se vuelve en un ser socialmente incomprendido.

En conclusión, se han comentado algunas de las características de la estética modernista presentes en *Los de abajo*. Esta estética se justifica ya que Azuela desarrolló su sensibilidad y estilo en un ambiente que oscilaba entre el naturalismo y el modernismo poéticos de finales del siglo XIX. Aun cuando su obra ha sido una de las más valoras en el grupo de novelas de la Revolución mexicana, sería injusto delimitar su obra al contexto social mexicano y al marco criollista de la época. La obra de Azuela también participa de uno de los movimientos estéticos hispanoamericanos más trascendentales como lo es el modernismo. Esta obra se extiende y cruza fronteras estéticas y estilísticas; es una obra que merece reconocimiento tanto por su contenido social-histórico como por su estilo y estética. No es la intención restarles importancia a los estudios socio-históricos que se han hecho sobre la obra, los cuales superan considerablemente a los estudios formales y estilísticos. Además, la necesidad de atender a los problemas inmediatos era aclamada abiertamente por poetas modernistas como Enrique González Martínez, quien en su soneto "Tuércele el cuello al cisne," sin abandonar la estética modernista por "sus alusiones helénicas, su simbolismo y su estructura musical es uno de los mejores exponentes" de la época (Hamilton 253). González Martínez hace un llamado a los escritores de la época a aguzar los sentidos en cuanto a la realidad inmediata que afectaba a la sociedad mexicana. Reproduzcamos el soneto para apreciar tanto el contenido como la perfección estructural y estilística del poema:

> Tuércele el cuello al cisne de engañoso plumaje
> que da su nota blanca al azul de la fuente;
> él pasea su gracia no más, pero no siente
> él alma de las cosas ni la voz del paisaje.
>
> Huye de toda forma y de todo lenguaje
> que no vayan acordes con el ritmo latente
> de la vida profunda... y adora intensamente
> la vida, y que la vida comprenda tu homenaje.
>
> Mira al sapiente búho cómo tiende las alas
> desde el Olimpo, deja el regazo de Palas
> y posa en aquel árbol el vuelo taciturno...
>
> Él no tiene la gracia del cisne, más su inquieta
> pupila, que se clava en la sombra, interpreta
> el misterioso libro del silencio nocturno.

El soneto de González Martínez, dice Hamilton, es "una perfecta estructura modernista, en versos alejandrinos y con toda la riqueza verbal del propio Darío" (252). El poeta no busca eliminar la estética modernista ni rechazar a los poetas modernistas ya que él mismo lo es. Lo que intenta es concientizar al artista de su compromiso con la sociedad. Les pide que no se refugien en sí mismos ni que busquen el escape fácil ya que eso ha producido una serie de obras vacías, una "gracia sin profundidad" (252) diría Hamilton. Sin duda, Azuela sigue las ideas expresadas en el soneto de González Martínez al crear una obra con contenido social e histórico a la vez que *Los de abajo* refleja una preocupación estructural y la estética característica del modernismo.

Obras citadas

Aguirre y Fierro, Guillermo. "El brindis del bohemio." *Sonrisas y lágrimas.* Ed. Ignacio Betancourt. México, San Luis Potosí: El Colegio de San Luis, 2009. 256-257.

Azuela, Mariano. *Los de abajo.* México: Fondo de Cultura Económica, 2006. Impreso

Darío, Rubén. "El rubí." *Cuentos modernistas hispanoamericanos.* uva.es. 2012. 4-7. Red. 13 dic. 2014.

Davinson, Ned. *El concepto de modernismo en la crítica hispánica.* Trad. de *The concept of Modernism in Hispanic Criticism.* Argentina: Editorial Nova, 1971.

Goić, Cedomil. *Historia de la novela hispanoamericana.* Valparaído: Ediciones Universitarias, 1972.

González, Aníbal. *La novela modernista hispanoamericana.* Madrid: Editorial Gredos, 1987.

González Martínez, Enrique. "Tuércele el cuello al cisne." *Palabra Virtual.* UNAM. 2006-2008. Red. 03 mayo 2015.

Gutiérrez Nájera, Manuel. "La mañana de San Juan" *Cuentos completos y otras narraciones.* Pról. E. K. Mapes. México-Buenos Aires: Fondo de Cultura Económica, 1958. 141-45.

Hamilton, Carlos D. "La voz profunda y sencilla del modernismo: Darío-Nervo-Machado-González Martínez." *Cuadernos Americanos* 232-233 (sept-dic 1980): 239-255.

Leal, Luis. "Mariano Azuela: precurson de los nuevos novelistas." *Revista Iberoamericana* 60.148-149 (jul-dic 1989): 859-867.

Menton, Seymor. "La estructura épica de *Los de abajo* y un prólogo especulativo." *Hispania* 50.4 (dic. 1967): 1001-1011.

Mayer-Minemann, Klaus. *La novela hispanoamericana de fin de siglo.* España: Fondo de Cultura Económica, 1997.

Pollmann, Leo. "Naturalismo/Modernismo/Mudonivismo: una época de transición entre siglo XIX y siglo XX." *Revista Chilena de Literatura* 44 (abril 1994): 5-13.

Promis, José. "Experimentación y misterio en la novela modernista." *Nueva Revista del Pacífico* 41-42 (1996-1997): 73-81.

The Mirage of Urban Capitalism: El deseo de reorganizar el espacio urbano en *La vida loca* de Luis J. Rodríguez

CRESCENCIO LÓPEZ
Utah State University

Éramos gente invisible en una ciudad que se alimenta de todo lo que
brilla, la pantalla grande y sus nombres importantes, pero en todo ese
glamour no estaba ninguno de nuestros nombres ni nuestras caras.
(*La vida loca* 27)

ENRI LEFEBVRE ARGUMENTA EN el texto *The Production of Space* (1991) que el individuo urbano no puede separar sus experiencias sociales y mentales de la ciudad porque están interconectadas a su identidad, a su estatus económico, a su familia y a su comunidad. En este sentido, los individuos que han vivido y crecido en un lugar llevan consigo mismos un imaginario cartográfico del espacio vivido, percibido y concebido, el cual ha afectado y moldeado sus vidas (38-39). David Harvey coincide con Lefebvre y plantea que los espacios que son concebidos y reproducidos a través de la escritura podrían ser analizados para entender cómo funciona el proceso de urbanización. A partir de este postulado fundamental, se examinará el mapa cartográfico del imaginario urbano producido en la obra de Luis J. Rodríguez, *La vida loca: El testimonio de un pandillero en Los Ángeles* (2005), en donde el narrador autobiográfico rememora los primeros años de su infancia en Watts, California, y su adolescencia y juventud en Las Lomas del sur de San Gabriel, California. Ambos lugares estaban localizados en las afueras de la ciudad de Los Ángeles y formaban parte de un panorama de barrios étnicos¹ que rodeaban geográficamente la ciudad durante la década de los años sesenta y principios de los años setenta. La meta principal del narrador no solamente es revelar cómo las actividades diarias de la vida urbana moldearon su vida, su modo de pensar y el devenir de su familia, sino argüir por la reorganización de la sociedad americana y cuestionar el espejismo del capitalismo urbano.

La función del espacio urbano interrelacionado con la identidad del narrador ha sido analizada por los críticos María Herrera-Sobek y Vincent Pérez, quienes se enfocan substancialmente en el comportamiento cognitivo del narrador, llegando a conclusiones similares a las propuestas en el estudio "Hundimiento Conductual" de John B. Calhoun. En este trabajo, presentado en 1962 al Instituto Nacional de Salud Mental, el ecólogo Calhoun explica los resultados que obtuvo después de haber colocado a varias ratas de laboratorio en un entorno cerrado, en donde recibían todo lo necesario para subsistir cómodamente (Ramsden y Adams, 1-3). En sus observaciones Calhoun subraya que la violencia, la agresión y el estrés aumentaron paralelamente al incremento en población, produciendo en la comunidad de roedores canibalismo, infanticidio e hipersexualidad, hasta llegar a la retrogresión y consecuentemente a la extinción. Los roedores que sobrevivieron fueron puestos en colonias normales, pero no lograron integrarse o rehabilitarse, subsistiendo aislados hasta la muerte. La descripción de los síntomas sicológicos que sufrieron estos roedores es, hasta cierto punto, similar a las observaciones referidas en el ensayo "Geography of Despair" de Herrera-Sobek, en donde explica cómo los jóvenes del barrio habitan en un laberinto sin salida que los lleva a la cárcel o a la muerte (56). Similarmente, Vincent Pérez arguye que el nihilismo y la auto destrucción del individuo funcionan diacrónicamente como mecanismos de resistencia ante la amenaza de la exclusión social. Para ambos críticos, el espacio narrado es posmoderno, encapsulado por la violencia, la pobreza, el racismo y la segregación. Entre las ruinas de la marginalización, el individuo concibe y construye un sentido de identidad fracturada que lo conduce a la desesperanza y al nihilismo.

Francisco A. Lomelí avanza este argumento, proponiendo que la identidad no es fragmentada y estática, sino fluida, descentrada y fusionada en múltiples formas simultáneas que evitan la estabilidad para evadir y transcender las fronteras. A través de una concientización dinámica, el individuo puede luchar en contra de la hegemonía dominante, reconstruyendo un

---

1   Rodríguez vivió en el barrio Las Lomas. Los otros barrios eran: Sangra, El jardín, Monte Flores, Canta Ranas, Bolen, La Puente, Little Japans, Chinatowns, the Fields, entre otros.

imaginario que está más allá del lugar que habitan, el cual Lomelí denomina "Post-Barrio." Esta caracterización del espacio había sido teorizada en la década de los ochenta por el sociólogo Mark Gottdiener y el urbanista Edward W. Soja, quienes buscaban un nuevo paradigma que explicara las recientes transformaciones urbanas. Para Gottdiener, el capitalismo y la tecnología no eran los principales agentes que producían cambios en la estructura social del espacio, sino algo diferente que denomina "the new form of metropolitan polynucleation" (8), un concepto basado en una multiplicidad de fenómenos de restructuración espacial y social que convergen en un mismo espacio. En consonancia con estas aserciones, Soja publica *Postmodern Geographies: The Reassertion of Space in Critical Social Theory* (1989) en donde explica cómo el espacio urbano se integra y desintegra en la posmodernidad. Esta conceptualización se inspira en el cuento "El alepth" de Jorge Luis Borges, en donde define la ciudad de Los Ángeles como el centro del universo, imposible de cristalizar en palabras, indeterminada, paradójica, irracional, incompleta e indescifrable (2). Frente a esta tendencia de definir el espacio como fluido, indefinible e indeterminado, el presente análisis plantea que el narrador de *La vida loca* adquiere el deseo de reorganizar el espacio urbano en el espejismo del capitalismo urbano, el cual funciona como un impulsor imaginario en la percepción y concepción de la realidad que se vive en la ciudad.

La ciudad como espacio de crecimiento disparejo beneficia a aquellas personas o grupos sociales que controlan y manejan su progresión. La ampliación de la ciudad está interconectada a un sin número de factores, pero principalmente al consumo, demanda, control y especulación del espacio, resultando en una acumulación de capital que produce una plusvalía para la ciudad y para sus múltiples industrias. Uno de los aspectos que más impactó y causó un rápido crecimiento de la ciudad de Los Ángeles fue la llegada de muchos inmigrantes. Previo a los años sesenta, habían llegado un sin número de inmigrantes de diferentes regiones de los Estados Unidos y de otros países de Latinoamérica. Albert Camarillo explica en *Chicanos in a Changing Society* que la ciudad había crecido rápidamente desde principios del siglo XX. En la primera década del siglo la población se triplicó, pasando de 100,000 a 300,000 habitantes. Consecuentemente, para los años treinta, la población había sobrepasado el millón de habitantes (119). Debido a la caída de la Bolsa de Valores en 1929 y la Depresión Económica de los años treinta muchas familias de descendencia mexicana fueron deportadas a causa de la escasez de empleos y las políticas racistas promovidas por el Estado.

En la década de los años cuarenta, especialmente durante la Segunda Guerra Mundial, muchos trabajadores volvieron a inmigrar a los Estados

Unidos, sustituyendo al trabajador estadounidense que se había enlistado en el gobierno militar. Esta vez cuatro millones y medio de trabajadores mexicanos entraron al país con documentación legal gracias a la institución del Programa Bracero, el cual duró hasta 1964. Manuel Martín Rodríguez explica cómo las economías de los estados del sudoeste de los Estados Unidos se beneficiaron con el incremento de mano de obra barata y con los acuerdos salariales que hizo el gobierno mexicano con las empresas estadounidenses. Además, Rodríguez considera "que la política de los Estados Unidos con respecto a la inmigración de mexicanos ha sido radicalmente hipócrita, importando y deportando trabajadores según las conveniencias del mercado laboral" (20). Desde principios del siglo hasta el presente, la población de herencia cultural mexicana ha aumentado en las principales ciudades del sudoeste de los Estados Unidos, particularmente en la ciudad de Los Ángeles.

Mike Davis, en *City of Quartz,* explica que durante la década de los cincuenta, el alcalde de la ciudad C. Norris Poulson (1953 a 1961) accedió a que se desalojaran a 12,000 residentes del área de Chávez Ravine y Bunker Hill para que se construyera el estadio de los Dodgers y se re-construyera Bunker Hill (123). Davis argumenta que las acciones del alcalde Poulson muestran preferencia por los carteles urbanos, los cuales controlaban el crecimiento de la ciudad a través del manejo del discurso ideológico del periódico Los Ángeles Times. El mandato de Poulson culminó en 1961 con la elección del nuevo alcalde, Samuel William Yorty (1961-1973), quien continuó apoyando con recursos económicos al Departamento de Policía, instituyendo pólizas de represión política, económica y social contra las minorías étnicas. Esto causó en 1965 fuertes protestas por parte de los afroamericanos en la ciudad de Watts, y consecuentemente por parte de los estudiantes mexicoamericanos en el este de Los Ángeles en 1968 (120-130).

Raúl Homero Villa arguye en *Barrio-Logos* que las protestas de los años sesenta fueron expresiones de inconformidad e indignación debido a la falta de vivienda, la represión del Estado y al temor de perder sus propiedades por culpa de la apropiación (96). Según Víctor M. Valle y Rodolfo D. Torres, en *Latino Metrópolis* (2000), después de los disturbios de los años sesenta, los anglosajones de clase media y clase alta se reubicaron hacia las afueras de la ciudad en donde establecieron sus propias comunidades privadas. Durante esta época de desarrollo y urbanización, la ciudad creció, creando otros centros urbanos que igualmente competirían con el poder centralizado de la ciudad. En síntesis, éste es el telón político y social que a la familia de Luis J. Rodríguez le tocó vivir a su llegada a la ciudad de Watts, California.

La familia llegó a los Ángeles en 1956, estableciéndose en un barrio marginalizado cercano a las fábricas industriales, habitado primordialmente por afroamericanos, mexicano-americanos y personas pobres que llegaban de distintas partes del país en busca de trabajo. Michael Schwartz explica que el padre de Luis, al llegar a ciudad de Los Ángeles, "worked in a paint factory, in a dog-food factory, as a construction worker, and as a door-to-door salesman selling insurance, Bibles, and kitchenware" (16). De igual manera, la madre "worked long hours as a housecleaner and later as a seamstress in garment factories" (15). Ambos se integraron a la fuerza laboral de la ciudad como trabajadores de mano de obra barata, lo cual contrasta con el tipo de vida que ambos tenían en Ciudad, Juárez. El padre, Alfonso Rodríguez, había trabajado como director de una escuela preparatoria y su esposa María Estela como secretaria de la misma. Antes de que ambos emigraran a la ciudad de Los Ángeles, el padre había sido acusado y encarcelado por malversación de fondos escolares, viéndose obligado a desplazarse a los Estados Unidos ante la imposibilidad de conseguir empleo en el área de educación. Al arribar a la ciudad, la diferencia en estatus social económico yuxtapuesto al proceso de transición e integración marginal produjo en la familia inseguridad, incertidumbre e inestabilidad.

Esta fragilidad fue puesta a prueba en los primeros años de haber arribado a la ciudad, siendo el capitalismo urbano el principal promotor del deseo del padre de quedarse e intentar progresar ante las múltiples adversidades que exhibía la ciudad. Esa esperanza es revelada al final del primer capítulo cuando el padre se antepone a la voluntad de la madre, quien anhela regresar a Ciudad Juárez. En esta primera etapa de sufrimiento y sacrificio, los obstáculos que habían sobrepasado fueron tolerados por el padre, quien optó por instar paciencia, fe y esperanza ante las posibilidades que presentaba la ciudad. Para el teórico urbano David Harvey, este instinto de sobrevivencia urbana es desarrollado por las familias de bajos recursos económicos al percibir la ciudad como una encrucijada de posibilidades, obstáculos e inseguridades, adaptándose al ritmo imponente de las necesidades de la marginalidad. Para Harvey, la familia urbana tradicional funciona como un centro de poder, un núcleo de apoyo familiar, una economía local y como una institución que reproduce el sistema económico de la ciudad, contribuyendo a la formación de los valores sociales del individuo (236). Este no es el caso de la familia Rodríguez, en donde la inestabilidad es condicionada por múltiples marginalidades como las barreras del idioma, la segregación residencial, el estatus legal y la documentación necesaria para que el padre pudiera ejercer su carrera como maestro. Por ejemplo, el narrador recuerda que en varias ocasiones recibieron órdenes de desalojo, incluyendo la primera vez que el papá encontró temporalmente empleo en Taft High School como maestro substituto. El padre había adquirido empleo con mejor salario y reubicó a la familia a una comunidad de clase media. En seguida se endeudó, comprando a crédito muebles, una televisión y un automóvil. Cuando se quejaron los padres que el instructor no sabía inglés y no tenía la documentación necesaria para enseñar clases, el distrito escolar lo despidió. La familia lo perdió todo y tuvo que solicitar asistencia social para conseguir vivienda para familias de bajos recursos económicos, reubicándose a las afueras del sur de San Gabriel. Esta experiencia efímera de haber escalado temporalmente la clase social forma parte de las ilusiones que promete el capitalismo, imponiendo en el individuo comportamientos basados en realidades transitorias que terminan por deteriorar progresivamente la cohesión de la familia Rodríguez.

En *La vida loca*, la transformación de la familia es una refracción del entorno inestable del hogar, un espacio delimitado por una estructura física que significa refugio o escape para los miembros de la familia ante el caos frenético de la ciudad. Este espacio ordinario de la casa es representado como una estación transitoria, a la cual llegaban parientes y familiares para hospedarse temporalmente, desplazándose a otras partes de la ciudad cuando conseguían empleos o estabilidad económica. El mensaje inconsciente del narrador es indirecto e invariable, erigiendo en su imaginario un espacio epidérmico que condiciona sus acciones a través del tiempo. Por ejemplo, en el momento que el narrador comienza a salir con sus amigos, a drogarse y a llegar tarde a casa, su madre le impone reglas estrictas, explicándole que "no podía poner pie en la casa sin su permiso. Y podía quedar[se] en el garaje con unas cobijas gastadas, algunos cajones y una mesa plegadiza. No tenía baño, ni ropero, ni calefacción. Por la noche, cuando las temperaturas del desierto helaban, podía usar un calentón eléctrico" (94). La restricción al espacio habitual del hogar resulta en el aislamiento del narrador, siendo utilizado el castigo como una forma de condicionar hábitos tradicionalmente prohibidos. Este condicionamiento tiene repercusiones en la etapa de la madurez, pues siendo un adulto le resulta dificultoso mantener unida a su propia familia. Al inicio del texto, el narrador revela que vive con su tercera esposa en la ciudad de Chicago y que el motor principal detrás de su narrativa es su preocupación por su hijo, Ramiro, quien está involucrado con las pandillas del área. De los dos primeros matrimonios, el narrador expone muy poco del por qué no funcionaron estas relaciones. Es claro que el progresivo deterioro del núcleo familiar aunado al caos urbano de la ciudad funcionaron de manera diacrónica en el crecimiento y desarrollo del narrador, quien se percibe invisible ante el circuito social de la ciudad.

Esta invisibilidad no solamente es producto del aislamiento familiar, sino también del racismo inconsciente de las instituciones del Estado, del choque cultural en los espacios públicos y de la internalización de la marginalidad, inherente al color cultural de la etnicidad del narrador. En cualquiera de los ejemplos que provee el narrador, la invisibilidad está aunada a múltiples factores, ya sean sociales, políticos, económicos, geográficos y culturales, entre otros. Para el narrador no hay duda de que el entorno, espacio y tiempo están íntegramente adheridos a una acumulación de memorias, integrados a los espacios de la casa, a su cuerpo, a los ruidos y a los múltiples olores asociados con su infancia, su identidad y su formación como individuo urbano. Por ejemplo, en los primeros años de su infancia rememora el vecindario donde creció como una pesadilla inscrita en su memoria, describiéndola del siguiente modo:

> Yo estoy chico y sólo recuerdo que sueño la sangre, que me ahogo en un mar de sangre, sangre sobre las sábanas, sobre las paredes, a chorros que saltan de la pantorrilla de mi madre y salpican los costados de la tina blanca. Pero no son sueños. Mi madre sangra de día, de noche. Sangra el parto de la memoria: mi madre, mi sangre, a un lado de la cama, yo sobre las cobijas y ella cortándose una vena negra para llenar la tina de una oscura pesadilla prohibida y roja que no para, que nunca deja de vaciarse, este recuerdo de Mamá y la sangre y Watts. (31)

Los recuerdos están enlazados a la percepción que tiene de sí mismo, a un espacio (Watts) y al cuerpo de su mamá (María Estela), quien suele periódicamente cortarse las venas de las piernas para atenuar la presión de las várices. La madre trabajaba de costurera, de niñera y limpiando casas. El estado económico de la familia no les permitía tener acceso a un doctor y la mamá sufría de diabetes, la presión alta, los nervios, la tiroides, sobrepeso y había perdido su dentadura. Esta experiencia sensorial es descrita por Nuala C. Johnson como parte integral del "escenario del teatro" (322), en el cual los quehaceres habituales y las interacciones sociales están condicionadas por el contexto holista de la comunidad.

En los años cuarenta, Watts era una comunidad de inmigrantes que habían llegado buscando empleos en las fábricas industriales que manufacturaban productos bélicos o relacionados a la industria automotriz. Durante la Segunda Guerra Mundial, la ciudad construyó viviendas para familias de bajos recursos económicos y para mantener controlado el flujo de mano de obra barata. En el texto *Crisis urbana y cambio social* (1981), Manuel Castells explica cómo el gobierno federal reestructuró el sistema hipotecario y bancario después de la crisis económica de los años treinta, permitiendo de este modo que los gobiernos estatales pidieran préstamos para construir viviendas para familias de bajos recursos económicos (23). Después de la guerra, muchos inmigrantes afroamericanos provenientes de Luisiana, Mississippi y Texas llegaron y se quedaron en estas comunidades—mejor conocidas como "housing projects." A principios de los años sesenta, Watts era una ciudad con vecindarios económicamente segregados entre minorías étnicas que habitaban en la marginalidad y anglosajones que vivían en comunidades más acomodadas.

El vecindario rural-urbano donde reside la familia estaba localizado en las orillas de la ciudad, colindando con el vecindario de South Gate. Según el narrador, "[s]i te cambiabas a ese lugar era porque las compañías de bienes raíces te habían empujado hacia allí. Durante décadas, los Ángeles se había hecho famoso por los convenios restrictivos en los que se establecía que algunos barrios quedaban prohibidos para la habitación de ciertos indeseables" (24). En el texto *Social Justice and the City* (1973), Harvey analiza la formación de "ghettos" en las ciudades de los Estados Unidos a finales de los años sesenta y principios de los años setenta y explica que el control de rentas era una herramienta utilizada por los carteles empresariales para restringir y delimitar el crecimiento de las ciudades (137-40). A través de este procedimiento, las personas de altos recursos económicos fácilmente podían escoger los espacios más codiciados para vivir, mientras que los pobres eran relegados legalmente a los espacios peligrosos (135). Estas divisiones económicas son reproducidas en *La vida loca* con múltiples ejemplos para resaltar las divisiones económicas entre el vecindario del narrador y South Gate, una comunidad habitada por familias anglosajonas que trabajaban en la industria automovilística. Cuando la familia del narrador iba a comprar comestibles a South Gate, habitualmente era insultada verbalmente o atacada físicamente, creando resentimiento, indiferencia e incapacidad.

Esta confrontación cultural se extendía a otros espacios públicos como los parques, las oficinas de apoyo social y las instituciones escolares. Por ejemplo, el narrador recuerda las indiferencias que sintió en su primer año escolar por no saber hablar inglés. Su hermano mayor (José) había sido asignado a clases para niños con discapacidad intelectual y él había sido relegado a la esquina del salón de clases por el resto del curso. El sistema de educación no había sido estructurado para integrar a estudiantes con obstáculos lingüísticos, sino lo contrario. Timothy A. Hacsi argumenta en *Children as Pawns* que muchos estados habían pasado leyes que promovían la enseñanza solamente del inglés, criminalizando la instrucción en otros idiomas (67). Para 1950, muchos distritos escolares continuaban prohibiendo el español en el aula escolar, incluyendo en el patio de las escuelas, a pesar de que el español era el segundo idioma más hablado en los Estados Unidos. El sistema de educación presentaba un escenario de "sink or swim" y mayormente los estudiantes terminaban ahogándose en el sistema. Manuel de Jesús Hernández-Gutiérrez señala que este sistema estaba basado en una "ideología asimilacionista tradicional" porque "era eurocéntrica y contribuía a excluir a los estadounidenses de ascendencia mexicana, así como a otras minorías raciales, de los beneficios del desarrollo" (1). En la década de los sesenta, el movimiento social por los derechos civiles de los afroamericanos, los chicanos y de otras minorías ayudó a que se renovara el Acto de Educación Bilingüe para que los distritos escolares recibieran fondos federales e implementaran programas que ayudaran a los estudiantes a navegar el sistema de educación (Hacsi 69-70). Estos programas de educación bilingüe se institucionalizaron en 1975 cuando el Comisionado de Educación, Terrel Bell, anunció la decisión a favor y proveyó pautas de cómo los distritos deberían implementar este programa.

Uno de los postulados centrales del narrador era mostrar cómo la estructuración de las clases sociales estaba interconectada al espacio y a las interrelaciones sociales de sus habitantes. Esta segregación era institucionalizada en el sistema escolar para establecer tempranamente las divisiones laborales, ordenando la sociedad de acuerdo a sus habilidades. Este proceso se iniciaba en la escuela primaria, continuaba en la escuela secundaria y se enfatizaba en la escuela preparatoria. El narrador detalla cómo en la escuela preparatoria Mark Keppel High school se implementaba esta segregación:

Los estudiantes anglos y asiáticos de clase alta de Monterey Park y de Alhambra asistían a la escuela. Los ponían en las clases "A's;" estaban en los clubes de la escuela y eran miembros del equipo principal de la preparatoria... (94) Pero la escuela también recibía a la gente de Las Lomas y de las comunidades de alrededor que de alguna forma se las habían arreglado para entrar a la preparatoria. Casi todos eran mexicanos los que estaban en las clases "C" (que llamaban clases "idiotas") y que llenaban las listas de los talleres de carpintería imprenta y auto mecánica. (95)

La división social también se evidenciaba en la estructura física del edificio en donde se impartían las clases: los cursos para los anglosajones eran impartidos en el segundo piso mientras que las clases para los grupos minoritarios tomaban lugar en el primer piso. Durante el receso escolar, los estudiantes automáticamente se dividían en sus respectivos grupos sociales y existía poca interacción entre los estudiantes de familias adineradas y los alumnos de familias pobres. En las tres instituciones escolares a las cuales el narrador había asistido, no solamente había sido rechazado, sino clasificado como un fracasado. El estigma negativo que las instituciones habían sembrado en él era representativo de cómo se trataba a otras personas de la misma clase social. David Harvey infiere que esta segregación podría funcionar como "breeding grounds for different types of labor power and hence as sites of basic processes of class reproduction (*The Urban* 234). Es decir, las escuelas públicas funcionaban como reproductoras de mano de obra barata para proteger los intereses económicos de la clase dominante, la cual regulaba el currículum escolar para perpetuarse en el poder.

Fuera de la institución escolar, el control y manejo de las clases sociales se extendía a la comunidad, controlando y manteniendo las divisiones de los vecindarios por medio de los departamentos de policía, los cuales resguardaban el orden de acuerdo al poder adquisitivo de sus habitantes. El narrador recuerda que los chicanos y mexicanos durante el verano asistían habitualmente a las mismas playas públicas mientras que los anglosajones tenían sus propias riberas. En cierta ocasión que decidieron asistir a otra costa, rápidamente fueron arrestados y llevados a prisión (72). Para incitar estos incidentes, los policías utilizaban el método de provocación y engaño; es decir, los agentes vestidos de civiles insultaban a los jóvenes y cuando estaban a punto de enfrentarse, éstos sacaban sus identificaciones y sus armas para efectuar el arresto. El control carcelario de estas comunidades estaba sincronizado con una fuerza área que vigilaba las zonas con altos niveles de pobreza, sobrevolando los vecindarios más inseguros hasta diecinueve horas al día. Mike Davis explica en *City of Quartz* que el programa de vigilancia aérea había decidido pintar "thousands of residential rooftops...with identifying street numbers, transforming the aerial view of the city into a huge police grid" (252). El control del espacio por aire y tierra, dentro y fuera de las instituciones, sembró en el narrador y en los miembros de su comunidad una conciencia urbana llena de frustración, de injusticia y de alienación. Ante esta desigualdad, el testimonio del narrador funciona como un argumento a favor de la reorganización de las clases sociales para que los jóvenes del vecindario tengan la oportunidad de integrarse al capitalismo urbano de la ciudad.

No obstante, esta experiencia de aislamiento y enajenación marginalizó aun más a muchos jóvenes, quienes no lograron escapar "the barrio gang experience" o mejor conocida como "La Vida Loca or The Crazy Life" (4). El narrador refiere que no perteneció a ningún club escolar, no participó en los deportes y desarrolló una actitud auto destructiva, ocasionando problemas en la escuela, escapándose por las noches de su casa, drogándose, emborrachándose con sus amigos, metiéndose a negocios a robar y participando en el crimen organizado. Esta actitud exhilarante se repetía cuando se agotaba el dinero, teniendo que reincidir en más actos delictivos que aumentaban en violencia para alcanzar el anhelo ilusorio de libertad que facilitaba el dinero. Cuando los padres lo relegaron a la cochera, ahí encuentra suficiente independencia para comenzar una faceta bidireccional: destructiva y creativa. El espacio del garaje le permite escapar de la sombra del hermano mayor y de sus amigos, al mismo tiempo que empieza a experimentar con la música, la escritura, la poesía y el arte mural. Las artes le ayudaron a percibir sus emociones personales, ayudándole a desarrollar una autoconciencia personal que forma parte de un espacio alternativo de resistencia. Bruce-Novoa observa, en su ensayo "El deslinde del espacio literario chicano," que los narradores de la literatura chicana conciben sus propios espacios imaginarios, topografiando el conocimiento cultural de la marginalidad chicana. En estos imaginarios chicanos se delimitan espacios públicos de confrontación (escuelas, parques, instituciones públicas) que retan la identidad del protagonista y éste responde retirándose a lugares más seguros como su barrio o la literatura, pero en otras ocasiones se enlista en el servicio militar o cae preso en la cárcel. A diferencia de muchos de sus amigos que terminaron en la cárcel o sucumbidos a la violencia, el narrador logra concebir una autoconciencia urbana basada en un individualismo que se aferra a las promesas del espejismo de la ciudad, un espejismo inscrito en la fluidez, velocidad e indeterminación del espacio, deslumbrándose ante él las posibilidades inciertas basadas en la reorganización del espacio.

Estructurar el espacio urbano implicaba transformar la mentalidad de sus respectivos habitantes, un proyecto difícilmente de imaginar sin la inversión económica del Estado. En *La vida loca,* el barrio es descrito como una comunidad económicamente subyugada, que depende del Estado para remediar los problemas económicos y sociales. Además, desde el punto de vista de los carteles empresariales, estos vecindarios son percibidos como espacios de reservas laborales y como posibles lugares de especulación inmobiliaria. Algunos de los eventos sociales que impulsaron el proceso de transformación fueron los disturbios de Watts en 1965, en los cuales el narrador participó en su primera protesta social, liderando a un grupo de jóvenes de su escuela secundaria Garvey Junior High. Años más tarde fue arrestado al participar en las marchas de 1970 en contra de la Guerra en Vietnam. Estos eventos políticos y sociales formaron parte de la metamorfosis del individuo pasivo en un activista social que observa cómo las diferentes comunidades convergen para contrarrestar la opresión del Estado. De las circunstancias de la época emergieron centros de arte, músicos, pintores, escritores y artistas con una agenda activista basada en la reorganización de la sociedad. La imagen de las comunidades comenzó a cambiar para abrir paso al empoderamiento cultural de la comunidad chicana a nivel local y poco a poco a nivel nacional. El florecimiento de grupos musicales en conjunto con la publicación de nuevas revistas y otros aspectos culturales encaminaron al movimiento chicano hacia un camino nacionalista. No obstante, el peligro de las pandillas no se resolvió, forzando al Estado a intervenir con fondos monetarios para establecer programas de servicios de prevención y rehabilitación que incentivarán a los jóvenes a dejar la delincuencia. El dinero que facilitó el gobierno generó empleos para activistas, consejeros y asesores, quienes instauraron programas sociales en centros comunitarios que funcionaron para ayudar a los jóvenes a integrarse a la sociedad.

En los centros comunitarios se reunían estudiantes y activistas a conversar sobre los problemas sociopolíticos y económicos que afectaban a sus respectivas familias, a la comunidad y la sociedad en general. El narrador enuncia que fue en estas reuniones en donde empezó a adquirir una conciencia activista. En el texto aparecen frases escritas en letra cursiva para representar un hablante poético que implica una transformación en la conciencia del narrador. Los activistas y consejeros comunitarios se dedicaron a rehabilitar a los jóvenes, ofreciéndoles empleo restableciendo su propia comunidad y a concientizarlos del entorno en que vivían por medio de obras de teatro y eventos culturales. Por ejemplo, el narrador recuerda cómo él y Esmeralda, una compañera de escuela, empezaron su propio teatro urbano siguiendo el ejemplo del Teatro Campesino. El narrador describe el tema de la obra del siguiente modo:

> Esta obra comenzaba con alguien de Sangra que tachaba la palabra Lomas en un enorme papel blanco pegado a la pared. Luego la acción se movía hasta el punto en que los vatos de los dos barrios se pelean. El final muestra que mientras que los dos barrios pelean, los funcionarios del gobierno local están a un lado disponiendo el lugar para construir un nuevo centro comercial o por dónde iba a pasar el freeway y hacen planes para jambarse la tierra por la que estos vatos se estaban matando. (194)

El tema exponía un proceso de desarrollo urbano que beneficiaba a los carteles industriales quienes tenían acceso y control del espacio. En la obra, los residentes eran representados como una comunidad enajenada e inconsciente de su situación social y esta representación negativa hizo que algunos espectadores salieran indignados, particularmente cuando el personaje central tachaba el nombre del lugar para mostrar que los residentes tenían poco control de sus vecindarios. Estas representaciones resultaron ineficientes y los coordinadores optaron por soluciones más prácticas, como por ejemplo firmar acuerdos de paz entre pandillas y conseguir empleos a los jóvenes para que se mantuvieran ocupados. La reacción colectiva fue positiva porque el dinero los empoderaba individualmente y les ofrecía una satisfacción inmediata. David Harvey arguye que las comunidades urbanas capitalistas pueden organizarse para luchar contra los peores aspectos de la dominación de clase y de la alienación del individuo, pero al hacer esto, lo que están perpetuando es la aceptación del dominio del dinero y el capital (236). El propósito del Estado era proveer dinero no solamente para tranquilizar a la comunidad, sino para reinsertar al individuo urbano en el proceso capitalista y de esta manera beneficiarse de la capacitación recibida. Este sentido de comunidad y progreso creada con el dinero del Estado desapareció tan pronto el Estado detuvo el flujo de fondos monetarios.

Los deseos del narrador de reorganizar el espacio se vieron socavados por el aparato del Estado, el cual funciona como un centro de autoridad ejerciendo sus poderes políticos y económicos sobre la ciudad con cierto grado de legitimidad. Esta legitimidad, explica Harvey, está anclada en la habilidad de resolver los intereses urbanos por medio de instituciones burocráticas que manejan los problemas de la ciudad bajo ideologías y prácticas que promueven modos específicos de pensar y actuar (*The Urban* 238). Este poder es compartido con la clase dirigente, la cual utiliza su influencia para obtener acceso al Estado, para transportarse a diferentes lugares borrando las barreras del espacio, y para ejercer su poder en la comunidad a través de organizaciones que apoyen sus intereses (*The Urban* 266). Cuando el Estado y la clase acomodada se vieron amenazadas por el florecimiento de nuevas organizaciones, éstas dejaron de recibir el apoyo financiero, paralizando toda actividad en los centros comunitarios. En poco tiempo, las drogas y las pandillas infestaron y deterioraron lo que antes había sido un renacimiento cultural. La advertencia escenificada en la obra de teatro se cristalizó cuando "los urbanistas junto con los funcionarios del condado y de la ciudad tiraron calles enteras para construir casas nuevas de dos pisos, centros comerciales y condominios caros" (262). Los carteles empresariales sólo permitieron que asiáticos e individuos de clase media entraran a habitar los nuevos edificios, cambiando el panorama cultural del vecindario. Los deseos del narrador se desvanecieron al igual que desapareció la cochera de la casa en la cual las artes lo habían ayudado a re imaginar una nueva comunidad.

En el epílogo, el protagonista reitera su argumento anti establecimiento, acusando al Estado de continuamente intervenir, descarrilar y destruir la unidad popular que surge de la opresión: "Esta no es la primera vez que el gobierno federal interviene. Descarriló y, cuando le fue posible, destruyó la unión que surgió de la Rebelión de Watts, de la Moratoria Chicana, de las protestas de Wounded Knee" (271). Para el narrador, el dinero, la violencia y las pólizas urbanas han sido las armas que ha utilizado el Estado y, por ende, la clase dominante para perpetuarse en el poder, reprimiendo a las personas que se atreven a infringir el orden político y socioeconómico. Este orden está aunado a la fluidez del espacio, el cual es dominado y controlado por los carteles empresariales, los cuales manejan el desarrollo del capitalismo urbano para impulsar las ilusiones de la comunidad. El narrador plantea entonces la necesidad de escapar individualmente la marginalidad a través de la autoeducación, re imaginando y reescribiendo una realidad más allá del espejismo urbano.

Obras citadas

Bruce-Novoa, Juan. "El deslinde del espacio literario chicano." *Aztlán: A Journal of Chicano Studies*. Vol. 11.2 (1981): 323-338.

Camarillo, Albert. *Chicanos in a changing society: from Mexican pueblos to American barrios in Santa Barbara and southern California, 1848-1930.* Cambridge: Harvard University Press, 1979.

Castells, Manuel. *Crisis urbana y cambio social.* Madrid: Siglo Veintiuno, 1981.

Davis, Mike. *City of Quartz: Excavating the Future in Los Angeles.* London; New York: Verso, 1990.

Gottdiener, Mark. *The Social Production of Urban Space.* Austin: University of Texas Press, 1985.

Hacsi, Timothy A. *Children as Pawns: The Politics of Educational Reform.* Cambridge: Harvard University Press. 2002.

Harvey, David. *The Urban Experience.* Baltimore: Johns Hopkins University Press, 1989.

————. *Social Justice and the City*. Baltimore: Johns Hopkins University Press, 1973.

Herrera-Sobek, Maria. "Geography of Despair: The Mean Streets of LA of Luis Rodriguez's *Always Running.*" *Latino Studies Journal* 8 (1997): 56-67.

Johnson, Nuala C. "Public memory." *A Companion to Cultural Geography*. Eds. James Duncan, Nuala C. Johnson and Richard H. Schein. Malden, MA: John Wiley & Sons, 2004. 316-327.

Lefebvre, Henri. *The Production of Space*. Malden, MA: Wiley-Blackwell, 1992.

Lomelí, Francisco A. "Remapping the Post-Barrio: Beyond Turf and Graffiti." *(Mis)Representations: Intersections of Culture and Power*. Eds. Galván, Fernando, Juliu Cañero Serrano and José Santiago Fernández Vázquez. Bern: Peter Lang, 2003. 145-56. Web. 11 July 2013.

Hernández-Gutiérrez, Manuel de Jesús. *El colonialismo interno en la narrativa chicana: el barrio, el anti-Barrio y el exterior*. Tempe: Bilingual Press/Editorial Bilingüe, 1994.

Martín-Rodríguez, Manuel. *La voz urgente: antología de literatura chicana en español*. Madrid: Editorial Fundamentos, 1995.

Perez, Vincent. "'Running' and Resistance: Nihilism and Cultural Memory in Chicano Urban Narratives." *Melus* 25.2 (2000): 133-146.

Ramsden, Edmund, and Jon Adams. "Escaping the Laboratory: The Rodent Experiments of John B. Calhoun and Their Cultural Influence." *Journal of Social History* 42.3 (2009): 761-792.

Rodríguez, Luis J. *La vida loca: El testimonio de un pandillero en Los Angeles*. New York: Simon and Schuster, 2005.

Schwartz, Michael. *Contemporary Hispanic Americans: Luis Rodríguez*. Austin: Raintree Steck-Vaughn Publishers, 1997.

Soja, Edward W. *Postmodern Geographies: The Reassertion of Space in Critical Social Theory*. London; New York: Verso, 1989.

Valle, Victor M. and Rodolfo D. Torres. *Latino Metropolis: Globalization and Community*. Minneapolis: University of Minnesota Press, 2000.

Villa, Raúl Homero. *Barrio-Logos: Space and Place in Urban Chicano Literature and Culture*. Austin: University of Texas Press, 2000.

Estudios culturales

Gonzalo de Berceo's
Milagros de Nuestra Señora and the
Economics of Religion in Medieval Iberia[1]

JAIME LEAÑOS
University of Nevada, Reno

The medieval world was not one of
econometrics and global markets, but
one of 'theological economy.'
- *Diana Wood*

T
HE SCIENCE OF ECONOMICS as it is known today did not exist in
the Middle Ages, but was studied in a fledgling form that, like philosophy, law, politics and other division of scientific inquiry, was
influenced heavily by theology. I therefore use the term 'economics' not to
define the modern academic discipline but instead to refer to the role that
enterprise played in the Catholic Church in Iberia during the middle of the
Thirteenth Century in general, and in particular how certain communities
and parishes made use of religion for profit. As an institution that controlled
most aspects of medieval life, the Church was also heavily involved in the
commercial realm, often with the express purpose of "selling" its religious
message for monetary gain. It is my opinion that Gonzalo de Berceo's *Milagros de Nuestra Señora* (ca. 1250) is a product of this phenomenon. Berceo

1   I would like to thank my long friend and colleague Nuria Morgado and also
Agustín Cuadrado for diligently investing their time putting together this compilation of works from Dr. Joan Gilabert's alumni. It is with this paper that I have the
pleasure to honor the man who gave me the tools to succeed in the world of letters.
Also, many thanks to my colleague and esteemed friend, Carl Atlee, for his willing-
ness to read and provide me feedback for this article.

wrote the *Milagros*, I believe, with the intention of profiting from his cre-
atively poeticized versions of stories/miracles performed by Mary, and re-
citing them to the pilgrims who stayed at his monastery of San Millán de
la Cogolla in La Rioja as they made their way to Santiago de Compostela.
Additionally and more importantly, Berceo drafted the *Milagros* as part of a
larger "marketing campaign" that the church had developed after the Fourth
Lateran Council (1215) to attract more followers who could fill the coffers
of the Church, and in this case of San Millán, during a period of financial
difficulty.[2] Along with Alfonso X el Sabio's *Cantigas de Santa María*, a large
illustrated compilation of tales of Mary's miracles set to verse and music that
was composed in the same century, Berceo's *Milagros* reflected the rebranded
image of the Church that had wished to emphasize Mary's guardianship of
the Christian people, in a move to appeal to new and existing followers who,
perhaps, were not in good standing with the Church.

The decisions made during the Fourth Lateran Council were innova-
tive in the Latin etymology of the word *innovat*, the principal stem of *in-
novare*, which means to renew or to alter. The Iberian synod's decision to
place Mary at the head of the Church in a position nearly as important as
the Trinity, served as part of a renewal of its image as a spiritual center and
religious institution that was open to a broader spectrum of the public, to
new markets, particularly women.[3] The Iberian medieval Church of the Thirteenth Century had blissfully enjoyed a strong presence even long before the
Muslim invasion of 711, with Christian strongholds such as Compostela and
the many religious sites along the pilgrimage routes to it, serving as important links between medieval Iberia and other Christian European kingdoms.

---

2   San Millán's domain was amassed over a period of about one hundred and
fifty years following its foundation in 931 and then, it started to sharply decline. By
1150 the monastery recorded only 29 acquisitions by donation compared to 267 fifty
years prior. By the time that Berceo wrote his *Milagros*, donations ceased to exist.
One of the reasons, perhaps, for this sharp decline on donations has to do with the
expanding of the Christian border to the South, which it would kept the monarchs
further away from Cogolla. See chart at the end of this article. For more information
on this subject see chapter 4, "La transformación del dominio" of José Ángel García
de Cortázar y Ruiz de Aguirre's work: *El dominio del monasterio de San Millán de la
Cogolla (siglos Xa XIII)*.

3   Comparisons of the Church's move to reinvent its image can be made to
the modern-day reconfigurations of multinational corporations such as Unilever,
Campbell Soup Company and others, who have had to create different strategies to
suit the changing tastes of their established markets, as well as to make their brands
attractive to new ones.

Nevertheless, this Church had fallen victim to the monotony of its teachings and, as a result, it started to lose members and becoming less dominant. On the other hand, the kingdom also had new markets for Christianity in the form of *taifas* that had been recaptured by the Kings of Castile and Aragón. Andalusian cities such as Sevilla, Córdoba and others that had fallen to Christian forces in the Thirteenth Century, were attractive to the Church as opportunities to convert Muslims to Christianity. By the same token, as a region that remained in conflict, the Church also feared losing its members to Islam. To address these issues during a bellicose period of time, Innocent III (1198-1216) convoked the Fourth Lateran Council, where he presided over the creation of the first constitution of the Church. The document is widely held to be a new profession of the Christian faith:

> Jesus Christ, the only begotten Son of God made flesh by the entire Trinity, conceived with the co-operation of the Holy Ghost of Mary ever Virgin, made true man, composed of a rational soul and human flesh, one Person in two natures, pointed out more clearly the way of life.... He descended in soul, arose in flesh, and ascended equally in both; He will come at the end of the world to judge the living and the dead and will render to the reprobate and to the elect according to their works. Who all shall rise with their own bodies which they now have that they may receive according to their merits, whether good or bad, the latter eternal punishment with the devil, the former eternal glory with Christ.... And should anyone after the reception of baptism have fallen into sin, by true repentance he can always be restored. Not only virgins and those practicing chastity, but also those united in marriage, through the right faith and through works pleasing to God, can merit eternal salvation.[4]

While the Third Lateran Council (1179) aimed to prevent the possibility of future schisms, and to make sure that only cardinals were to possess the right to elect a pope, the Fourth, on the other hand, dealt more directly with drawing souls to the Church, even if they had sinned.

Similarities can be drawn between the changes to doctrine that the Church penned in its Fourth Lateran Council and the adaptations that modern corporations make to their brands in order to recover sales from a waning

---

4   For citations on the IV Ecumenical Lateran Council I will use the Medieval Sourcebook on Fordham's University web page: http://www.fordham.edu/Halsall/basis/lateran4.asp.

section of its market.[5] Further parallels can be drawn between Berceo's *Milagros* as part of a marketing campaign to attract new Christians, as well as to retain or recover members of the populace who had turned to Islam during the period of the Reconquest. To illustrate these comparisons I examine how the *Milagros* and its creation during a time of crisis for the Church reflects the same four major trends of strategy that are ongoing in the current field of Marketing. These trends studied in marketing journals today are known as 1) Ideal Self vs. Actual Self, 2) Brand Personality, 3) Brand Community, and 4) Symbols. These four conditions serve to increase visibility and maximize profits. All four strategies can be reflected in Berceo's text and its context, as I explain in the present study.

I. IDEAL SELF VS. ACTUAL SELF

Companies, for a long time, have always searched for ways to create strong emotional brand connections with customers. One of the motivations is that such connections led to higher levels of consumer loyalty which, by default, increases company financial performance (Park et al. 2010). For example, companies focusing on dietary products have communicated to consumers for years that using their products will make them more attractive, thin, and beautiful to others; therefore, bringing them closer to realizing an ideal vision of themselves. Joseph Sirgy in his article "Self-Concept in Consumer Behavior" calls this notion the "ideal self."[6] In Gonzalo de Berceo's *Milagros*

---

5   As an example of a modern corporation adjusting to new emerging markets I use Campbell Soup Co. Campbell's decision, in 1994, to change its iconic label to reach out to a younger and more sophisticated consumer is a similar example of a strategy employed to gain new customers, as well as to lure back those once loyal to the brand, who had stopped purchasing their product in favor of others they considered more in line with their own tastes.

6   A parallel of an "ideal self" used by a modern corporation is that of Campbell Soup Co. Since 1898 there have been only 14 minor changes to the red-and-white label. Warhol began to incorporate the soup-cans and other iconic brands into his art as a means to critique consumer culture. Starting in 1962, Warhol created more than 100 paintings with the Campbell soup cans as their focal point, which suggests that the label had become representative of the artificial, ready-made pop culture that he sought to portray. The artist consequently came to be identified by these soup-can images as well. In 1994, the Campbell Soup Co. made its last of only 14 minor changes to its internationally recognizable red-and-white label, with the direct intent to create, as Campbell's Vice President at the time, Lisa Zakrajsek, calls a "snappier version of that of the Pop artist" (Saint Martin, Q4) in order to attract a more young, "metro sexual" intelligent consumer who might identify themselves

it is easily observed how his masterpiece provides its Christian readers/listeners with an idealized vision of themselves. Its first audience, pilgrims en route to Compostela, is referenced in the first few verses of the text. Its introduction vividly depicts the ideal paradise that Berceo himself claims to find as he was on pilgrimage "yendo en romeria" (2b)[7] and, as a baptized believer of the Trinity, awaits him. Berceo also presents the idealized paradise in the context of the Original Sin committed by Adam and Eve, whose punishment we also shared since they were cast out of Paradise. The text's description of the "logar cobdiciaduero pora omne cansado" (2d) that Berceo found on pilgrimage, and whose "fructo de los arbores era dulz e sabrido" (15a) were the cause of Adam and Eve's banishment, also related to the Fourth Lateran Council's renewed stance against all forms of Heresy in an attempt to bring sinners back to the faith: "We excommunicate and anathematize every heresy that raises against the holy, orthodox and Catholic faith [...]. Catholics who have girded themselves with the cross for the extermination of the heretics, shall enjoy the indulgences and privileges granted to those who go in defense of the Holy Land."[8] In this sense the medieval poet presents his pilgrim readership with an idealized portrayal of eternal life. Berceo's idealization of eternal life motivates his worshipers to aspire an "ideal life."

The other side of the coin to the "idealized self" approach, is the "actual self," in which marketers purposely reproduce images, "warts and all," of the very people who consume their products in the hope to reach their market

---

more closely with a slicker, more sophisticated label. Although the label underwent a minor reconfiguration, its contents did not change. Campbell's continues to offer some of the same soups that it has for ages but every so often comes up with new soups. Examples such as low-salt versions and noodles shaped like cartoon characters comes to mind. It is interesting to note that before the change in 1990, the closing price per traded stock was around $12.66 per unit. In 1991, it was sold at $19.31. Next, I offer eight years of stock prices: 1992, $21.38; 1993, $ 29.19; 1994, $19.75; 1995, $25.88; 1996, $39.50; 1997, $52.50; 1998, $ 57.13, and 2014, $42.63. (http://investor.campbellsoupcompany.com/phoenix.zhtml?c=88650&p=irol-stocklookup). Unmistakably, it is noticeable by the price of the stock that the 1994 change to the label helped tremendously to improve sales. The strategy in this case was to make the same product attractive once more through repackaging rather than substantive change of its recipe.

7   For all citations on *Milagros de Nuestra Señora* I will use Michael Gerli's Cátedra Edition.

8   On Heretics: Constitution 3, first paragraph.

through realism.[9] These "actual self" images hit a nerve with many consumers who also would go on to form a strong emotional connection with the brand. Consumers saw themselves reflected on visual mediums of advertisement as they truly are; they were depicted, realistically, as their own selves with their imperfect bodies. Berceo intuitively employed a similar "actual self" approach in his *Milagros* as well as the "idealized self"—both can be found in the same collection of tales. Speaking as a pilgrim himself, Berceo shares his experience of life to others who might have the same situation occur to them, so that they see themselves reflected upon his life and notice that they will end their pilgrimage in paradise, where they will understand why, as he states, "olbidé toda cuita e lazario passado / ¡Qui allí se morasse serié bienventurado!" (12cd).

An additional element of the *Milagros* that modern marketers might categorize as an "actual self" approach is Berceo's description of Mary. Throughout the 25 miracles, the Virgin is portrayed as human and accessible. She gets angry as we observe her in the "Clérigo simple" reprimanding the bishop for not letting the monk continue with the only mass he knew, and adopts a maternal role with the sinners that she saves in each circumstance. She is not portrayed as an exceptional beauty nor is she treated as a deity who is too exalted to respond to human pleas. Instead, she is the guiding star and the source of life and salvation for humankind: "Estrella de los mares… fuent de qui todos bevemos… cevo de qui todos comemos… e puerta por la qual entrada atendemos" (32-35). She is also a key figure in another strategy that Berceo employs, that which modern marketers refer to as Brand Personality.

II. BRAND PERSONALITY

One can also see how Mary comes to represent the Church in thirteenth-century European art in general and in the *Milagros* in particular. In Berceo's work she is depicted as an earthly character that looks after the sinners who are too ordinary to pray directly to Christ for salvation. She is the figure most closely associated with the "Brand" or with Christianity after the Fourth Lateran Council. For example, in the second miracle, "El sacristán fornicario," she takes the role of "intercesora" when delegates the soul of the licentious

---

9   Unilever, for example, successfully employed an "actual self" campaign as it advertised its Dove soap product line with models who were more average in appearance than the traditional "size o super-model," women who more closely represented the population that was using their product, and who presumably identified more closely not with the unrealistic images of the female figure that are commonly found on magazines, billboards and other typical locations for advertisement.

monk who is taken to hell by the devils. She serves as a judge between "El Rei de los Cielos" and "un savidor diablo." And as expected, at the end of this miracle, the humanized Virgin prevails: "resuscitó el fraire que era ya passado" (95c). As a biblical Lazarus who was brought back from death, the monk shouts the good deeds from the "Gloriosa" to his fellow brothers: "muerto fui e so vivo, d'esto seet bien certeros, / libro [me] de manos de los malos guerreros!" (96bd). Miracle VIII, "El romero engañado por el diablo," also depicts Mary as an "intercesora." Similarly as the previous example, Mary precedes, yet, another trial. Here, she adjudicates between "Sanctiago" and "un diablo" who are disputing the soul of the castrated romero. Once again, she prevails and "fue la alma mesquina en el cuerpo tomada" (209b). Berceo's purpose here is not so much the miracle per se, but the diffusion of it so everyone would hear it and propagate it: "Sonó por Compostela esta grand maravilla, / Esta tal cosa, deviemos escrivilla; / los que son por venir, plazráis de oílla" (215acd). The role that Mary is elevated to after the Fourth Lateran Council can be seen as a similar strategy to that which modem-day marketers refer to as "Brand Personality." Through this approach marketers try to imbue a brand with personality traits in order to assign lifelike qualities to their product.[10] A brand personality is formally defined as "a set of human characteristics associated with a brand" (Aaker 347). Brand personality, which is not separate from brand image, considers human characteristics. However, brand personality and human personality are not identical. Instead, brand personality is a hypothetical concept crated by the consumer. Although human and brand personality traits may be conceptualized similarly, brand personalities differ from implicit human personality traits in terms of how they

---

10   Examples abound but famous ones include the Jolly Green Giant and the California Raisins, figures who anthropomorphize the processed comestibles that their companies sell to major grocery chains nationwide; the "Charlie Girl" who was conjured to sell perfume by having personality traits that they thought their user would aspire to possess; and the many spokespersons for products ranging from golf clubs to adult diapers. Assigning a personality to a brand has been a winning strategy not simply for products but for entertainers as well. Musicians (Kenny G), actors (Elizabeth Taylor and her "White Diamonds" cologne), athletes (Tiger Woods), and TV personalities (Ryan Seacrest, the Kardashian family) even consult with marketing groups (such as IMG) who help to pair their clients with companies who seek to associate famous people with their product. Watch companies, for example, might offer a "signature" timepiece that was "made in consultation with" an athlete or TV personality. Luxury clothiers and luggage companies might feature an actor or celebrity in their ads in an attempt to convince the common buyer that they could also own something "just like" the idol that they hope to imitate.

are crated (Epstein 83, Aaker 347). Human personality traits are deduced from an individual's behavior, physical characteristics, attitudes and beliefs, and demographic characteristics (Park 907, Lee and Kang 87).

In their seminal work "The Effect of Brand Personality on Brand Relationship, Attitude and Purchase Intention with a Focus on Brand Community," Lee and Kang reinforce the idea that brands have personalities and human characteristics. In their research they have found that brand personality is a means of expressing consumer identity and explain: "Humanizing a brand allows the brand to play a more central role in customers' lives and allows them to project their selves to crate the desirable relationships they seek" (86).[11] For example, Campbell's soup label became personified; it was humanized and intimately accepted by the consumer almost as if they wished they had an affectionate relationship after Andy Warhol started to portrait some of the most influential people of his time. Warhol painted Marilyn Monroe because she was, and still is, the typical icon of the "glamorous women." She is the epitome of a contemporary sex goddess, packaged for the public as a consumer item. Other famous people glamorized by Warhol include: Elvis, Michael Jackson, Mick Jagger, Jackie O, Liz Taylor, Queen Elizabeth, Marlon Brandon, Mickey Mouse, Superman, among other influential icons of his time. For Warhol, Elvis was a symbol of an American success story starting from nothing to become an idol of an entire generation across the U. S. Mick Jagger was an example of a sixties icon who embodied the theme of sex, drugs, and rock and roll. Jackie O paintings, on the other hand, encompass the wholesomeness, the purity, the goodness of a nation that was embroiled in the civil rights movement of the sixties and seventies. She fulfills our longing of a monarchy; she is America's Queen. Liz Taylor, in contrast to Jackie O, represents the breakup of domesticated women from the fifties. She contradicts the traditional roles imposed by her male dominant society. Having married seven times, Taylor mirrors the independent woman everyone wishes to be. Thus, all these examples mentioned above are representations of a "brand" and, therefore, parallel to what the image of the Virgin Mary does to the Church.[12]

---

11   Jennifer Aaker, Melanie Wallendorf, and Eric Arnould also share the notion that brands have personalities and human characteristics.

12   Warhol depicted a wide range of influential people and characters who encompass ample personality traits, values, and heroic deeds which we all inspire to achieve. With all said above, his works are seen as a "brand personality." They explore the relationship between artistic expression, celebrity culture and advertisement that flourished by the 1960s. What Warhol did by incorporating iconic labels such as

The Virgin also came to stand for the values of the Church during this period of Christian history. She has represented piety, duty, penitence, and all of the virtues and commandments "good Christians" are to work to keep in their lives as they pray to her for forgiveness for the sins they were to commit as imperfect beings. Berceo's *Milagros* was an important text in the re-branding of Christianity the Church underwent after the Fourth Lateran Council, and as such, it reflects the placement of Mary as the representative purveyor of salvation. In miracle XX, "El monje embriagado," for example, she is portrayed as a mother caring after a wayward child, nursing the drunken monk back to life and tucking him in bed: "prísolo por la mano levólo pora'l lecho" (482b). After having rescued his body and soul, Mary speaks to her charge: "Amigo—dissol—fuelga, ca eres muy lazrado, / con un pocco que duermas luego serás folgado" (483cd). Mary represents the bastion of goodness and it is through her that the medieval Church promises eternal salvation.

Brand Personality makes people feel comfort when they sense that the brand "fits" with their self-concept (Lee and Kang 86). Mary again provides comfort to a devout servant in miracle IV, "El galardón de la Virgen." She steps in to cure her subject of a malignant sickness, an act that traditionally had been associated with Jesus and yet, by this point in Church history, was considered one of the duties of Mary and by extension the Church itself, which had long sought to provide health care to the sick and the poor. The pious man is saved precisely because he worshipped Mary (and the Church): "... tente por mejorado por toda la dolor; / recebí de ti siempre servicio e amor, / darte quiero el precio de essa tu lavor" (126bcd). The Mary that Berceo describes is very sympathetic to the human condition; herself a human, and described as such in the *Milagros*, becomes an approachable "brand personality" for the medieval Church.

In their research of brand personality, Lee and Kang identify five dimensions in which a product can be marketed to meet a preconceived group of traits that consumers seek out in a brand because they are ones they also aspire

---

Campbell's soup and Coca Cola among these very influential people was to attribute them human characteristics to have consumers identified with them. If you eat your soup, followed by a Coca Cola, perhaps you will feel as invincible as Superman or as Richard Sherman of the Seattle Seahawks. Sherman is one of the most powerful cornerbacks in the National Football League. He has long been a sports figure for Campbell's Soup Co. In his TV commercials he appears together with his mother eating soup, Chunky nonetheless, and advocating how delicious and good it is for you. With such high caliber personalities endorsing these products, the product itself becomes humanized and more relatable to us: the consumer.

to in their own daily life. These are "sincerity," "excitement," "competence," "sophistication," and "ruggedness." Sincerity is represented by the attributes of down-to-earth, real, and honest; excitement contains the attributes of daring, exciting, imaginative and contemporary; competence is typified by the attributes of intelligent, reliable, secure and confident; sophistication is typified by the attributes of glamorous, upper class, good looking and charming; and lastly, ruggedness is represented by the attributes of tough, outdoorsy, masculine and western (87). Each of these traits attracts its consumer differently, with "sincerity" being the most desirable to communicate to purchasers of the product, because it means that the ad campaign or personality representing the profit, has succeeded in convincing its target market that they are buying an item that its representative also uses.[13] In the case of Christianity, Mary came to be seen as a sincere representative of the Church since she was the mother of Jesus, a mature woman who had raised the Savior and who had also risen to Heaven herself for her loyalty to her son and the God who had conceived him immaculately in her womb. Berceo's *Milagros* also benefited from the sincerity of Mary as the icon representing the post-Lateran Church. Miracle VI, "El ladrón devoto," particularly reflects the Virgin as a sincere person who has the best intentions for those who worship her: "credié en la Gloriosa de toda voluntat," (144c). The Virgin supports the feet of a convicted thief who hangs from the gallows, thereby saving him from death. Having failed at hanging the devout thief, who has prayed for help from the Virgin, the executioners attempt to behead the convict, only to be blocked from doing so by Mary: "a esti condempnado quísoli pro tener," (149c). The didactic lesson from this miracle is that if you convey a sincere devotion towards the Virgin, She, with her outmost sincerity, will take care of you. It is this heartfelt sincerity that saves the bad thief from death.

The aforementioned miracle accounts for only one of the multiple examples of sincerity on behalf of the Virgin Mary found throughout Berceo's work. If you believe in her sincerely, she will grant you protection even if you

---

13   The exciting and strong brand personalities affect the consumer-brand relationship and brand attitude negatively. The sophistication brand personality does not have a relationship with consumer-brand relationship or brand attitude. The sincere and cute brand personalities contain positive attributes such as reliable, credible, juicy and cute. On the other hand, the exciting and strong brand personalities contain slightly negative attributes. These being tight and wild or less reliable attributes: pleasant and interesting. Moreover, because the sophistication brand personality has neutral or ambivalent attributes which are up-to-date and forward-looking, there are no relationships with consumer-brand relationships or brand attitudes (94).

are a sinner: "Él por bonos e malos, por todos descendió, / Ella, si la roga-
ron, a todos acorrió" (159cd). God sent his only son to earth to die for us. In
contrast, the Virgin Mary in Berceo's work plays an active role rather than a
passive one played by Jesus. She is benevolent, reliable, credible, and, most of
all, sincere, which all of these qualities affect positively the consumers' state
of mind. The consumers here are Berceo's contemporaries from the Rioja's
region, and above all, Christendom. This group of people in modem marketing techniques applied to this paper would fall under the term of "Brand
Community."

III. BRAND COMMUNITY

Our third point of discussion is the term Brand Community,[14] which was
first used by Muniz and O'Guinn. They defined brand community as "a spe-
cialized, non-geographically bound community, based on a structured set of
social relations among the admirers of a brand" (412). For the purpose of
this study we can argue that this brand community is the social, theological,
and ethical teachings of the Church throughout the Fourth Lateran Council. The admirers of the brand are the Church devotees. Muniz and O'Guinn
also stated that a brand community is a set of individuals who participate
voluntarily for their needs or interest in some brand or product (418).[15] The
first constitution of the ecumenical council, "Proclamation of the Faith," lucidly illustrates the meaning of brand community: "There is one Universal
Church of the faithful, outside of which there is absolutely no salvation. And
should anyone after the reception of baptism have fallen into sin, by true
repentance he can always be restored. Not only virgins and those practic-
ing chastity, but also those united in marriage, through the right faith and
through works pleasing to God, can merit eternal salvation."[16]

Clearly, based on the rhetoric of the first constitution, the Church desires every member to voluntarily participate, so their needs (in this case Salvation) would be met. Furthermore, Muniz and O'Guinn have indicated that

---

14   Muniz and O'Guinn suggested four types of formal communities: 1) con-
sciousness of a kind, 2) shared ritual and traditions, 3) moral responsibility, and 4)
not bounded by geography. Also, there are three dimensions: 1) geographic concen-
trations, 2) social context, and 3) temporality. Each community is differentiated by a
geography dimension (89).

15   See also Lin, Ming, and Bin's "Virtual Brand Community Participation
and the Impact on Brand Loyalty: A Conceptual Model." *Business Management and
Electronic Information* 1 (2011): 489-92.

16   Proclamation of the Faith: Constitution 1, third paragraph.

inter-consumer relationships are closely related to loyalty equation. A brand community comes from a consumer community, where consumers contact each other based on a particular product. Coinciding with this notion, we can strongly affirm that Berceo's *Milagros* emulation of the Fourth Lateran Council's lessons is our brand community and the followers of the Church the consumer community. Thus, Berceo is basically saying that the Church punishes the falsely devoted, and the "community" serves as a market share that needs to be recaptured through reminders of Mary's ability to save the devoted from Hell. Therefore, constitutions 14, "Clerical incontinence;" 15, "Clerical gluttony and drunkenness" and 27, "Candidates for the priesthood to be carefully trained and scrutinized," are prime examples of how the Church wants their devotees to behave and it is put to the test by Berceo's miracles II, "El sacristán fornicario;" XX, "El monje embriagado" and IX, "El clérigo simple."

These three miracles, which fall under the "Reform of clerical morals" in the Fourth Lateran Council, are also part of the "brand community" where their purpose is to teach a moral lesson to the Church devotees. Constitution 14 states: "In order that the morals and conduct of clerics may be reformed for the better, let all of them strive to live in a continent and chaste way, especially those in holy orders. Let them beware of every vice involving lust... "[17] Berceo dedicates the second miracle to address the ills of the clergy with regards to lust: "El enemigo malo, de Belzebud vicario, / que siempre fue e éslo de los buenos contrario, / tanto pudió bullir el sotil aversario / que corrompió al monge, fízolo fornicario" (78). On the other hand, Constitution 15 states: "All clerics should carefully abstain from gluttony and drunkenness. They should temper the wine to themselves and themselves to the wine. Let no one be urged to drink, since drunkenness obscures the intellect and stirs up lust."[18] Gluttony and drunkenness are obvious sins being committed by the clergy at the time of Berco's composition. "El monje embriagado" portrays the problem in the following manner when a monk, almost as if he is guided against his own will, enters the wine cellar: "Entró enna bodega un día por ventura, / bebió mucho del vino, esto fo sin mesura, / embebdóse el loco, issió de su cordura, / yogó hasta las viésperas sobre la tierra dura" (463). Finally, Constitution 27 addresses incompetency, yet another major problem facing the Church:

17   Reform of Clerical Morals: Constitution 14, first paragraph.
18   Reform of Clerical Morals: Constitution 15, first paragraph.

To guide souls is a supreme art. We therefore strictly order bishops carefully to prepare those who are to be promoted to the priesthood and to
instruct them, either by themselves or through other suitable persons, in
the divine services and the sacraments of the church, so that they may
be able to celebrate them correctly. But if they presume henceforth to
ordain the ignorant and unformed, which can indeed easily be detected,
we decree that both the ordainers and those ordained are to be subject
to severe punishment. For it is preferable, especially in the ordination of
priests, to have a few good ministers than many bad ones, for if a blind
man leads another blind man, both will fall into the pit.[19]

Incompetency seemed to be a prevalent issue among the Spanish clergy. The
lesson given here by Berceo in "El clerigo simple" is basically to eradicate it.
Or, perhaps to embrace it as long as the clergy is faithfully devoted to Mary:

> Era un simple clérigo, pobre de clerecía
> dicié cutiano missa de la Sancta María;
> non sabié decir otra, diciéla cada día,
> más la sabié por uso que por sabiduría.
>
> Fo est missacantano al bispo acusado,
> que era idiota, mal clérigo provado;
> "Salve Sancta Parens" sólo tenié usado,
> non sabié otra missa el torpe embargado. (220-21)

Participation in a brand community can affect consumers over the long
term: customers share values, practices and social symbols about the brand
and feel a sense of belonging. It is important for consumers to be encouraged
to participate in a brand community for the sake of building a long-term
consumer-brand relationship (Lee and Kang 95). Mary, in the majority of
Berceo's miracles, and especially in these three mentioned above, is seen as a
"brand" for the community. This is a community of believers who voluntarily
joined themselves for their common interest (i.e., Salvation through Mary).
So, the Fourth Lateran Council and Berceo's *Milagros* serve the function of
a "brand community." Their mutual interest is to strengthen the faith and to
bring the devotees closer to the Church. Just as important as our three points
previously discussed is the use of symbols in the market place.

---

19   Candidates for the priesthood to be carefully trained and scrutinized:
Constitution 27. This Constitution is also a reflection on Matthew 15:14.

IV. SYMBOLS

The sellers of goods [and the Church] are engaged, whether willfully or not, in selling *symbols,* as well as practical merchandise (Levy 117). In the case of the Church, religion turns into merchandise for the believers of the faith. It will suffice to say that in casual usage *symbol* is a general term of all instances where experience is mediated rather than direct; where an object, action, word, picture, or complex behavior is understood to mean not only itself but also some *other* ideas or feelings (Levy 119). In the case of Berceo's introduction to his *Milagros,* it is obvious the use of the *prado* as a symbol to engage his followers in believing that the Virgin is the road to salvation. He uses this powerful image (i.e. the Virgin Mary) to sell religion. Jane Ackerman states the importance of the motif of the *prado* and argues that: "[it] can reveal Mary's generative nature to more than one kind of audience. To an unlettered pilgrim, stanzas 2–15 of the *Milagros* would evoke a familiar, naturally attractive scene.... To the schooled layman or monk, it might suggest the *locus amoenus* of classical literature" (19). The significance of the *prado* transcends the meaning to more than just one group of people. Ackerman continues:

> Berceo's metaphor also receives much of its communicative power from its resemblance to the garden in the Song of Songs; to fellow monks as well as to many parishioners, the metaphor of the *prado* offered a multivalent biblical type for Mary that identified her with important Christian symbols of salvation. The enclosed garden and sealed fountain of the passage are associated with Mary's paradoxical chastity, the fruit and sweet-smelling plants with her spiritual beauty, and the flowing wind with the gracious effect of her virtue. (20)

Mary is the path that leads to paradise. Berceo's contemporaries as consumers of the faith and therefore of Mary as a symbol are engaged, as a community, to abide by the laws and regulations of the symbol established by the Church. The subsequent two stances confirm the Church's intentions at the time: Follow the symbol of Mary as it is only through Her that you will find the pathway to eternal life:

> Quanto aquí vivimos en ageno moranos;
> la ficança durable suso la esperamos;
> la nuestra romería entoz la acabamos,
> quando a Paraíso las álmas enviamos.

En esta romería avemos un buen prado
en qui trova rapaire tot romeo cansado:
la Virgin Gloriosa, madre del buen Criado,
del qual otro ninguno egual non fue trovado. (18-19)

This material world does not belong to us; nonetheless, this life is the path to everlasting life. And there is only one way to arrive there: The "Virgen Gloriosa" will take us there.[20]

In his article "Symbols for Sale" Sidney Levy introduces the notion of the 'Image Reinforced' and states that "A symbol is appropriate (and the product will be used and enjoyed) when it joins with, meshes with, adds to, or reinforces the way the consumer thinks about himself" (119). In Berceo's work and quoting from Ackerman's article: "[the] identification of the Virgin with the image of a meadow echoes not only the Song of Songs but also the biblical accounts of Eden—the original fertile garden—the fruitful wilderness described by Old Testament prophets, Solomon's hanging gardens, and the tree and river of life in Revelations 22:1-2. These symbols represent salvation in Christian literature" (22). Therefore, because of their symbolic nature, consumer goods can be chosen with less conflict or indecision than would otherwise be the case. Levy offers us the philosophical paradox wrongly attributed to the fourteenth-century French philosopher Jean Buridan on moral determinism, and states:

---

20   In the world of pop culture, for example, Andy Warhol chose Campbell's Soup cans as the focal point of his pop art and turned it into a symbol. He took an object and according to Muriel Latow, then owner of the Latow Art Gallery in Manhattan, told Warhol to paint "something you see every day and something that everybody would recognize. Something like a can of Campbell's Soup" (http://en.wikipedia.orglwikilCampbell%27s_Soup_Cans). Perhaps, Warhol painted his famous cans because Campbell Soup Co. at the time sold four out of every five cans of prepared soup in the United States. Therefore, this innocent looking label became to represent an idea; it became a mirror where the consumer saw him/herself reflected with all the virtues bestowed on the soup: healthy, hearty, meaty, and so on. The following quote taken out of Campbell Soup Co. web page reflects the idea behind the company: "After almost 150 years, we are still focused on delighting consumers with great-tasting foods and beverages that meet their evolving preferences, needs and desires" (http://www.campbellsoupcompany.com/about-campbell/). I am convinced that the Church's campaign to "sell" the image of Mary was to gain greater market share. Campbell's Soup Co. mounted a parallel campaign by adding innovated elements to their label after profits sharply declined in the beginning of the 90s.

Legend has it that Buridan's ass starved to death equidistant between two piles of equally attractive hay; he would not have had the problem if one pile had been a bit more asinine—let us say—than the other. Choices are made more easily—either more routinely or more impulsively, seemingly—because one object is symbolically more harmonious with your goals, feelings, and self-definitions than another.[21] (119-20)

As Berceo does in his Introduction, these twelfth- and thirteenth-century orators assured their audience's attention with startling pictures, anecdotes, or narratives. And as does Berceo, they explained the scene or example in terms of the lives of their listeners. Their tendency to use allegory was marked, and the glories of the Virgin were a perennial topic. The speaker, in the Introduction, asserts that the meadow refreshed him physically and spiritually when he entered it. Shade cooled him and took away his cares (5-7 and 12). The fruit from the trees was sweet to his taste and sustained him (15). He declared that the meadow could succor all of mankind. It was a pleasant place (2) (Ackerman 23). Clearly, the symbolic nature of the *prado* serves to choose more routinely and even more impulsively given that Mary methodically shares our own goals and feelings. Thus, the reciprocity between Mary and the faithful is equally shared. Ackerman also states that:

> Within this persuasive form, Berceo posits a clearly stated set of metaphorical equivalences. His allegoresis of the *prado* reiterates Mary's abundant, sustaining power and her direct effect on humans, themes which appear later in the miracle narratives. It is significant that nearly half of his explanation in stanzas 16–46 is dedicated to enumerations of Mary's worshipers and her titles, that is, to list of attributes and those who praise her. By mentioning the Holy Fathers, prophets, apostles, martyrs, virgins, and entire congregations who "en laudar los sos fechos metién toda femencia" (27b), Berceo conveys the magnitude of the Virgin's effect on humanity. Rather than a digression, the titles for Mary that occupy stanzas 32-41 are a final list designed to suggest the abundance and variety of her powers. As a star, she guides Christians; as the sling of David or the walled city of Zion she protects them; as medicine, she heals them; as fountain, food, and fruit-bearing trees, she sustains them; and as the rod of prophets she leads them. (25-26)

---

21   On Buridan's Ass consult *The Oxford Dictionary of the Christian Church*, 3rd rev. ed. F. L. Cross and E. A. Livingstone (Oxford, 2005), p. 254.

Berceo intended to present Mary as she was popularly seen, as a powerful figure worshiped with increasing independence of her Son.[22] It is to this popular devotion that Berceo speaks when he affirms Mary's ability to sustain, protect, and save (28). Yet again, she embodies Constantine's maxim: "In hoc signo vincet." As Levy mentions: "If the manufacturer understands that he is selling *symbols* as well as *goods*, he can view his product more completely. He can understand not only how the object he sells satisfies certain practical needs but also how it fits meaningfully into today's culture. Both he and the consumer stand to profit" (124). Berceo, as a manufacturer of a symbol, confidently understands that he is selling religion as a good, or, in other words, as a merchandise. He is cognizant that Mary will support him provide practical needs to the faithful, and in return the Church will profit economically.

Berceo humanizes Mary throughout the miracle-stories:

> She circumvents human standards of conduct when she delivers the pregnant abbess's baby, a social bond when she calls a devotee from his marriage-bed, church hierarchy when she names a bishop, and human justice when she supports a thief's feet so that he is not hanged. She acts on her own authority when she punishes those who offend her. Her very name twice has the power to save an unfortunate soul, once in Miracle 22 when the words "Valme sancta María" save a drowning man, and again in Miracle 11 when the words "Ave gratia plena" put a horde of devils to flight. (Ackerman 30-31)

This humanization of Mary throughout the miracle-stories reassures Berceo's community to easily identify themselves with the symbol of Mary as the Protector, the Savior, and the Dispenser of Goods. She, then, becomes the bearer

---

22   The independence of the Virgin's power was a delicate theological issue throughout Berceo's lifetime. Contemporary theologians generally followed the view of Saint Anselm of Canterbury (d. 1109), that her dominant attributes derived from the maternal role bestowed on her by God. Doctrine which would place her in competition with Christ such as her power to bestow grace, her immaculate conception, or her bodily assumption into heaven was slow to be adopted, though the fact that these issues were addressed time and again shows pressure for their acceptance. In the twelfth and thirteenth centuries which are the immediate historical context for Berceo's poem, Saints Bernard of Clairvaux (d. 1153), Anthony of Padua (d. 1231), Bonaventure (d. 1274), and Albert the Great (d. 1280) affirmed her importance as *mediatrix* between God and man. *(Mariology,* ed. Juniper B. Carol [Milwaukee: Bruce, 1955], pp. 288–95), (Ackerman 27).

of Christian standards; she is the "Ideal Self," the "Actual Self," the "Brand Personality," the "Brand Community," and the "Symbol" for Christianity. Gonzalo de Berceo's *Milagros de Nuestra Señora* was composed as a marketing campaign mounted by the Iberian medieval Church to address the ills found in the Fourth Lateran Council; in addition, this marketing campaign sought to solve the financial problems which San Millán de la Cogolla was experiencing at the time of its composition. Berceo, with his craftsmanship, lucidly demonstrates through the branding of Mary and the representation of all of the characters found in his twenty five miracles how to comport in order to become better Christians and, by default, assisting the Church financially by benevolently given the *diezmo*. Hence, economic tactics, then and nowadays, shape the way we consumers behave.

Acquisitions by Donation

Years	Directly	Through Other Added Monasteries	Total
926-950	13	9	22
951-975	6	5	11
975-1000	4	1	5
1001-1025	10	14	24
1026-1050	62	85	147
1051-1075	116	70	186
1076-1100	262	5	267
1101-1125	47	3	50
1126-1150	25	4	29
1151-1175	16	1	17
1176-1200	23	—	23
1201-1225	4	—	4
1226-1250	2	—	2
	590	**197**	**787**

Works Cited

Aaker, Jennifer L. "Dimensions of Brand Personality." *Journal of Marketing Research* 34.3 (1997): 347-56.

Ackerman, Jane E. "The Theme of Mary's Power in the *Milagros de Nuestra Señora.*" *Journal of Hispanic Philology* 8.1 (1983): 17-31.

Arnould, Eric, and L. L. Price. "River Magic: Extra-ordinary Experience and the Extended Service Encounter." *Journal of Consumer Research* 20 (1993): 24-45.

Berceo, Gonzalo de. *Milagros de Nuestra Señora*. Ed. Michael Gerli. Madrid: Cátedra, 1999.

Epstein, Seymour. "Traits are Alive and Well." *Personality at the Crossroads.* Eds. D. Magnusson and N.S. Endler. Hillsdale, NJ: Lawrence Erlbaum Associates, (1997): 83-98.

García de Cortázar y Ruiz de Aguirre, José Ángel. *El dominio del monasterio de San Millán de la Cogolla (siglos X a Xiii): Introducción a la historia rural de Castilla Altomedieval*. Salamanca: Universidad de Salamanca, 1969.

Gerli, Michael. *Milagros de Nuestra Señora*. Madrid: Cátedra, 1999.

Konecni, Vladimir J. "A Critique of Emotivism in Aesthetic Accounts of Visual Art." *Philosophy Today* 57.4 (2013): 388-400.

Lee, Hee Jung, and Myung Soo Kang. "The Effect of Brand Personality on Brand Relationship, Attitude and Purchase Intention with Focus on Brand Community." *Academy of Marketing Studies Journal* 17.2 (2013): 85-97.

Levy, Sidney J. "Symbols for Sale." *Harvard Business Review* 37.4 (1959): 117-24.

Little, Lester K. *Religious Poverty and the Profit Economy in Medieval Europe*. Ithaca: Cornell University Press, 1978.

Malar, Lucia, Harley Krohmer, Wayne D. Hoyer, and Bettina Nyffenegger. "Emotional Brand Attachment and Brand Personality: The Relative Importance of the Actual and the Ideal Self." *Journal of Marketing* 75.4 (2011): 35-52.

Muniz, M. Albert, and Thomas C. O'Guinn. "Brand Community." *Journal of Consumer Research* 27.4 (2001): 412-32.

Park, Bernadette. "A Method for Studying the Development of Impressions of Real People." *Journal of Personality and Social Psychology* 51 (1986): 907-17.

Park, C. Whan, Deborah J. MacInnis, Joseph Priester, Andreas B. Eising-
    erich, and Dawn Iacobucci. "Brand Attachment and Brand Attitude
    Strength: Conceptual and Empirical Differentiation of Two Critical
    Brand Equity Drivers." *Journal of Marketing* 74.6 (2010): 1-17.

Pinet, Simone. "Toward a Political Economy of the *Libro de Alexandre*."
    Diacritics 36.3–4 (2006): 44-63.

Saint Martin, Marina. "Art Was His Life and His Life Was Art." *Gold Coast
    Bulletin* [Australia]. 10 Nov. 2007. Web. Apr. 2014.

Schroeder, Jonathan E. "The Artist and the Brand." *European Journal of
    Marketing* 39.11–12 (2005): 1291-1305.

Sirgy, M. Joseph. "Self-Concept in Consumer Behavior: A Critical Review."
    Journal of Consumer Research 9.3 (1982): 287-300.

Vicens Vives, Jaime. *An Economic History of Spain*. Princeton: Princeton
    University Press, 1969.

Wallendorf, Melanie, and Eric J. Arnould. "My Favorite Things:" A Cross-
    Cultural Inquiry into Object Attachment, Possessiveness, and Social
    Linkage." *Journal of Consumer Research* 14.4 (1988): 531-47.

Wee, Darren. "The Public Image: Andy Warhol's Campbell's Soup Cans."
    Financial Times [London] 4 Sept. 2012: Business Life 14.

Wood, Diana. *Medieval Economic Thought*. Cambridge: Cambridge Univer-
    sity Press, 2002.

Galdós, Subjective Realism and Comics Form: *Nela* (2013) by Rayco Pulido Rodríguez

BENJAMIN FRASER
East Carolina University

> Porque así como en el instante más vacío de la vida de una persona está
> la huella de todo ayer, con sus instantes, y esta presencia constituye la
> unidad de la vida, de toda vida personal, asimismo en los personajes
> de Galdós, en el mundo de sus complejas relaciones, está la huella viva,
> prolija y multiforme, de nuestro multiforme pasado.
> *- María Zambrano, introducing* Misericordia

I. TIME, METHOD AND INFLUENCE

OF THE FACT THAT the past endures in the present there can be no doubt. This is somewhat of a simple matter. Yet there is a secondary question that requires a more nuanced answer: we might ask instead, 'In what way does the past endure in the present?' As this chapter appears in a festschrift publication in honor of Dr. Joan Gilabert, I hope readers will not find it out of place if I reflect on my graduate school days at The University of Arizona while thinking through this question.

I remember Joan Gilabert fondly: both his intellectual curiosity and his classroom tangents—tangents that were both entertaining and themselves filled with scholarly insight. Tangents that—as I saw it then—were designed to reconcile literary questions with what was essentially a critique of everyday life. More than anything else, I remember Joan's ability to bring to life those sprawling nineteenth-century texts that I might have otherwise discounted. The course I took with him on the nineteenth-century novel—a course whose central subject was, as he put it on more than one occasion "libros que matan" (holding up *La Regenta*, he would refer to the daunting size of these novels)—pushed me to see realism and naturalism in a new light. He connected and juxtaposed later authors to the earlier tradition of Mariano José de Larra, and he led us not merely through Clarín, Juan Valera, Emilia Pardo Bazán, Benito Pérez Galdós and Vicente Blasco Ibáñez but also through continuing debates over the strength of the Enlightenment tradition and the history of European and US nation formation as well as a range of philosophical influences. At the time, reading on my own I had just discovered the philosopher who would figure prominently in my dissertation and first book, Henri Bergson (through Gilles Deleuze's *Bergsonism*; see Fraser, *Encounters*) and I was thus an easy sell for Joan's philosophical clarifications and his philosophical way of thinking. Looking backward, there can be no doubt that he had a significant influence on my intellectual formation. But—it remains to be asked—'in what way?'

In fact I took a number of other courses with Joan—on the notion of Spanish National Identity, on Twentieth-Century Literature...—and I hoped (but was never able) to take the one he promised to devote solely to Benito Jerónimo Feijoo y Montenegro. Despite my intention, prior to stepping foot on The U of A campus, to focus on Latin American Literature—I gravitated more toward Twentieth-Century Peninsular Literature and Cultural Studies and, in the end, I asked him to serve on my dissertation committee. With regards to more contemporary time periods, it is clear to me how his ideas influenced my own—my first book focusing on twentieth-century literature is testament to this. But when I think merely of the nineteenth-century novel class I took with him, the question of influence seems to present few clear and immediate answers. I have authored a handful of publications on Larra—who, considering the class title alone, seemed not to be central to that course; I have frequently taught Emilia Pardo Bazán, infrequently, Galdós; never, in any depth, have I taught Valera, Clarín or Blasco Ibáñez... More than content, however, what I took from that class—and what I learned from Joan Gilabert overall—was a method.

For me, it is this question of method that has endured. Where others might see literary texts, Joan would see a properly complex set of not only textual, but also more properly social, historical and philosophical questions. Where others might isolate the problem of Spain for analysis, he would envision a much broader set of complex questions both particular and universal. What most spoke to me was how—taken at its most general or philosophical level of expression—his method inverted a traditional ontological supposition. While some imagine that objects or things exist in space and time, Joan seemed to recognize that space and time are in things. The consequences that this simple turn of thought present for (literary) praxis are great. From this perspective, what many in literary studies might call intertextual or interdisciplinary connections are, of course, not bridges connecting disparate works or relatively autonomous ideas but rather the fluid and multiform basis for thinking through any cultural investigation whatsoever.

To return to the question posed in the first paragraph of this essay: if the past survives in the present, it does so not in a straight-forward or easily identifiable way, but rather diffusely, unevenly, in a complex fashion. This is the reason on account of which it makes sense to speak, as does María Zambrano (above), of *nuestro multiforme pasado*. Zambrano also writes of "La presencia del ayer histórico en un presente sin relieve" (iii). In the present context it makes sense to see this statement as a call to attention: one might say that recognizing the past which endures in the present requires the special eye of a critic, one who without "clave alguna teórica" (vii) might take on "las más misteriosas obras de nuestra literatura" (v) in the broadest of possible contexts. It is with this notion of the complexity of the enduring past in mind that this chapter contextualizes recent scholarly interest in the comics form (i.e. graphic novel and sequential art) in Spain within the enduring 19th-century tradition of subjective realism.

While I have published on comics form elsewhere (Fraser, *Disability* ch. 2 and Fraser and Méndez), here I use Benito Pérez Galdós as a touchstone and focus on the recent graphic novel adaptation of *Marianela* (1878)—published in 2013 as *Nela* by Rayco Pulido Rodríguez. The goal is to show how comics form is itself an artistic medium necessarily steeped in subjective realism. This insight is particularly relevant to a close reading of *Nela*, whose content and form bring new visual meaning to Galdós's earlier novelistic style. Discussion of Galdós's own forays into creating visual art adds a further nuance to this analysis.[1]

In the sections that follow I address, first, the way in which the social context within which Galdós renovated the nineteenth-century novel may be compared to the contemporary rise of interest in sequential art ("On Popular Art and Realism"); second, the way in which Pulido Rodríguez's technique brings iconic abstraction and iconic realism together in an echo of Galdós's own novelistic style ("Subjective Realism and Comics Form"); and third, how

---

1   Peter Bly writes that "Galdós' interest in the visual arts, first aroused during his childhood in Las Palmas, manifested itself in a precocious talent for drawing and painting which soon achieved recognition. The size and quality of this art work, both in early and later years, are far superior than anything Balzac did, for example. Had he applied himself more consistently, Galdós could well have excelled as an exponent of the visual arts" (220).

the primacy given by the nineteenth-century novelist to visual concerns rears its head in a new way in the medium of sequential art ("Visual Creativity and Word-Image Combinations"). These sections amount neither to a sustained close reading of *Marianela* nor of *Nela*, but they do pose what I believe are intriguing questions surrounding the underexplored areas of Galdós's visual creativity and ultimately also how the Galdosian legacy might be reassessed in the context of the twenty-first century's changing definition of literature.

II. On Popular Art and Realism

On one hand, it might be best to avoid the myopic debate over whether sequential art / graphic novels are literature. But on the other, the debate over this point is crucial also for the content being studied here. It is best to quell any doubts that might be entertained before moving forward. First, just as films have been increasingly seen as literature, it is similarly appropriate to also see comics as literature—in the broad sense.[2] Second, however, this point in essence involves the socio-cultural question of a changing readership that recalls a similar change in Galdós's own time. It is often written that the work of Galdós needs to be seen within the context of the nineteenth-century rise of a middle class reader, as well as the associated political, social and economic shifts inspiring La Gloriosa and persisting through post-1868 Spain: waning support for monarchical rule and the declaration of the first Republic (1873-74), growing industrialization and urbanization, and so on (Baker 112). If there was a comparatively egalitarian push for new forms of narrative in the time of Galdós that would appeal to the middle class (Supeño Ibáñez 114, Baker 115), then the comic reflects a similarly egalitarian and popular push—only that this time the shift involves the growing acceptance of visual narrative as an artistic form of equal value to traditional literary prose narrative along with an increased awareness of the correspondence between word-image that accompanies sequential art (Eisner, García, McCloud *Understanding, Reinventing, Entender*).

It is well established that sequential art itself represents a curious fusion of iconic and abstract representation that can take many forms, and also that

---

2   It is perhaps appropriate to state from the outset that I have worked on comics and sequential art elsewhere (Fraser, *Disability Studies and Spanish Culture*, ch. 2; Fraser and Méndez). In addition, interested readers might be directed toward general sources in English (Beaty, Groensteen, *The System*, "Why Are Comics," Heer and Worchester, Lefèvre, MacAllister et al., McCloud, *Reinventing, Understanding*, Varnum and Gibbons, Versaci, Wolk) and in Spanish (Alary, Dopico, García, Gasca, McCloud, *Entender*) on the topic to learn the nuances of form and content in understanding comics.

it is a form capable of fusing the subjective and the objective in complex manifestations (neophytes may look to the work of McCloud on these points, which are given more emphasis in the next section). With this is mind, it is important to understand the nature of Galdós's own particular brand of realism. Indeed, what has been called "lo idiosincrático de su realismo" (Cardona 29) has brought the nineteenth-century author both criticism and praise. That is, it is well known that for Galdós, realism—although it drew elements from wider European trends—was not reducible to the materialist premise which motivated and in many cases triumphed in manifestations of those other trends. It may be said that while the representation of external reality became synonymous with realism, Galdós in particular sought in his novels to balance external reality and interior reality.

In "Observaciones sobre la novela contemporánea" (1870), Galdós discusses how "realism's mimetic nature not only portrays the content or representation of external reality, but also shows how individuals interpret and create meaning in relation to their social milieu by organizing and interpreting experience into a narrative structure" (Sierra 30). In a sense, the novelist gave equal weight to external social and environmental factors, on one hand, and to inner or subjective life on the other, such that his brand of realism has been called "realismo psicológico" (Cardona 32): "Galdós, en su presentación del desarrollo de un personaje, incluye también un conocimiento profundo del factor sicológico además de la presentación de estas trayectorias dentro del ambiente social" (Cardona 41; see also Correa 9, 19-20). Moreover, the nineteenth-century modernizing Spanish context experienced and represented by Galdós certainly turned on the increased importance of the visual—not merely in terms of the visual nature of newly prioritized urban environments but also the visual nature of human communication in a variety of aspects (Bly, McKinney). As evident in his prose literature, there is also an important 'artistic' aspect to Galdós's realism that must not be overlooked (Elizalde 28-30). But it is even more compelling that Galdós was also an avid creator of visual art: drawings and sketches.

In the quite recent 2013 article "When Words Become Art: Sketches from the Galley Proofs of Benito Pérez Galdós's *Fortunata y Jacinta*," scholar Michael Schnepf delves into an aspect of the author's artistic creativity that has persistently been overlooked, writing that: "In 1914, Galdós surprised both readers and researchers with his revelation that he had actually sketched the plethora of characters that make his novels so rich" (71). The similarly recent publication of a graphic novel version of *Marianela*—titled *Nela* (2013), composed by Rayco Pulido Rodríguez, and released by the well-known Bilbao-based publisher of comics Astiberri—complements the visual adaptation of Galdós's text with further insight into his passion for drawing. Closing the book is a section titled 'Un prólogo fuera de sitio: Cinco notas sobre Galdós, 'Marianela' y su adaptación' (ten un-numbered pages) that includes copies of three sets of charcoal images drawn by Galdós himself. Two of these provide evidence of sequential art: twelve panels, arranged in three rows of four, and fifteen panels, arranged in three rows of five. The accompanying text testifies to the fact that the author "desde niño fue un dibujante compulsivo:" "En 1862, al llegar a Madrid con 19 años dibujaba a todas horas," "Entre 1863 y 1867 dibuja tres álbumes: 'Las canarias' (1863), 'El atlas zoológico' (1865-66) y 'El gran teatro de la pescadería' (1867)."

In Pulido Rodríguez's judgment, this evidence pushes us to recognize that Galdós "se consagra como el *antecedente* más claro de la historieta que se conserva en las islas [Canarias]." With this in mind, rather than focus here either on a textual reading of the original prose narrative of *Marianela* or on the medium-specific relations of content that constitute the process and product of novelistic adaptation in the graphic novel *Nela*, I am interested in the role Galdós enjoys as a precursor of contemporary comics form in a general sense. In particular, then, I want to delve into *Nela* as a comics text in its own right and to employ Galdós's legacy as a generalized methodological premise, one that applies directly to the visual representation of a complex fusion of subjective and objective, iconic and abstract, concerns in the medium of sequential art. This direction of inquiry is, of course, implicitly grounded in the earlier work of Peter Bly, whose masterful work *Vision and the Visual Arts in Galdós* begins by rehearsing the polemics surrounding the distinctions and similarities between the visual and the verbal 'sister arts' (3). Here, too, we must be attentive to the nuances of what are necessarily different kinds of artistic representation—but just as in Bly's study, Galdós's "own efforts in the visual arts" makes this endeavor worthwhile (7).

III. Subjective Realism and Comics Form

Scott McCloud's book *Understanding Comics: The Invisible Art* (1993) is a theoretical text delving into the history and nature of sequential art. Although its contribution may be considered more or less valuable depending on who is writing about the text, it is clearly a touchstone for both scholars and practitioners of comics art. Appropriately enough, McCloud's theoretical points are communicated therein through the medium of comics—all the better to illustrate his insights into the way signification operates in this visual context, of course. The publication of a Spanish translation titled

Entender el cómic: el arte invisible by Astiberri in Bilbao (originally published in Spanish in 2005) further testifies to the significance and reach of McCloud's perspective. This section zeroes-in on some general properties of the comics medium—properties with which readers from traditionally literary fields may not be familiar—as a way of linking back to both the visual nature of Galdós's own creativity and his premise of subjective-realism.

Chapter two of McCloud's book—titled "The Vocabulary of Comics"—explores why representation in comics has to be understood along a nuanced "iconic abstraction scale" that includes "different progressions"—i.e. gradations running from complex to simple, from realistic to iconic, from objective to subjective, and from specific to universal (*Understanding* 46). His chapter's focus not on the sequential aspect of comics but on the representational nature of individual images allows readers to appreciate how the simple act of drawing is more complicated than it may at first seem to be: "By de-emphasizing the appearance of the physical world in favor of the idea of form, the cartoon places itself in the world of concepts. Through traditional realism, the comics artist can portray the world without—and through the cartoon, the world within" (*Understanding* 41). Here it is appropriate to see McCloud's use of "world without" and the "world within" as a rough equivalent of what are for Galdós external reality on one hand and internal reality on the other. Said another way, the comics artist opts for representational strategies that tend toward either affirming external reality or else allowing for a greater degree of subjectivity in the process of meaning making (readers more experienced with the nuances of comics form will note that the latter option reappears in the notions of 'closure' and 'the gutter' in sequential art).

This is directly relevant to *Nela*'s presentation of characters, most clearly in the artist's choice to use slightly more cartoonish forms for the character of Marianela (here Nela) while frequently portraying Pablo's cousin Florentina in a comparatively more realistic form. Here, the major distinction is to be found—appropriately enough given the thematic emphasis on vision—in the representation of the characters' eyes (e.g. see Pulido Rodríguez 77-79, 82), but other facial features are also contrasted.[3] The single margin-to-margin panel at the bottom of page 82 of *Nela* is particularly revealing in this respect, as it opposes Pablo and Nela on the left in mid-long shot to Florentina on the right in mid-close-up. Nela's eyes are shaped in the basic and geometrical

---

3   As the graphic novel *Nela* has no numbered pages, it is necessary to describe the numbering system I employ throughout this article when directing readers to the text: I have numbered as page 1 of *Nela* the page that includes the panels with the first image of Teodoro Golfín and with the 1st chapter number (reading '1 Perdido').

cartoon form of a circle, bulging and with a center iris point, no eyelashes
or eyelids; her nose is a triangle, and her mouth a straight line. At her side,
Pablo boasts a face that is similarly cartoonish, with blank spaces where the
eyes should be—using the visual language of comics representation to signify
his blindness, as has been done systematically up until this point. Florentina,
on the other hand, is drawn with eyelashes and eyelids, the delicate curve
of a nose, and a more contoured set of lips in lieu of a straight-line mouth.
It must be said that this artistic decision, of course, enhances the reception
of *Nela* as a comics text boasting necessarily intimate connections between
formal properties and content. As readers familiar with the story will know,
the work's climax hinges on the way in which vision complicates notions of
beauty: with his sight eventually restored by the scientific efforts set in mo-
tion by Teodoro Golfín, Pablo falls in love instead with Florentina, and Nela
dies as the consequence of a broken heart. In this context, specifically, the
reader of the comics text is thus encouraged by differentiated strategies of
iconic representation to adopt the perspective of Nela's subjective experience
of Florentina's beauty as a cut above the rest (her own included).[4]

The instance related above shows how Pulido Rodríguez's persistent emphasis on cartoon-like representation throughout thus has, *a la* McCloud,
the effect of "de-emphasizing the appearance of the physical world in favor of
the idea of form" and places us "in the world of concepts." This complements
the conceptual motivation for *Marianela*, which "fictionalizes the positiv-
istic philosophy of Auguste Comte which became popular in Madrid a few
months before Galdós composed his work" (Pattison, *Benito Pérez Galdós*
57; see also *Benito Pérez Galdós and the Creative Process* 115). The relevance
of McCloud's statement regarding "the world of concepts" is important,
too, given how the novel has been seen as "una novela abstracta" juxtapos-
ing the past and the present, agriculture and industry (Casalduero 61). Pattison states uncompromisingly that "Galdós did not succeed in adopting the
standpoint of a realistic observer" and that he uses his "'abstract' technique
... to show that imagination ... must give way to scientific realism" (*Benito
Pérez Galdós and the Creative Process* 117; also 137 on his notion of realism).
Joaquín Casalduero's classic study *Vida y obra de Galdós* also characterizes the

---

4   This high degree of iconic realism in the graphic representation of Florentina also reproduces aspects of the character as noted by Bly: "The implications for
the aptly-named Florentina are obvious: she has only the surface appearance and not
necessarily the holy virtues of the Mother of Jesus" (157). The literary correspondence between the Virgen and Florentina analyzed by Bly is reproduced to great effect
in *Nela* on pages 78 and 79.

novel in terms of a perennial struggle between reality and imagination: "En *Marianela*, Galdós declara la superioridad del mundo de la realidad sobre el de la imaginación y el deber de abandonar éste para penetrar en aquél" (69; see also Del Río who writes of the destruction of "el mundo de ilusión que los dos jóvenes habían creado en su idilio" 102). With this in mind, one could argue that the irruption of a higher degree of iconic realism in the depiction of Florentina at privileged moments in *Nela* reaffirms the spirit of Casalduero's comment.[5] The formal tension between iconic abstraction and iconic realism in *Nela* thus complements the work's thematic reliance on the struggle between reality and imagination—a tension that reaches its climax when the visual reality of Florentina's physical beauty in essence triumphs over the force and promise of Nela's imaginative subjectivity.

To continue with this discussion of comics form: it might be said overall that the general graphic style of *Nela* is purposely bland. This is not a criticism but rather a description, and one that allows for the deliberate use of technique in comics form deployed toward certain ends—such as Florentina's more realistic representation, which, as above, disrupts the iconic geometricality of Nela's own inner and imaginative, subjective world. But it may also be said that this bland style (iconic, geometrical, cartoonishly 'simple') is also the visual and artistic equivalent of Galdós's nuanced treatment of realism. As McCloud puts it in chapter five of his theoretical comics treatise (titled "Living in Line") while discussing the way lines and style necessarily convey emotion, even "[t]he most bland 'expressionless' lines on Earth can't help but characterize their subject in some way" (*Understanding* 125); which is to say that favoring a high degree of iconic abstraction over iconic realism, the graphic artist allows for the reader's reception of the work to be shaped by psychological / subjective reality as well. This is, of course, something that Galdós explicitly allowed for in his prose narrative as he continued to drift away from a strict naturalism. To wit, Walter Pattison notes that for Galdós, "The material stimuli dear to naturalism were gradually giving way to inner drives independent of environment and heredity" (*Benito Pérez Galdós* 130; also Cardona 41).

IV. VISUAL CREATIVITY AND WORD-IMAGE COMBINATIONS

In this chapter I have been suggesting that there is reason to give more attention to Galdós's own visual sensibility in light of recent work on sequential

---

5   Another marked instance of iconic realism appears on p. 65 in the three panels on the bottom of the page—an instance that is, there, well merited as this formal choice reflects the theme of visual acuity being discussed by Teodoro Golfín.

art. We know from the work of Michael Schepf, in particular, that the author sketched many of his characters prior to writing about them, a fact which suggests his awareness of the strong relationship between iconic (here: visual) and abstract (here: textual) modes of representation (see also Bly 7-8). The materials contained in the un-numbered appendix to *Nela* further emphasize this underappreciated history underlying the creative production of one of Spain's most internationally recognized authors. The content and form of Pulido Rodríguez's graphic novel bring further attention to Galdós's acknowledgment of the nuanced relationship between words and images— I would like to address content first, and form second. While I introduce each by way of a representative example and spend more time with the issue of form, my goal is not to launch an exhaustive close reading of the graphic novel but rather to point the general reader toward the general issues associated with *Nela*'s visual 'literariness.'

It is important to recognize that the visual content of *Nela* builds, in part, from a single image that the graphic novel's author has recovered from the 'Atlas zoológico:' therein, Galdós has drawn "el marqués de la Florida, perseguido por los secuaces de González Bravo por su participación en la manifestación estudiantil de la citada Noche de San Daniel, entreacto de la Revolución de septiembre de 1868. El marqués se esconde entre dos conchas, como una almeja, hasta que consigue fugarse de Madrid." This original image drawn by Galdós is adapted here in Rayco's own comics interpretation of *Marianela* to portray Nela hiding in two baskets as if a clam and appears throughout a few sequences (e.g. Pulido Rodríguez, those images on pp. 21-25 and 74-76)—a fact that, interestingly, recapitulates the inspiration Galdós found in drawings for composing his prose narrative works. A further conclusion may be drawn from this pattern of connecting narrative with visual depictions. Given his propensity for drawing his characters, it may be suggested that Galdós also conceived of his work in the same way that comics artists do (albeit from another perspective). Whether we are writing of the way in which Galdós approached his novelistic worlds or the way in which Pulido Rodríguez approaches his sequential art, in each case, the creator is attentive to the intersection of three variables: reality, linguistic representation and pictorial representation.[6]

But it is the issue of how these three variables interact in comics form which is perhaps even more interesting to consider. The word-image

---

6   McCloud writes of the triangular model "the area described by these 3 vertices—'Reality,' language and the picture plane—represents the total pictorial vocabulary of comics or of any of the visual arts" (*Understanding* 51; see also 52-23).

combinations that McCloud identifies in his theoretical comics text *Understanding Comics* (153-55) are key to understanding how Pulido Rodríguez approaches the relationship between linguistic representation (or words) and pictorial representation (or images) in *Nela*. What is clear is that the artist has refused to adapt *Marianela* to graphic novel form merely by adding pictures to support the text; a transposition that, after all, would privilege textual representation over pictorial representation, resulting in a visual form lacking its own 'literary' value. *Nela*—indeed, like any complex and artistic comics text—employs a range of representational strategies. These include: 1) word-specific combinations, "where pictures illustrate, but don't significantly add to a largely complete text" (e.g. Pulido Rodríguez 129, 138); 2) picture-specific combinations, "where words do little more than add a soundtrack to a visually told sequence" (e.g. 17-20, 48-49); 3) duo-specific combinations, "in which both words and pictures send essentially the same message;" 4) additive combinations, "where words amplify or elaborate an image or vice versa" (e.g. 21); 5) parallel combinations, where "words and pictures seem to follow very different courses—without intersecting" (e.g. 65, 142); 6) montage, "where words are treated as integral parts of the picture" (e.g. pp. 6-7, 47); and 6) interdependent combinations, "where words and pictures go hand in hand to convey an idea that neither could convey alone" (e.g. 121, also 60, discussed below) (McCloud, *Understanding* 153-55).

But Pulido Rodríguez's text speaks also through its creative use of panel transitions, which are at times mobilized to emphasize a degree of literary realism. In the five panels comprising p. 128, for example, the artist portrays the unfolding duration of a country morning sunrise in realist terms: the initial long panel suggesting the slow evolution of time, portrayed via a distant shot of the sun rising over the hills, with smoke beginning to rise from the farmhouse; next, two similar panels suggesting the effects of time's unfolding at a smaller and nested scale that zoom-in to an individual plant stalk, the second of these panels differing from the first only by the sudden absence of a caterpillar and the subtle shake of the stalk's leaves; and in the fourth panel, a family of birds nesting on a branch outside the dark farmhouse window (where the caterpillar now reappears as part of a meal in progress). In the last panel, a single word balloon on the solid black background of the farmhouse room's interior reads "Buenos días, primo" [the voice of Florentina waking Pablo]. In comics terms, this sequence displays the mastery with which Pulido Rodríguez is able to immerse the reader in the realistic details and the temporality specific to the country scene; it also poses in visual terms the question, so central to Galdós's realism, of the relationship between the human being and its environment. Take also the scene wherein the Golfines stroll through the steep hills discussing Nela—the artist has used an entire page as a single scene, but one that is simultaneously subdivided into four interlocking panels. The large panel as a whole represents a single space— a path along the edge of a cliff—while the four interlocking panels reproduce, in time, the strolling group's successive positions on the cliff-side path. Because of the way this is represented, the reader experiences the temporal duration of the stroll at the same time as the content of the discussion, intuiting a larger duration from what appears as a single slice of time on the page. Again, on account of the artistic relationship between comics form and content, here the reader is encouraged to visualize the human being within a wider natural environment.

There are still other visual strategies appearing in *Nela* that would need to be unpacked in a separate study focusing on this particular graphic novel outside of the broader legacy of Galdós. For example, the way in which Pulido Rodríguez exploits the comics form by using the full space of the page as a single panel (p. 75; exploiting the fact that 'space equals time' in the comics medium) and the artist's use of gold as a third color to add dynamism to selected images and perhaps also to represent the strength of Nela's inner and imaginative world (pp. 9-11, 37, 47, 77-80). Elsewhere, Pulido Rodríguez creates intriguing images that span the gutter, for example: on p. 60 where he depicts temporal duration of travel through the mine, and on p. 126 where the flame of a candle is exaggerated across panels to great effect (see the same strategy used on p. 100). The use of striking scientific-medical (ocular) imagery (e.g. pp. 67, 88, 123-25; see also Bly 60) and the representation of sound through word-images (the whispering wind on p. 6) similarly deserve the careful attention of a critic versed in scholarship of the comics medium. In addition, McCloud's explanations of how the expressive subjectivity of the comics form allows for background to be reflective of the inner states of characters (*Understanding* 132) is worthy of sustained interpretation ("The invisible world of senses and emotions can also be portrayed either between or within panels," *Understanding* 121).[7] Once combined more carefully with inquiry into the representation of "doubts about the validity of the ocular perception of reality" (Bly 153) as a theme in Galdós, the nuances of the visual medium of comics form noted above should serve to complement traditional studies of novelistic form. The result should be sufficient to bring the works of one of Spain's most important writers to a wider, popular,

---

7   For example, on p. 74 the black background reflects Nela's isolation but also the intensity of her introspection and inner questioning.

twenty-first-century public, one aware of the meteoric rise of interest in the artistic forms of sequential art and the graphic novel.

V. CONCLUSION

Because of the relative and situational novelty of the approach I am proposing, this essay has necessarily tended toward the historical and the theoretical rather than launch a sustained close reading of Rayco Pulido Rodríguez's graphic novel. I have argued merely for a generalized understanding of how *Nela* in essence actualizes—in the realm of artistic production specific to comics form—Galdós's novelistic insights and nuanced use of a subjective realism. If Galdós's prose elevated reality to an aesthetic plane (Elizalde 30) and was driven by a visual imagination (Bly, McKinney)—a theme that proves central to *Marianela*—then it should be acknowledged that *Nela* contemporizes the nineteenth-century author's legacy. As stated in the introduction, I have hoped merely to suggest a connection between different forms of artistic representation that Galdosian scholars may not previously considered. In doing so, I have been attentive to the way in which the past endures in the present—that is, even as artistic media change from what are institutionalized as more traditional literary forms to more visually focused works, it is, as always, the nuanced relationship between form and content that defines the work of art. This is a pointedly basic argument, but it is one that is all too seldom recognized in the wider field of Hispanic Studies, a field where a traditionally literary bias has not been challenged to the same degree as it has been in French or German Studies, for example. If we are indeed to investigate "las más misteriosas obras de nuestra literatura" (Zambrano v) in the broadest of possible contemporary contexts, this should include the new way in which Rayco Pulido Rodríguez has reactualized Galdós's legacy. The fact that Benito Pérez Galdós was himself an innovator in his own time—responding to the rising popularity and changing concerns of a newly modern readership—should only serve to underscore the 'literariness' of graphic novels for Hispanists working within our own twenty-first-century context.

Works Cited

Alary, Viviane. "La historieta en España: entre el futuro y el pasado." *Cuatro lecciones sobre el cómic.* Ed. Antonio Ballesteros and Claude Duée. Cuenca: Ediciones de la Universidad de Castilla-la Mancha, 2000. 35–66.

Baker, Edward. *Materiales para escribir Madrid: Literatura y espacio urbano de Moratín a Galdós.* Madrid: Siglo XXI, 1991.

Beaty, Bart. *Unpopular Culture: Transforming the European Comic Book in the 1990s.* Toronto: University of Toronto Press, 2007.

Bly, Peter A. *Vision and the Visual Arts in Galdós: A Study of the Novels and Newspaper Articles.* Liverpool: Francis Cairns, 1986.

Cardona, Rodolfo. *Galdós ante la literatura y la historia.* Las Palmas: Cabildo Insular de Gran Canaria, 1998.

Casalduero, Joaquín. *Vida y obra de Galdós.* 2ª ed. Madrid: Gredos, 1961.

Correa, Gustavo. *Realidad, ficción y símbolo en las novelas de Pérez Galdós: ensayo de estética realista.* Bogotá: Instituto Caro y Cuervo, 1967.

Del Río, Ángel. *Estudios Galdosianos.* New York: Las Américas, 1969.

Dopico, Pablo. *El cómic underground español, 1970–1980.* Madrid: Cátedra, 2005.

Eisner, Will. *Comics and Sequential Art.* New York and London: W. W. Norton, 2008.

Elizalde, Ignacio. *Pérez Galdós y su novelística.* Bilbao: Universidad de Deusto, 1988.

Fraser, Benjamin. *Disability Studies and Spanish Culture: Films, Novels, the Comic and the Public Exhibition.* Liverpool: Liverpool UP, 2013.

———. *Encounters with Bergson(ism) in Spain: Reconciling Philosophy, Literature, Film and Urban Space.* Chapel Hill: University of North Carolina Press, NCSRLL #295, 2010.

Fraser, Benjamin and Claudia Méndez. "Espacio, tiempo y ciudad: La representación de Buenos Aires en *El Eternauta*." *Revista Iberoamericana* 78.238-239 (Jan.-June 2012): 57-72.

García, Santiago. *La novela gráfica.* Bilbao: Astiberri, 2010.

Gasca, Luis, and Román Gubern. *El discurso del cómic.* 4th ed. Madrid: Cátedra (Signo e imagen), 2001.

Groensteen, Thierry. *The System of Comics.* Trans. Bart Beaty and Nick Nguyen. Jackson: UP of Mississippi, 2007.

———. "Why Are Comics Still in Search of Cultural Legitimization?" *A Comics Studies Reader.* Eds. Jeet Heer and Kent Worchester. Jackson: University Press of Mississippi, 2009. 3–11.

Hatfield, Charles. *Alternative Comic: An Emerging Literature.* Jackson: University Press of Mississippi, 2005.

Heer, Jeet, and Kent Worchester, eds. *A Comics Studies Reader.* Jackson: University Press of Mississippi, 2009.

Lefèvre, Pascal. "Incompatible Visual Ontologies? The Problematic Adaptation of Drawn Images." *Film and Comic Books*. Ed. Ian Gordon, Mark Jancovich, and Matthew P. McAllister. Jackson: University Press of Mississippi, 2007. 1–12.

McAllister, Matthew P., Edward H. Sewell, Jr., and Ian Gordon. *Comics & Ideology*. New York: Peter Lang, 2001.

McCloud, Scott. *Entender el cómic: el arte invisible*. Bilbao: Astiberri, 2009.

———. *Reinventing Comics: How Imagination and Technology Are Revolutionizing an Art Form*. New York: Harper Collins, 2000.

———. *Understanding Comics: The Invisible Art*. New York: Harper Collins, 1994.

McKinney, Colin. *Mapping the Social Body: Urbanisation, the Gaze and the Novels of Galdós*. Chapel Hill: NCSRLL, Dept. of Romance Languages, 2010.

Pattison, Walter T. *Benito Pérez Galdós*. Boston: Twayne, 1975.

———. *Benito Pérez Galdós and the Creative Process*. Minneapolis: University of Minnesota Press, 1954.

Pulido Rodríguez, Rayco. *Nela. Una adaptación de la novela MARIANELA de Benito Pérez Galdós*. Bilbao: Astiberri, 2013.

Schnepf, Michael. "When Words Become Art: Sketches from the Galley Proofs of Benito Pérez Galdós's *Fortunata y Jacinta*." *Decimonónica* 10.2 (2013): 71-80. Accessed 8 April 2014. Web.

Sierra, Sarah. "La sombra, Memory, and the Narrative Self: Galdós's Practice of Realism." *Decimonónica* 11.1 (2014): 30-45. Accessed 8 April 2014. Web.

Sopeño Ibáñez, Federico. *Arte y sociedad en Galdós*. Madrid: Gredos, 1970.

Varnum, Robin, and Christina T. Gibbons, eds. *The Language of Comics*. Jackson: University Press of Mississippi, 2001.

Versaci, Rocco. *This Book Contains Graphic Language: Comics as Literature*. New York: Continuum, 2007.

Wolk, Douglas. *Reading Comics: How Graphic Novels Work and What They Mean*. Cambridge: Da Capo Press, 2007.

Zambrano, María. "Introducción." *Misericordia* de Benito Pérez Galdós. México: Editorial Orion, 1967. i-xxviii.

Entre el humor y la tragedia, el guión de *El verdugo* (1963) de Rafael Azcona

YOSÁLIDA C. RIVERO-ZARITZKY
Clark Atlanta University

*A Joan Gilabert,
amante del humor y
conversador inagotable*

EL *VERDUGO* ES UNA de las películas más conocidas e importantes dentro del cine español. Como su nombre sugiere, es un film que trata sobre la pena de muerte, un tema que al ser tocado durante el período de la dictadura podría haber sido vedado por la censura. Sin embargo, a pesar de las claras referencias críticas a esta forma de ejercer la justicia, el film pasa la primera mirada de los censores sin mayores recortes al guión y finalmente se proyecta en las salas españolas. Esta burla a los aparatos controladores del Estado se logra gracias al amplio entendimiento de la idiosincrasia nacional por parte de Rafael Azcona,[1] quien, en su pericia para hablar en un lenguaje ambivalente, puede igualmente cegar al censor a la vez que advertir al espectador de que debajo de la gracia de la historia de un funcionario del Estado ansioso por tener un piso, hay una crítica mordaz al sistema. El humor que se esparce en todo el film va a estar dirigido no sólo a provocar la risa distraída del espectador, sino también a incomodarlo ante ese motivo cruel que le in-

---

[1]   En esta película aparecen tres nombres relacionados con el rubro del guión: Luis García Berlanga, Enio Flaiano y Rafael Azcona. Si se nota en la versión cinematográfica española, Nino Manfredi, actor italiano, ha sido doblado al castellano. No es un dato confirmado, pero la participación de Flaiano pudo haber sido la de ajustar al italiano los diálogos de Manfredi, puesto que, en la edición del guión que estoy usando para este estudio, no aparece su nombre como coautor, sólo aparecen Berlanga y Azcona.

duce a la burla, motivo que deja de ser cómico una vez que se le reconoce y
aísla de su contexto lúdico.

A modo de sinopsis puede decirse que Amadeo, un anciano al borde
de la jubilación, está cumpliendo con su trabajo de verdugo cuando por un
juego del destino se cruza casualmente con Álvarez y José Luis, los enterradores. El primero se ofrece para llevar a Amadeo hasta el centro de la ciudad
sin el consentimiento del segundo y en el trayecto Amadeo les habla de lo
incomprendido que es el gremio al que él pertenece. Al bajarse deja su bolsa
de trabajo en la furgoneta funeraria y José Luis tiene que llevársela a su casa
donde conoce a Carmen, la hija del verdugo. Tanto ella, por ser hija de Amadeo, como él, por ser enterrador, no han tenido suerte al encontrar pareja y al
conocerse se les presenta una buena oportunidad para el romance. Amadeo
llega un día a casa y se encuentra con que José Luis y su hija están a medio
vestir y se da cuenta de que se han acostado. Ella le pide al joven que mienta
a su padre con el fin de tranquilizarlo, pero la falsa promesa de convertir a
Carmen en su esposa efectivamente se resuelve en boda. Por otro lado, como
parte de su beneficio laboral, Amadeo finalmente ha recibido los papeles para
optar por un piso. Al igual que hiciera en su película anterior *El pisito* (1958),
en esta se expone el problema de la fuerte crisis habitacional; en una España
de postguerra donde la infraestructura había sufrido severamente no había
suficientes viviendas disponibles. Amadeo, como funcionario del Estado, ca-
lificaba para tener su casa propia después de cierto tiempo de servicio, pero
como estaba a punto de jubilarse podía perder esa oportunidad y trata de
convencer a su yerno de que tome la posición de verdugo para conservar el
derecho al apartamento. Aunque José Luis se resiste de muchas formas, es
coaccionado a tomar el puesto de trabajo con la esperanza de poder dimitir
en cuanto se encuentre ante la situación inminente de ejecutar a algún reo.
Por un tiempo viven sin que él sea llamado a ejercer su trabajo, hasta que un
día llega la temida carta del ministerio solicitando los servicios de José Luis.
Una vez más su intención de dimitir se ve frustrada y termina por ir a Palma
de Mallorca, lugar de la ejecución, porque el resto de la familia, indiferente a
su desasosiego, tiene la ilusión de ir a vacacionar al mar. Hasta el último momento José Luis tiene la esperanza de que llegue el indulto, pero éste nunca
llega y le toca ser arrastrado detrás del ecuánime reo para que lo ejecute.

Al igual que en *El pisito*, la idea que dio vida a esta obra se toma de la vida
real. Luis García Berlanga, el director de la película, señala que:

> *El Verdugo* nació de una *única imagen* que me perseguía durante años;
> la de la nave blanca inmensa y dos grupitos, uno arrastrando a la víctima

y otro al verdugo. Nació el relato de la ejecución de una criada, a la que dieron garrote en Valencia hacia el año 47, una de las últimas veces que se ha dado garrote en Valencia. Una criada vinculada, por cierto, a unas ideas nada liberales, respetaba mucho a sus señoritos y envenenaba a sus compañeras.

El abogado fue el que me lo contó y en el mismo momento dije ¡Esto es una película!, pero *no tenía más que esa imagen*. Al verdugo le dio un ataque de nervios, estuvieron toda la noche poniéndole inyecciones, intentándole convencer, y al final tuvo que ir la Guardia Civil y obligarle a ejercer, mientras que la víctima, contrariamente a lo que yo sacaba en la película, estaba con una tranquilidad pasmosa, dando consejos a su hija sentada ya en la silla. Luego, cuando escribimos el guión, todo fue ir añadiendo cosas a esa imagen…. ("Declaraciones" 3-4, Énfasis agregado)

Varios de estos datos sobre la víctima original serán retomados en la versión teatral de la película escrita por Bernardo Sánchez y llevada a cabo por la Compañía Teatro de la Danza en el 2000. En esta adaptación se mantiene una gran fidelidad con la película desde los diálogos hasta el orden de las escenas, y como es natural, existen licencias en cuanto a la abreviación de personajes—la familia de José Luis, por ejemplo—y la omisión de espacios, pero se rescata con gran acierto este episodio que da origen a la idea de la película.[2] En el momento que José Luis está en escena y se le comunica que el reo es una mujer, gana aún más zozobra de la que muestra Nino Manfredi en el film porque halla el hecho mucho más monstruoso que matar a un hombre.[3]

---

2   Ignacio Amestoy cuando comenta sobre el montaje teatral explica que "Para la reflexión queda el hecho de que, con los mimbres de un guión cinematográfico tan rotundo como el de *El verdugo*, se haya conseguido una pieza teatral […] de tanta efectividad, dejando a un lado el inteligente diseño de la producción desde su origen. Porque lo que este espectáculo vuelve a poner sobre el tapete es el valor de los personajes en el teatro y el valor del conflicto que viven los personajes. ¡Personajes y conflicto! Algo que los puristas cinéfilos rechazan para el auténtico cine" (110). De esta manera, deja abierto al diálogo, o como él mismo dice, a la reflexión, el valor de la historia vista y usada en otra plataforma, la teatral en este caso. La historia se sostiene en ella misma y todavía es capaz de satisfacer y conmover al espectador.

3   En cuanto a la forma de ejecución, y para entender futuras alusiones a esta práctica, hay que aclarar en qué consistía el garrote. Esta era una forma muy antigua de aplicar la pena capital. Se trataba de una silla cuyo espaldar era un madero al que se le adhería un collar de hierro. Una vez sentada la víctima, se le colocaba el collar y se le ajustaba al cuello, después de lo cual, se le daba vuelta a una manivela en forma

Volviendo a la sinopsis de la película y a la cita de Berlanga, puede apreciarse que son muchas las variaciones que se aplicaron a la idea original. En la película ya no se trató de una víctima femenina sino de un caballero, así como también se abunda en detalles sobre quién es el verdugo, cómo llega a serlo y porqué tenía aversión a cumplir con su oficio. El producto final, como muchos de los escritos de Azcona, se centra en la imposibilidad del ser humano de comunicarse y de librarse de las circunstancias que lo envuelven sin que él, por más que intente, pueda zafarse de ellas. Juan Egea las llama "rebeldías abortadas" puesto que "son las pequeñas complicidades, las capitulaciones nimias las que han ido comprometiendo al protagonista" (180). Esto puede apreciarse cuando el espectador se percata de que la opinión de José Luis nunca es escuchada y las decisiones de otros lo cercan hasta dejarlo sin voluntad o poder de resistencia. Se ve presente desde el primer momento cuando José Luis no quiere llevar en el coche funerario a Amadeo, pero por insistencia de Álvarez lo llevan al centro de la ciudad de todos modos. Luego, cuando el maletín queda olvidado en el coche, es él quien tiene que llevarlo a casa de Amadeo también en contra de su voluntad. Al momento de ser encontrado con Carmen en su casa, es forzado por ésta a decir al padre que se casará con ella aunque el matrimonio no entraba en sus planes. Tiene que renunciar a irse a Alemania a estudiar mecánica para ser el próximo verdugo. Cuando quiere dimitir, le obligan a pensar en la seguridad de su hijo. Una vez cumplida la ejecución José Luis se reúne con su familia que lo espera en el barco de regreso, pero cuando le dice a su suegro que no lo volverá a hacer, Amadeo chasquea los dientes restándole importancia a su fallo y expresa que eso mismo dijo él la primera vez, dando la idea de que el sistema terminará por absorberlo. En otras palabras, en todo momento su poder de decisión es controlado o manipulado por todos los que lo rodean, y ésa es en buena parte en lo que se concentra la narrativa de Azcona: la alienación del ser humano, tratado ampliamente en sus poemas y novelas como *El pisito, El cochecito, Los ilusos* y *Pobre paralítico y muerto*.

Según la cita de Berlanga, él se inspira en un acontecimiento que data más o menos en el año de 1947. Hacia esa fecha España había tenido una larga trayectoria relacionada con la práctica de la pena de muerte abarcando un rango de tiempo desde el año 1870 hasta su desaparición en 1983, como lo

---

de torniquete hasta que se mataba al reo por asfixia. Hubo dos tipos, el anterior descrito corresponde a la forma más popular, pero en la zona de Cataluña se le añadió al madero un metal en forma de punzón que, al mismo tiempo que se atornillaba la manivela para asfixiar a la víctima, se introducía en las vértebras próximas al cuello destruyendo la médula espinal.

indica el estudio conjunto de Xavi Peregrina y otros. De acuerdo a esos datos, sólo durante la Primera y Segunda República fue abolida la pena capital. En la dictadura, de manera sistemática se fueron añadiendo crímenes cometidos por civiles que entraban dentro de la pena del juicio sumario, y no es hasta la transición en 1978 cuando se comienza a considerar la idea de abolirla. Photius Coutsoukis, en su estudio sobre el sistema penitenciario en España, aclara aún más el vacío que la cronología mencionada anteriormente deja entre el año 1960 y 1978, período cuando se filma esta película:

> After the Civil War, crimes involving the security of the state were handled outside the regular court system. From 1941 until 1963, military courts had sole charge of all crimes against national security, in many cases through summary courts martial. Offenses ranging from treason and sabotage to the fostering of strikes and membership in illegal associations came under the jurisdiction of military courts. In 1963 Franco created the three-judge civilian Court for Public Order to deal with all nonterrorist [sic] internal security offenses, such as belonging to illegal parties and distributing antigovernment propaganda. In 1968, however, and again in 1975, after intensified terrorist action, various crimes were added to the state security category, restoring them to military jurisdiction. In 1980 the charging or the trying of civilians by military courts was prohibited. (3)[4]

A pesar de que la fecha de origen de la idea argumental de *El verdugo* es 1947, esta película encuentra ecos con sucesos acaecidos en 1963. La película se estrena en septiembre del año en mención en el Festival de cine de Venecia, y en España—con tres minutos menos[5]—el 17 de febrero de 1964. A principios de 1963 se dan ciertos acontecimientos que valen la pena mencionar.

El 1 de abril de ese año se aprobó la institución del Tribunal de Orden Público,[6] pero no entró en vigencia hasta después del 20 de abril cuando un

---

4   Artículo sacado del Internet. La numeración corresponde al número del párrafo. http://www.photius.com/countries/spain/national_security/spain_national_security_criminal_justice_and~8070.html

5   No sabría precisar qué partes se quitaron puesto que la versión escrita presenta una que otra diferencia con la película, pero al fin de cuentas todo el material se incluye. También, no sabría precisar si la versión que se distribuye ahora fue la versión del largo original o la que se recortó.

6   Organismo que se encargaría de procesamientos civiles—sin contar con el código militar que se venía usando hasta la fecha—el cual cerraba la legislación

conocido político de izquierda, Julián Grimau, fue detenido y procesado después de una búsqueda de muchos años. Se presume que fue delatado por otro miembro del Partido Comunista Español cuya sede en el exilio se encontraba en Francia. Lo procesaron por supuestos crímenes cometidos durante la guerra civil, esto con el fin de poder someterlo a un tribunal militar que no contaba con una formación jurídica legítima. De haber sido procesado por el Tribunal de Orden Público no le habrían ejecutado sino que habría cumplido una condena en prisión. Sin embargo, esos no eran los planes que el gobierno tenía para Grimau. Él se convirtió en el último procesado por crímenes de guerra y todas las irregularidades encontradas en su caso hacen concluir en que Grimau se convirtió en una cortina de humo para calmar los ánimos en un momento cuando comenzaban a haber revueltas políticas en contra del sistema gubernamental español.

Este caso no sólo tuvo repercusiones a nivel nacional sino también a nivel internacional. No obstante las peticiones de diferentes partes del mundo, no se pudo ejercer la presión esperada para detener el fusilamiento, o conmutar la sentencia a pena carcelaria. Asimismo, es interesante comentar que dicho caso no sólo causó polémicas en su tiempo, a lo largo de los años se ha mantenido abierta la demanda de redimir el nombre de Julián Grimau. El fracaso de uno de estos intentos causó que el escritor Manuel Vázquez Montalbán dedicara un artículo periodístico el 29 de enero de 1990 donde declaró su profundo desacuerdo a la resolución tomada por las autoridades con respecto al caso Grimau. Él comenta:

> Julián Grimau ha vuelto a ser condenado. Ha sido condenado a no ser inocente.... Es posible que los profesionales del derecho puedan encontrar en la sentencia del Supremo otra interpretación, pero me atrevo a proponer una encuesta nacional para saber qué ha pensado la mayor parte de consumidores de información ante la noticia glosada. Ha pensado lo peor. Ha pensado que, a pesar de la democracia que nos envuelve, Grimau sigue mereciendo no ser inocente, y, por tanto, son inocentes los que lo detuvieron, lo torturaron, lo tiraron por la ventana, lo juzgaron haciéndose incluso trampas a sí mismos y finalmente lo fusilaron. Es evidente que la historia no ha sido como la esperábamos, ni siquiera como nos la merecíamos. Pero esta alianza impía entre la justicia franquista y la justicia democrática supera todas las catástrofes previsibles. (n. pág.)

---

represiva vigente después de la guerra civil.

La indignación que Vázquez Montalbán manifiesta en el artículo, escrito veintisiete años después del incidente, es un indicativo de la gravedad del caso, y todavía, de fecha relativamente reciente, se puede encontrar en los archivos del diario *El País* un artículo del 6 de mayo del 2005 titulado "La Asamblea de Madrid propone que se rehabilite a Julián Grimau." En otras palabras, este antecedente fue—y es—lo suficientemente contundente en su tiempo como para vincularlo como referente en la película de *El verdugo*. A ello también se le suma el ajusticiamiento por garrote vil de otros dos perseguidos políticos: Joaquín Delgado Martínez y Francisco Granados Mata. De allí que no sea una sorpresa que autoridades políticas y militares hayan hecho comentarios sobre el carácter subversivo de la película.

Siendo que el film se estrenó en Venecia, el embajador de España en Italia, Alfredo Sánchez Bella, dirigió una carta al Ministro de Asuntos Exteriores de España, Fernando María Castiela, advirtiéndole de los peligros de dicha cinta:

Sólo el viernes 23 tuve la información, a través de Enrique Llovet, de que en Venecia se presentaba la película *El verdugo* de Berlanga... Le hice ver las graves consecuencias que podrían producirse por la proyección de esa película. Coincidió conmigo en la tremenda inoportunidad del tema [...] por toda la ciudad, aparecían grandes carteles protestando por el ajusticiamiento de los dos terroristas de Madrid [se refiere a Francisco Granados y Joaquín Delgado] y se temían alborotos para la presentación de la película de Bardem.... Es una producción italo-española; a los italianos no se les puede prohibir su proyección y por lo tanto, la exclusión del Festival no resolvería nada. Lo que sí podía intentarse era dar una severa llamada de atención a los autores del desaguisado, para que en la entrevista de Prensa previa a la presentación oficial con los críticos de cine, trataran de paliar con hábiles declaraciones el efecto político contra España que la película puede causar. (Citado por Valero Martínez, Sección 2)[7]

Como comenta Valero Martínez en su artículo, las respuestas iniciales de la película contribuyeron a que Berlanga no volviera a estrenar en España sino hasta 1967 cuando aparece *La boutique*.

Por otro lado, Azcona siguió escribiendo. Entre sus guiones de ese período se encuentran: *La donna scimmia* o *Se acabó el negocio* (1963) para

---

7   Sacado de: http://www.cinehistoria.com/el_verdugo.htm

el director Marco Ferreri, *Un rincón para quererernos* (1964) para Ignacio F. Iquino, *Il profesore* (1964) para Ferreri, *Una moglie americana* o *Una esposa americana* (1965) para Gian Luigi Polidoro, *L'uomo dei cinque palloni* (1965) y *Marcia nuziale* (1966) para Ferreri, *L'estate* (1966) para Paolo Spinola, *Il fishio al naso* o ¡Qué dulce es morir así! (1967) para Ugo Tognazzi, *L'harem* (1967) para Ferreri, *Peppermint frappé* (1967) para Carlos Saura y *La boutique* (1967) de nuevo para Berlanga. Nueve de estos once films son parte del cuerpo de películas de su ciclo italiano. Si bien la mayoría de estas películas se dan fuera de España, todavía se ve que la censura no coarta el oficio de Azcona en el territorio nacional puesto que escribió el guión de *Un rincón para quererernos* que se estrena el año después a *El verdugo*. Dicho "descuido" de las autoridades quizás también se deba a otra muestra de la poca importancia que se le da al guionista de un texto fílmico en contraposición con la responsabilidad de la propiedad intelectual que recae casi siempre en su totalidad sobre el director de la película. Por otro lado, su participación en *Peppermint frappé* de Saura fue, según el mismo director, prácticamente accidental y Azcona ha dicho que su función en él fue la de hacer arreglos a dicho guión.

El doble juego que se presenta en el guión de *El verdugo* es quizá lo que no impidió que la película fuera proyectada en España. A primera vista, y para confusión del sector censor incauto, podría considerarse la lectura como una justificación de la existencia de un funcionario público que cumple con su deber ciudadano al ejecutar la ley. Se juega con la premisa de que éste no debería considerarse un oficio decadente porque entonces también se consideraría decadente y monstruoso el sistema que permite ese tipo de justicia. Si bien se recuerda en las primeras secuencias de la película, Amadeo manifiesta a los enterradores que: "Siempre la misma historia... Nosotros somos unos incomprendidos" (*EV*-G 8).[8] Con esta frase entran en juego varios factores. Primero, José Isbert, el actor que encarna a Amadeo, no encaja dentro del estereotipo físico de esbirro; por el contrario, como dice José Luis, "parece una persona normal," y más aún, su tipología llama más a la compasión que se puede sentir por un abuelo que a la antipatía o aversión hacia un ejecutor. Segundo, las palabras proferidas en la cita llaman a la posible reconsideración de su trabajo como una forma de oficio digno, no sólo como funcionario del gobierno, sino al trabajo en sí como una forma aceptable de hacer cumplir la ley. Esta idea se reafirma en el comentario que luego le hace a José Luis mientras le visita en su casa. Pero es precisamente allí donde se juega con la ambivalencia del texto puesto que si se recapitula todo el fragmento pueden verse otros matices:

---

8   Abreviación que se usará de aquí en adelante para *El verdugo* – Guión.

Escena 4: Piso de Amadeo. Interior. Día.

José Luis lo escucha distraídamente: lo que desea es ver a Carmen, y para seguir sus movimientos se remueve en la silla.

Diciéndolo, abre el maletín y saca fuera los hierros para frotarlos con un paño.

Mima la acción con el hierro.

José Luis, que no oye, porque el trasero de Carmen lo deslumbra, asiente. Amadeo, lanzado a la divulgación, continúa:

José Luis, interrogado ahora directamente, responde incoherentemente: Amadeo se enfrenta con él.

Amadeo quita la bombilla de la lámpara que cuelga sobre la mesa.
José Luis, que lo ha visto actuar sin comprender nada, se echa hacia atrás.
Amadeo le coge el brazo e intenta meterle los dedos en el casquillo de la bombilla.
José Luis se defiende y grita:
Amadeo, forcejea aún durante un segundo:

Carmen, que viene a la mesa con una bandeja, dice a Amadeo fastidiada:
José Luis la mira con gratitud, y mira luego a la bandeja. Carmen le ha preparado café, vino y queso. Carmen le sonríe mientras le sirve, y Amadeo sigue razonando:

Amadeo: La gente tiene la manía de pensar que nuestro trabajo... Pero es lo que yo le digo... Si existe la pena, [alguien tiene que aplicarla (Película)]

José Luis: Claro...
Amadeo: Y aparte de todo que es un trabajo... limpio...

A mí me hacen reír los que dicen que el garrote es un sistema bárbaro... ¿lo han probado?
...Así, cerca del cuello, de una manera humana, con las manos...
¿No es cierto?

José Luis: Claro...

Amadeo: ¿Bárbaro el garrote? Entonces, ¿qué me dice usted de la silla eléctrica?

José Luis: ¿Yo? ¿Eh? Si... No... Claro...
Amadeo: No, si no me extraña que lo hayan convencido a usted también. Pero vamos a ver... Un enchufe, a ver dónde hay un enchufe...

...Aquí mismo... Déme la mano...
...Déme... Meta los dedos, dos dedos solamente...
José Luis: ¡No, yo no!
Amadeo: Toque, toque... Son sólo ciento veinte voltios...

Carmen: No sea pesado, hombre...

Amadeo: Bueno, pues la silla eléctrica no son ciento veinte... ¡Millares de voltios...! Los deja negros, abrasados... A ver dónde está la humanidad de la famosa silla...
(*EV*-G 17-8)

Una vez que Amadeo hace mención a su oficio como un trabajo limpio, entran en juego otros factores como la caricia que ofrece a sus instrumentos de trabajo, el dejo de placer que se percibe en la frase: "cerca del cuello, de una manera humana, con las manos" (17), así como también la insistencia por parte de Amadeo de introducir los dedos de José Luis en el portalámparas para que él experimente sólo una pequeña porción de la cantidad de voltios a los que se exponen los condenados a la silla eléctrica, una costumbre que Amadeo condena por carecer de toda humanidad.[9] De esta manera el discurso verbal del "trabajo limpio" se enturbia en la medida que otras acciones visuales tienen más peso desde el punto de vista connotativo.

La manifiesta antipatía al oficio de verdugo es un rotundo mensaje verbal que también se reforzará a nivel visual con actitudes o lenguaje corporal de varios personajes. Desde el inicio cuando Amadeo sale de la celda luego de hacer su trabajo, se enfrenta con la primera reacción de rechazo hacia él. El guardia que está de turno se asquea en el momento que Amadeo deja su bolso de instrumentos sobre la mesa donde él está comiendo. Le responde de mala gana a las preguntas que Amadeo le hace y lo despide lo más pronto posible de su presencia. Lo curioso es que este rechazo viene de otro funcionario del Estado que, ideológicamente, apoya el sistema del gobierno dominante. Esta primera muestra de desprecio por el oficio de Amadeo se presentará repetidas veces en la película, pero ésta es significativa puesto que viene del mismo sector que imparte la pena de muerte, precisamente de otro funcionario carcelario. El sistema lo coloca en una situación donde se aprovecha de sus servicios pero al mismo tiempo lo margina. Si el sector que le emplea mantiene una aversión hacia su oficio, el ciudadano común lo estigmatizará aún más. Un ejemplo es el siguiente:

José Luis: ...La verdad es que a mí me parece una persona normal. Si yo me lo encontrara en la calle no sabría que es un verdugo.

Álvarez: Y a mí que me cae tan simpático.

José Luis: Pregúntale a éste [el cadáver que meten en el carro] si le ha caído simpático.

Amadeo: Adiós, señores.

---

9   Según Amadeo, la silla eléctrica, forma de ejecución administrada en los Estados Unidos, era mucho más inhumana que la empleada en España. De esta forma sugiere que, aunque la situación en España pudiera estar mal, podía ser peor en otras partes del mundo.

Álvarez: (A Amadeo) Que vaya usted con Dios. (A José Luis) Oye ¿por qué no le decimos que suba y así nos lo cuenta todo?

José Luis: No, no. A mí me revienta. (Escena 2-Película)[10]

No solo José Luis será enfático en contra del ejecutor. La casera de los apartamentos donde vive Amadeo escupirá el bolso que éste va a devolverle a su dueño. Las vecinas hablan de Carmen por ser hija del verdugo. Los pretendientes de ésta la dejan por la misma razón. Un comprador de libros se retira al escuchar que el autor Corcuera va a dedicarle su libro de *Garrote vil* al próximo verdugo. Una vez que es funcionario del Estado, el mismo José Luis no hace ningún comentario cuando va a cobrar su salario al banco para que los cajeros no le tomen antipatía. En conclusión, son muchas las veces cuando la mención del oficio y el rechazo van juntas, pero por otro lado, como se manifiesta en la conversación de los enterradores, también se muestra cierto morbo por parte de Álvarez al querer saber los detalles de la ejecución.

Todo texto fílmico plantea un mensaje oculto que hay que interpretar, pero este nivel de sentido es crucial sobretodo cuando el texto es producido durante la dictadura y los realizadores no comparten la ideología dominante. Como ya se ha mencionado, una de las formas en que Rafael Azcona ha procurado mostrar la realidad desde un espejo cóncavo es a través del uso del humor negro. Con el uso de este tipo de humor no sólo se recurre al sarcasmo, sino que también se puede examinar de qué se ríe la gente y por qué.

Hay varios autores que pueden citarse dentro del estudio del humor. Víctor Raskin en su libro *Semantic Mechanisms of Humor* (1985) menciona tres grupos teóricos que se concentran en los aspectos: cognitivo-perceptual, conducta social y psicoanálisis, en los cuales: "The first class is usually associated with incongruity, the second one with disparagement; the third with suppression/repression [or release]" (31). Por su parte, Beattie define las teorías cognitivo-perceptuales, que correspone con la fase de la incongruencia, en base a que: "laughter arises from the view of two or more inconsistent, unsuitable, or incongruous parts or circumstances, considered as united in complex object or assemblage, or as acquiring a sort of mutual relation from the peculiar manner in which the mind takes notice of them" (Citado en Raskin 32). Un ejemplo de esta teoría podría ilustrarse en el episodio de la

---

10   Este diálogo de la película no se incluye entre la escena 1 y 2 del guión o versión escrita publicada en el año 2000 por Plot Ediciones (páginas 6 y 7). En el film es una escena de transición en la furgoneta funeraria entre la salida de Amadeo de la cárcel y su llegada al metro.

película justo antes de que Amadeo le haga firmar los documentos que oficialmente convertirán a José Luis en el próximo verdugo. Carmen va a comprarle unas camisas a su esposo pero no sabe cuál es su talla, de modo que le pregunta al experto, le pide al padre que calcule qué número tiene José Luis de cuello, éste sopesa visualmente la cerviz de su yerno y después de sopesar le dice: "Un cuarenta y uno." Debido a que el público sabe cuál es el oficio de Amadeo, es que puede decodificar lo que significa la mirada que él le dirige al cuello de su yerno, de modo que puede colocar dos elementos disociados, el cuello de la camisa y el garrote vil, dentro de un mismo campo de significado provocando así la risa. Este chiste se presenta en un momento coyuntural en la vida de José Luis, puesto que al firmar la solicitud estará, de una forma figurativa, poniéndose la soga al cuello, colocándose a sí mismo en una posición comprometida en cuanto a sus convicciones; después de ello se verá obligado a ser verdugo.

Si es cierto que los personajes estigmatizan al verdugo por ser un asesino oficial, también lo hace el lector/espectador; al verdugo en general, mas no a Amadeo en particular. Pero sucede que todas las situaciones de la película, que mueven a la risa, son en torno a la muerte, justamente el mismo tema que promueve la antipatía hacia el oficio. Existe entonces una disociación o incongruencia entre lo que se considera serio y lo que provoca la mofa, donde además se plantea una relación: Aversión/Fascinación. Retomando el ejemplo anterior, se parte por un lado de la idea de que moralmente no es correcto alegrarse o desear la muerte de otro ser humano y mucho menos atentar en contra de la vida de otra persona, pero al mismo tiempo el lector/espectador no puede contenerse al escuchar a Amadeo responder: "Un cuarenta y uno." De una forma indirecta el lector/espectador se hace no partícipe, pero reafirmador, del acto que condena manifestándose así una fractura en la conciencia social. Al respecto, Egea menciona que la complicidad tiene múltiples caras y que la responsabilidad ética en ocasiones es indirecta e involuntaria, y agrega que "la película en el fondo cuestiona el hecho de que la misma noción de responsabilidad ética sea un concepto de lindes precisos y demarcables" (188).

En lo que respecta a la conciencia social, vale mencionar una obra clave de la literatura española coetánea con esta película, *Tiempo de silencio* (1961). Una de las intenciones del psiquiatra Luis Martín-Santos al escribir su novela fue la de mostrar a España como un paciente, como un ente enfermo. En su estudio sobre esta novela Jo Labanyi[11] muestra el contexto ideológico del momento y señala que el autor se rebela ante la postura de la Generación del

---

11   Jo Labanyi. "Fiction as Mask: *Tiempo de silencio*."

98 a quienes critica de idealistas por buscar perpetuar una visión nacionalista
y que "el problema de España no es el resultado de una 'rebelión de masas'...
sino de una jerarquía vertical que condena al individuo a una sumisión pasi-
va" (61, La traducción es mía), situación que también puede apreciarse en el
José Luis de *El verdugo*, quien al estar atrapado por las circunstancias tiene
que someterse ante ellas.

En *Tiempo de silencio*, el que su protagonista tratara a las ratas para determinar si el cáncer que padecían era viral o congénito era una manera de
acercarse al fondo del "problema español." Si el cáncer era hereditario no había cura posible, pero si era viral entonces se podía dar con la vacuna que
previniera la enfermedad. Así Martín-Santos establece un paralelismo entre el experimento científico de la novela y su estudio social y psicológico
de la nación española. Trata el problema de España como una enfermedad
e intenta averiguar si el cáncer que padece es congénito o causado por las
circunstancias, si es provocado por éstas últimas puede curarse. Pedro, el protagonista, no prueba nada con su experimento dejando abierta la pregunta.
Sin embargo, Martín-Santos no sólo trata el caso de España como una enfermedad física sino también psicológica. Como psiquiatra, trata a la nación
como un individuo. Él explica que "cada nación tiene sus complejos" y que
el problema de España no es una enfermedad congénita sino producto de
un complejo de inferioridad. Labanyi menciona que ése es otro nombre para
el complejo de Edipo, que no es más que el complejo del niño de no lograr
la independencia de las figuras paternas, y de allí que se presente a Pedro en
una continua búsqueda de la vuelta al vientre estableciendo una relación dual
incesto-castración. Recuerda que el deseo de incesto con la madre representa
el deseo de la protección del vientre—la vuelta al período de infancia carente
de responsabilidades—y que el deseo de castrar al padre representa el deseo
de alcanzar la independencia—la edad adulta de libertad para tomar decisiones. A su vez, Labanji menciona, basada en la obra de Erich Fromm *The Fear
of Freedom*, que el hombre tiene temor de la libertad porque en ocasiones no
sabe qué hacer con ella y busca regresar al estado de seguridad.

Si bien Azcona no comparte el mismo campo de especialidad de Martín-
Santos, es uno de los críticos más agudos de su tiempo y ciertamente también
presenta los males internos de su sociedad. En *El verdugo*, las alusiones al
vientre materno/sepulcro se ven en la proliferación de espacios privados, ya
que buena parte de la película transcurre en interiores: la cárcel, la casa de
Amadeo, la casa de José Luis—donde manda la cuñada—la iglesia, la funeraria, el piso nuevo, incluso las Cuevas del Drach. La castración o alienación,
por otro lado, se anticipa desde el momento que José Luis se ve obligado a

casarse en contra de su voluntad,[12] así como cuando se ve forzado a firmar su contrato laboral como verdugo, pero la castración como tal se concreta en la escena donde el protagonista es arrastrado detrás del reo para que lo ejecute,[13] e inmediatamente después se refuerza cuando éste se reúne con su familia después de haberse iniciado en su nefasto oficio. Algo ha cambiado para siempre una vez que ha ajusticiado a su primera víctima.[14]

Después de estudiar la obra previa de Azcona, puede apreciarse en esta película una continuidad en su interpretación ideológica-social del ser

---

12   Juan F. Egea ofrece una interpretación muy aguda con respecto al uso del espacio y punto de vista de la cámara en esta película. Cuando se refiere al plano cenital que se emplea en la escena de la boda—y posteriormente en la escena cuando el protagonista es arrastrado para cumplir con su deber—menciona que "[t]oda ella se ha filmado con el evidente propósito de mostrar que esta unión es de menor calidad que la que le antecede, que Carmen y José Luis no merecen o no pueden permitirse ni alfombra, ni flores, ni música, ni luz... el matrimonio se filma como se filmará una condena" (183).

13   Egea la llama la escena de "la caja blanca." En cuanto a las técnicas empleadas para filmarla identifica también parte de la ideología del director ya que la cataloga como "crucial" puesto que "[e]ntre los efectos sonoros, el ángulo con el que se filma y las sombras que proyectan las figuras, la película tiene su más clara incursión en lo que se puede entender como expresionismo cinematográfico. Como concesión al expresionismo, las imágenes deben tomarse en primera instancia como la proyección de un estado psicológico. O de dos, en este caso, si se continúa subrayando el hermanamiento de víctima y victimario que producen las imágenes. Sin embargo, la ascensión de la cámara puede también leerse como su negativa a entrar en el espacio de la ejecución con el reo, el verdugo y las autoridades competentes. La distancia a la que se mantiene es entonces un gesto de alejamiento; es acaso, un no querer ser cómplice que merece una reflexión más general en torno a lo que se nos hace mirar o desde dónde miramos durante todo el film" (182-83). A lo largo de este estudio se ha visto, y se verá, que no hago hincapié en los elementos mecánicos, fílmicos, de las películas, sino más bien me concentro en el texto. De este modo aprovecho este punto para advertir al lector que la intención de este ensayo no es pretender quitar al director su autoría, o lo que le corresponde en cuanto a los logros técnicos del film, sino, de nuevo, reorientar la atención a la base de la película, el guión, y mostrar cómo la estética del guionista, en este caso Rafael Azcona, se puede ver de manera constante en otros guiones con directores diferentes.

14   Antonio Buero Vallejo también rescatará este concepto de la castración de una forma más explícita en su personaje Daniel de la obra *La doble historia del doctor Valmy* (1964) en la cual trata el tema de la tortura. Una vez que Daniel se da cuenta de su papel como torturador y asesino oficial, pierde su virilidad y paga con su vida para poder perdonarse a sí mismo.

humano. Si bien el autor trata la alienación del individuo como una de sus constantes y la incapacidad de una comunicación efectiva entre los personajes, otro tema que recurre en este film es la reaparición del problema habitacional, tratado ampliamente en *El pisito*, novela y película. Desde tempranas escenas en el film se anticipa la necesidad de Amadeo de conseguir su apartamento, luego al saber éste que su jubilación es inminente y que aún no se ha dado la materialización del inmueble, le propone a su yerno que herede el oficio, pero éste al final, cuando quiere dimitir a toda costa, antes de tener que ejecutar al reo, confiesa que: "Todo ha sido por el piso" (*EV-G* 146). De esta manera se observa que el sistema continúa sometiendo a sus ciudadanos y una vez más la urgencia por cubrir una necesidad básica pierde a la persona desesperada y lo coloca en posición de sumisión y aceptación de su destino. Estas constantes reafirman la conciencia y visión social de Azcona, quien no puede desasociarse de los problemas de su tiempo y que de risa en risa muestra un crudo guiño.

Obras citadas

Amestoy, Ignacio. "*El verdugo*: De las lógicas confluencias del teatro y el cine." *Primer Acto: Cuadernos de Investigación Teatral* 288 (2001): 107-10.

Azcona, Rafael, Luis García Berlanga y Ennio Flaiano *El verdugo*. Madrid: Plot Ediciones, 2000.

Coutsoukis, Photius. "Spain Criminal Justice and the Penal System," n.d. Web. 24 Jun. 2014.

El verdugo. Dir.: Luis García Berlanga. Actúan: José Isbert, Emma Penella, Nino Manfredi, José Luis López Vázquez. Vídeo Mercury Films, 1963.

Egea, Juan. "Para una anatomía de la complicidad: *El verdugo* de Berlanga." *Letras Peninsulares* 19 (2006): 179-93.

García Berlanga, Luis. "Críticas de *El verdugo*. Declaraciones del director." *Rafael Azcona, guionista*. Fundación municipal de cultura, Muestra cinematográfica del Atlántico y Filmoteca de Andalucía, 1997. 78-79.

Labanyi, Jo. "Fiction as Mask: *Tiempo de silencio*." *Myth and History in the Contemporary Spanish Novel*. Cambridge: Cambridge University Press, 1989. 54-94.

Peregrina, Xavi et al. "La pena de muerte." Universidad de Barcelona, n.d. Web. 24 Jun. 2014.

Raskin, Víctor. *Semantic Mechanics of Humor*. Dordrecht: D. Reídle Publishing Company, 1985.

Sánchez, Bernardo. *El verdugo* (Versión teatral). Alicante: Biblioteca Virtual Miguel de Cervantes, 2001.

Vázquez Montalbán, Manuel. "Grimau." *El País.* 29 Ene. 1990. Web. 21 Aug. 2005.

Valero Martínez, Tomás. "El verdugo." Cine historia, n.d. Web. 21 Aug. 2005.

Asignatura pendiente: la memoria aprobada de la Transición

Carmen T. Sotomayor
The University of North Carolina at Greensboro

L A PELÍCULA *ASIGNATURA PENDIENTE* (1977), ópera prima del director español José Luis Garci, nos presenta una crónica los años de la
Transición. Su título es una referencia a uno de los pilares de la crítica
que en el contexto de la sociedad española de los años setenta se hace a la
España franquista: a esa sensación de verse robados vitalmente en muchos
aspectos, debido a la limitación de las libertades personales durante la dictadura.

Este estudio parte del análisis de la memoria para explorar algunos temas
culturales de la Transición que Garci destaca en su película, tales como la
crisis de identidad de ese momento histórico (extensiva particularmente a la
mujer española y a su rol en esa "nueva España") y la distensión tan deseada
en la sociedad española (sobre todo entre las generaciones más jóvenes) de
los valores religiosos y culturales del tardofranquismo. Junto con el uso de
la memoria personal y generacional, el análisis de los espacios servirá para
profundizar en el valor testimonial de este largometraje, que se puede definir
como un *collage* cultural de los años setenta y de la memoria infantil y juvenil
de los treintañeros de esa época.

José Luis Garci comenzó a relacionarse con el mundo del cine desde muy
joven, asentando su andadura profesional como guionista cinematográfico
a principios de los 70. Ya en 1972 recogió su primer galardón importante al
recibir un premio *Emmy* como guionista–con Antonio Mercero—del me-
diometraje *La cabina*. Precisamente serían Mercero y José María González
Sinde (primer director de la AACCE–Academia de las Artes y las Ciencias
Cinematográficas de España) dos de sus colaboradores iniciales y quienes

le impulsarían hacia la dirección cinematográfica. Después de dirigir varios cortos (*Mi Marilyn*, ¡Al fútbol! y *Tiempo de gente acobardada*) debutó en el largometraje con *Asignatura pendiente*, a la que siguió *Solos en la madrugada* y *Las verdes praderas*. Sus tres primeras películas son comentarios sobre la actualidad española de los años 70, es decir, sobre la Transición, un momento para el cine español en que varios nuevos directores como el propio Garci, Vicente Aranda, Bigas Luna o Pedro Almodóvar comenzaban a dirigir sus primeras películas.

En sus primeros largos, Garci trata sobre temas conectados con una sociedad que abrazaba cambios sociales y políticos de gran envergadura. Es el cine del cambio, de la transición política y el también llamado cine del desencanto (Estrada 266). Tras sus tres mencionadas películas sobre la Transición, José Luis Garci expandió su registro iniciándose en el género negro con películas como *El crack* y *El crack II*, dos filmes crudos y violentos que reflejan la decepción social del momento. A estos les seguiría el homenaje de Garci a la generación de la Guerra Civil con *Volver a empezar*, cinta que en 1982 le trajo la distinción de ser el primer director español en recibir un Oscar a la mejor película de habla no inglesa, producida en España. Posteriormente Garci ha llevado al cine adaptaciones literarias, entre las que destacan *Canción de cuna* (1994), basada en la obra homónima de María Lejárraga y Gregorio Martínez Sierra, y *El abuelo* (1998), basada en la obra también homónima de Benito Pérez Galdós. Es autor además de otras narrativas cinematográficas centradas en el pasado histórico más o menos reciente de España, con películas como *Tiovivo c. 1959* y *Sangre de mayo*, que, estrenada en 2008, gira en torno a los sucesos narrados por Benito Pérez Galdós en los *Episodios Nacionales* (Cinemagnificus). Su más reciente trabajo cinematográfico, de septiembre de 2012, lleva por título *Holmes &Watson. Madrid Days*, y trata sobre una aventura de Sherlock Holmes y su fiel Watson en el Madrid de finales del siglo XIX. José Luis Garci es también escritor, guionista y productor de cine, así como director y presentador de programas de televisión. Como presentador de televisión, es destacable su labor en el programa de difusión cinematográfica "¡Qué grande es el cine!" El guionista de cine Horacio Valcárcel comenta sobre su colaborador de muchos años:

> José Luis Garci–que ha obtenido casi medio centenar de premios y otros tantos sus películas, quien lo diría–ha estado cuatro veces, cuatro, Nominado al Oscar, ganándolo en una ocasión... el Rey le entregó en 1997 la Medalla de oro al Mérito de las Bellas Artes. Es miembro de la academia de Hollywood y de la Europea; también, de las Academias de Bellas

Artes de San Fernando (Madrid) y de Granada. Premio Nacional de Cinematografía 1997...

Dentro del panorama del cine español, *Asignatura pendiente* se puede asociar con el cine de la llamada "tercera vía" de inicios de los setenta que contó con la colaboración de productores (José Luis Dibildos), directores (**Roberto Bodegas y Antonio Drove**) y guionistas como **José Luis Garci** (*El cine español bajo el régimen* 58). Para José María Caparrós Lera, se trataba de una serie de filmes que buscaban un equilibrio entre lo intelectual y lo comercial, pretendiendo "reflexionar sobre algunos aspectos de la vida española, con un tratamiento sencillo" (*El cine español bajo el régimen* 58). Es evidente en ellos sin embargo un tono crítico y un deseo de cambio a nivel político, sexual y religioso. Sin embargo, los planteamientos más directos y críticos con respecto a los esperados cambios en la sociedad española, no empezarán a verse reflejados en la pantalla de una manera más abierta hasta después del primero de diciembre de 1977, fecha en la que la censura cinematográfica es finalmente abolida, como explica Pilar Miró: "El 1 de diciembre de 1977 aparece una nueva y fundamental legislación cinematográfica. Como punto primordial suprime la censura y en su lugar crea una junta que dictamina sobre el público al cual deben ir dirigida las películas: menores, mayores y una nueva clasificación, denominada "S," donde se incluyen las eróticas y violentas" (28). Caparrós Lera precisa sobre *Asignatura pendiente* que se trata de una película que puso "en tela de juicio la España reciente" ("El cine español: transición y democracia" 80). Por supuesto, esta película estrenada en 1977, si bien se plantea seriamente algunos de los cimientos fundamentales de la sociedad española de la Transición, lo hace con cierta mesura, sin vapulear, en palabras de Caparrós Lera, el pasado inmediato aunque existe ya una clara tendencia crítica.

Dentro del contexto español, los estudios sobre la memoria han pasado al frente del interés de los creadores e investigadores, sobre todo con el cambio de siglo. La rememoración del pasado es un instrumento poderoso usado por directores de cine y escritores interesados en contar a su público y a sus lectores experiencias diversas de la dolorosa historia española del último siglo. La memoria personal y la memoria generacional son los mecanismos usados por muchos creadores para realizar un trabajo revisionista sobre las vivencias de las más recientes generaciones de españoles. La memoria personal encuentra su voz en personajes que recuerdan sus propias experiencias a veces para validar, a veces para denunciar, y en cualquier caso para intentar calmar su propia conciencia. A través de la memoria se hace frente a un pasado problemático, a unos hechos en muchos casos dolorosos, en relación a los cuales la voz que testimonia puede sentirse víctima o culpable de los mismos. Con el paso de los años la memoria intergeneracional va lógicamente adquiriendo más protagonismo hasta llegar al momento actual, en que los creadores recogen a través de sus protagonistas testimonios memorialísticos que ya no son de primera mano sino que nos llegan filtrados por diversas capas de memoria. En el caso de *Asignatura pendiente*, la memoria de los protagonistas es de primera generación, testimonial, ya que se centra en las memorias directas de ambos protagonistas, en su evocación de unas acciones próximas tanto al presente de la acción fílmica, como al de la producción de la película.

Asignatura pendiente se centra en la vida de José y Elena, dos adultos treintañeros que inician una relación de amantes, la cual les lleva a recordar momentos importantes de su adolescencia y de su educación sentimental. Uno de los aspectos más atractivos de esta película es la plasticidad de la misma con respecto a la memoria. Por una parte tenemos a un espectador actual que puede recordar (o descubrir a través de esas imágenes nuevas para él) los años de la Transición y reconocer, a través de los comportamientos de los personajes, valores culturales de esos años. Por otro lado, los protagonistas rememoran su propia adolescencia, lo cual permite al espectador ir más atrás y situar a estos personajes dentro una sociedad pre-Transición, aquella en la que los adultos de los años setenta se formaron (o deformaron, según se mire). Precisamente, esta "ventana hacia el pasado" es lo que hace de esta película un producto meritorio para examinar la Transición española.

Garci compone su película de manera que la memoria permee su estructura a diversos niveles. El marco narrativo elegido por el director es el de las horas previas a la ruptura sentimental de José y Elena, estimulando así la rememoración de la relación, desde su encuentro casual en Madrid hasta el día de su separación meses más tarde. La acción de la película se abre con la voz en *off* de José que rememora "la primera vez que vi a Elena..." seguida de la voz de Elena que se remonta también a su primer encuentro con José, con trece o catorce años, en el pueblo de los veraneos. Ese es un momento fundamental para ambos, ya que uno de los incentivos de la acción es el deseo mutuo de cerrar el círculo de su relación.

La acción de la película se traslada desde el presente de 1976, la mañana del día de su ruptura en que el espectador escucha los recuerdos mutuos de los protagonistas, hasta el uno de octubre de 1975, fecha en la que se reencontraron después de muchos años sin estar en contacto. La película es una evocación del pasado reciente, marcado por momentos claves de la relación entre los protagonistas, incluyendo el segundo encuentro de la pareja y su decisión de iniciar una relación de amantes, algunos momentos de esos meses de relación y otros que finalmente avisan al espectador de que se va a producir un desencuentro final, que tendrá lugar al regresar al presente fílmico.

Además de relatar la memoria personal de los protagonistas, la película destaca también por querer ser, de una forma muy consciente, un producto de la memoria generacional de los españoles treintañeros de esa época. La memoria generacional se reconstruye internamente en los comentarios reminiscentes de los protagonistas sobre su educación sentimental, sus valores adolescentes, sus gustos musicales, sus aspiraciones y comportamientos, todos ellos impregnados de la moral imperante en la España franquista. Por una parte se incluyen varios lugares físicos (como el pueblo de los veraneos, Miraflores de la Sierra) y canciones de los 60 (como el tema de la película, *Luna de miel*, gran éxito de la cantante Gloria Lasso en 1959), los cuales son ya "lugares de memoria" para los personajes que están rememorando su adolescencia. Por otra parte, la película presenta una serie de imágenes relacionadas con el momento histórico (1975-76), incluyendo carteles publicitarios, fotografías, caricaturas, pintadas, reportajes periodísticos, etc. A un nivel estructural externo, hay que destacar la extensa dedicatoria al final de la película, compuesta por una serie de referencias culturales muy específicas para la generación de españoles que tenían treinta y tantos años en 1975, incluyendo al propio director que, nacido en 1944, era también un treintañero en 1976. Esta dedicatoria final es una larga evocación de productos culturales de la niñez y la adolescencia de los españoles de la generación del cambio. Ofrece múltiples referencias, entre otras a José Mallorquín y a Marcial Lafuente Estefanía, ambos autores de novelitas de *westerns* que incentivaron la imaginación de la generación del propio director, tan admirador de John Ford. Se incluyen menciones a muchos personajes de los cómics de la época, como Roberto Alcázar y Pedrín, al personaje de historietas Carpanta, a los historietistas y humoristas gráficos Vázquez y Conti, y al humorista Gila. Se nombra también a personalidades populares como los boxeadores Young Martin y Fred Galiana, a futbolistas inmortales como Di Stefano y Kubala, a los cantantes Gloria Lasso y Luis Mariano, al cineasta Juan de Orduña y su *Locura de amor*, a Pedro Pablo Ayuso y Matilde Conesa, protagonistas del serial radiofónico *Matilde, Perico y Periquín*, al catecismo del Padre Ripalda, al chicle Bazooka y a los trenes eléctricos, los billares y futbolines "de toda España," a Marilin Monroe y a Miguel Hernández "que se murió sin que nosotros supiéramos que existía." A través de su simple mención y gracias a los ecos culturales y vivenciales que se destilan de los mismos, Garci está preservando la memoria de esa generación de españoles. Se trata de una memoria que añora el pasado perdido pero que desea también la ruptura con el contexto cultural y social donde ese pasado tuvo lugar.

José, interpretado por José Sacristán, es un abogado laboralista de treinta y cuatro años que adquiere un cierto protagonismo social ya que ejerce una agitada y prominente actividad profesional, a pesar de las limitaciones de sus libertades personales –no tiene pasaporte, por ejemplo. De él sale la iniciativa de cortejar a su primer amor, Elena (interpretada por Fiorella Faltoyano). El tiempo de la narración se inicia un día de la primavera de 1976 para, haciendo uso de la analepsis, llevarnos a la fecha del encuentro casual de los protagonistas, en octubre de 1975, unas semanas antes del fallecimiento del general Franco. La relación amorosa de José y Elena se narra de forma cronológica, cerrando un círculo, ya que el filme concluye el día en que se abre la acción, el mismo día en que los amantes deciden terminarla. Ese anillo temporal que se cierra es simbólico de la oportunidad que han tenido los amantes de recuperar su amor de adolescencia, una relación inconclusa mediatizada por los preceptos morales de la época. Así como se cierra este ciclo, también se cierra el período de la dictadura. La muerte de Franco supone tanto la expansión de las libertades personales de los ciudadanos españoles como la ruptura con un pasado opresor. La realización de los deseos frustrados de los amantes y su decisión posterior de concluir su relación, simbolizan tanto la ruptura con ese pasado opresor como la conquista de sus libertades personales.

Tanto Elena como José deciden libremente comenzar una relación adúltera que se irá complicando al cabo del tiempo. A partir de la muerte de Franco, el nuevo protagonismo profesional de José dificulta su vida personal (como padre y esposo) hasta el punto de que decide que no puede seguir llevando una doble relación afectiva –en su hogar de casado y en el piso que comparte con Elena, una mujer también casada, de treinta y tres años y madre de dos hijas. Elena comienza su ruptura con el pasado al aceptar la proposición de José. Cuando se reencuentra con él e inicia una relación extramatrimonial, Elena comienza a tomar decisiones de una forma consciente. La situación le da pie a actuar como una persona adulta y libre, disfrutando de la oportunidad que esta relación prohibida le presenta de poder romper con las reglas, de reinventarse y desmantelar la rutina diaria, escapando del aburrimiento que destila su relación matrimonial.

Al presentarnos unos personajes que se mueven en un arco de tiempo determinado, se nos ofrece la oportunidad de ser testigos del *kairós* de los mismos. El *kairós* es el momento de la toma de decisiones a través de las cuales se forja la personalidad, de las decisiones de la propia libertad, que son las que hacen que cada uno llegue a ser, o no, aquel que aspira a ser (Brenes

158). La película elige dos momentos importantes en los que el *kairós* de los personajes se define. El primero, encarnado en un movimiento de unión, es su primer viaje a Miraflores de la Sierra, lugar de veraneo adolescente donde se conocieron y enamoraron. El viaje a este espacio simbólico de su adolescencia concluye con la decisión mutua de tener un encuentro sexual y, por ende, de comenzar una relación extramatrimonial. El segundo momento aparece caracterizado por un movimiento de separación, cuando deciden, durante la escena final, concluir de mutuo acuerdo su relación. *Asignatura pendiente* se puede interpretar como un nostálgico viaje a través del tiempo, viaje que en el caso de José y Elena es literal y metafórico. En su deseo por recuperar el pasado (viaje metafórico), José viaja con Elena a "los santos lugares," es decir, a Miraflores de la Sierra. A partir de ese viaje real, se inicia un conocimiento erótico-sentimental del otro que les ayuda a ambos a salir de un momento de inercia vital, pero que no es suficiente para hacerles prosperar como pareja. Sin embargo, la película presenta un tono positivo, ya que el posicionamiento final de los protagonistas es revelador del proceso de crecimiento interior que han experimentado en esos meses de conocimiento mutuo e individual. Su evolución se revela sutilmente en la última escena de la película, cuando ambos personajes están sentados a la mesa de la pequeña cocina de su piso de amantes.

El refinamiento de José Luis Garci en el uso de los espacios es obvio en películas como *Canción de cuna*. En su ópera prima, ese espacio de la cocina, si bien carece de los apasionantes juegos de luces y sombras que caracterizan a los espacios interiores de *Canción de cuna*, sí anticipa la posterior maestría del artista para comunicarse con el espectador a través de la presentación de los espacios. La pequeña cocina representa el espacio íntimo que se crea entre los protagonistas durante la escena final de la película, en ese momento cúspide en el que se confiesan mutuamente sus pensamientos y sentimientos. El hecho de que Garci elija la cocina–un espacio asociado con la mujer—para que allí tenga lugar la disolución de la relación, ese segundo momento importante en el *kairós* de los protagonistas, refuerza la noción de que Elena es más que un personaje de segunda importancia con respecto a José. Además, los personajes están sentados "cara a cara," en un mismo plano. El personaje femenino, con un marcado rol doméstico de madre y esposa, será el que experimente la transformación más profunda y transgreda más comportamientos sociales. Significativamente, en esta escena final Elena lleva la "voz cantante" y es quien primero acepta que su relación ha tocado fondo. Elena, reconociendo que su relación con José le ha ayudado a hacerse fuerte y cambiar, le confesará que "yo también me agarré a ti como a un clavo ardiendo. Yo soy una mujer, que siempre es algo mucho peor en este país... Las mujeres, por lo menos la mayoría, tenemos tan poco." Es ahí, en la última escena de la película, cuando Elena progresa como personaje, y con sus propias palabras, habla sobre sus conflictos personales, como mujer en la España franquista y de la Transición. Al espectador le queda la esperanza de que Elena le dé un giro a su vida y se matricule en la universidad, sin limitarse al espacio de la casa y al círculo de sus tradicionales deberes familiares.

En el caso de José, podemos deducir que se ha vuelto una persona más cínica, menos involucrada políticamente, más conservador, pero que aprende a revalorar su matrimonio y su familia. Como advierte Salvador Oropesa, el cambio político "se vislumbra y el adulterio ya no es ni pertinente ni legítimo" (104). Si bien la ilegalidad del régimen franquista valida la transgresión del adulterio, el progresivo desarrollo de la normalidad institucional lo invalida (104). José se refiere a sí mismo críticamente, indicando que cada vez se parece más a los señoritos que siempre ha despreciado. La vuelta al ámbito de lo doméstico es prevalente también para los personajes secundarios de la película ya que la mayoría desea formar o regresar con su familia. José hace una revalorización de su situación y decide que Elena ha sido un sueño y que necesita volver a su normalidad, aceptar la pérdida y la ruptura que se unen irremediablemente en su decisión.

Los espacios sociales son cuidadosamente elegidos en el filme, representando a los personajes en un medio social altamente politizado, con una cierta libertad para exponer sus ideas, pero a la vez imbuido de un cierto reparo a manifestarse abiertamente. El viaje de los amantes a Alarcón es simbólico de la dualidad del momento. El espacio privado de la habitación del hotel representa la transgresión de los amantes, que conquistan un espacio íntimo al pasar toda una noche juntos durante ese viaje. Por otra parte, su paseo por el campo se ve presidido, en un contrapicado de la cámara, por una bella torre del conjunto histórico almenado de Alarcón que puede simbolizar un poder omnipresente que, como esa torre, controla todo el espacio a su alrededor, indicándonos que la libertad de los amantes es solo una ilusión de libertad y hay fuerzas mayores que controlan su destino.

Uno de los espacios sociales de mayor transcendencia en la película es presentado a través de las dos visitas de José a la cárcel de Carabanchel, donde acude para ver a Rafael García Meana, un conocido activista de Comisiones Obreras cuya libertad provisional intenta negociar sin éxito. Rafael, interpretado soberbiamente por Héctor Alterio, representa la pérdida más que ningún otro personaje de la película. Rafael se queja amargamente de su vida entre procesamientos, períodos largos en la cárcel y una actividad política marcada por la clandestinidad. Rafael, a pesar de su prestigio como luchador contra el Régimen, ha perdido la ocasión de disfrutar de su vida de familia, de su pareja, de su limitada ciudadanía. Las imágenes de los encuentros entre José y Rafael nos recuerdan que España sigue siendo todavía una gran cárcel, al presentarnos sus diálogos con una reja que se proyecta en un primer plano sobre los dos personajes.

Encontramos en este filme dos aspectos que Isabel Estrada estudia posteriormente en *Solos en la madrugada*, la segunda película de Garci. Se trata de "two sets of emotions: first, relief and happiness for the end of the repression; and second, a strong sense of helplessness, fear and lonileness" (146). La dualidad afectiva es sintomática del momento histórico que se vive en España. José no se atreve a manifestar su posicionamiento político de forma abierta, al igual que no se decide a sacrificar lo que ya tiene por Elena. Elena pertenece a su pasado mientras que él necesita seguir hacia delante. A través de las memorias de Elena y José, Garci nos narra las vicisitudes de una generación de españoles que se encuentra a medio camino entre una educación conservadora (con unas limitadoras pautas de comportamiento aprendidas de un entorno social relativamente opresor) y una recién encontrada libertad, que les permite sopesar su nueva situación y reinventarse como individuos. Las palabras de José enfatizan la sensación de pérdida de esa generación:

> Nos han robado tantas cosas, las veces que tú y yo debimos hacer el amor y no lo hicimos... los libros que debimos leer... las cosas que debimos pensar... qué sé yo... pues eso... todo eso es lo que no les puedo perdonar. No sé, pero me parece que es como si nos hubiera quedado algo colgado, como aquellas asignaturas que quedaban pendientes de un curso para otro... como si no hubiéramos acabado la carrera... y además es que nos vamos a morir sin acabarla...

Los Josés y Elenas, estos españoles que están tomando el relevo social en los años 70, se sienten robados, sienten que han perdido la ocasión de hacer muchas cosas en su juventud. En el caso de *Asignatura pendiente*, la respuesta a esta situación de indignación social aparece formulada en la escena final, la cual tendrá una gran relevancia dentro del contexto total de la película y del análisis del cambio social y político del momento histórico. No se trata de marcharse, sino de aceptar lo que se tiene (y las pérdidas consecuentes) y seguir adelante (es decir, romper con el pasado). Las palabras finales del diálogo entre Elena y José son muy reveladoras de la nueva actitud social que se preconiza en la película: "-¿Y no te da algo de miedo mirar hacia delante?," pregunta Elena, a lo cual José responde "-Sí, sí, como a todo el mundo me da un poco de miedo, pero, es por lo que hay que luchar, es la única solución." Elena agregará: "-¿Para quién, para ti o para mí?" que José matizará añadiendo: "-Para ti, para mí, para los dos, para todos..." Podemos afirmar de esta asignatura pendiente que es finalmente aprobada, y que se trata de "un septiembre" que pierde su razón de ser al perder su naturaleza transgresora.

Esta exitosa película permitiría a los espectadores, en la privacidad de la sala de cine, reflexionar sobre un pasado/presente que les preocupaba por la inseguridad política y social que suscitaba. ¿Estarían dispuestos, al igual que José y Elena, a rehacer sus vidas ahora? Se trataba de un *ahora* en el que los ciudadanos podían empezar a controlar su presente y hacerse un futuro de alguna otra manera, aunque sin cambiar el pasado, sin dar marchar atrás: había que asumir lo vivido y seguir viviendo, tratando de no perder más trenes.

Obras citadas

Brenes, Carmen Sofía. ¿De qué tratan realmente las películas? Madrid: Ediciones internacionales universitarias, 2001.

Caparrós Lera, J.M., "El cine español: transición y democracia (1976-1996)." *Historia y vida: un siglo de cine español*. Extra 83. 1996: 78-92.

Caparrós Lera, J.M. *El cine español bajo el régimen de Franco, 1936-1975*. Barcelona: Edicions Universitat, 1983.

Cinemagnificus. "ASIGNATURA PENDIENTE de José Luis Garci – 1977 – ("Asignatura pendiente")." Archivo de cine ecléctico. Cinemagnificus, 15 Jan. 2010. Web. 17 Nov. 2014.

Estrada, Isabel. "Transitional Masculinities in a Labyrinth of Solitude: Replacing Patriarchy in Spanish Film (1977-1987)." *Bulletin of Spanish Studies*. 83. 2 (2006): 265-280.

Miró, Pilar. "Diez años de cine español." *La cultura española en el posfranquismo. Diez años de cine, cultura y literatura (1975-1985)*. Eds. Samuel Amell y Salvador García Castañeda. Madrid: Playor, 1988. 27-32.

Oropesa, Salvador. "La paradoja comunista en la transición a la democracia española: *Asignatura pendiente* (1977) de José Luis Garci." The Colorado Review of Hispanic Studies. Vol. 8. Fall 2009: 99-111.

Valcárcel, Horacio. "El guionista Horacio Valcárcel escribe sobre su amigo Garci." *Abcguionistas*. Abcguionistas, 8 June 2005. Web. 14 Nov. 2014.

Notas sobre los colaboradores

REGLA ALBARRÁN MILLER es graduada de la Universidad de Arizona donde obtuvo su Master en español. Actualmente escribe la disertación de la tesis en el tema que presenta en este documento. Enseña clases de español como segunda lengua en la Universidad de Arizona. Nació en La Habana, Cuba, y prepara viajes educativos a la isla.

ARMANDO CHÁVEZ-RIVERA obtuvo su doctorado en literatura hispanoamericana en la Universidad de Arizona. Es profesor y director del Programa de Español de la Universidad de Houston-Victoria, Texas. Ha publicado cuatro libros, entre ellos *Cuba per se. Cartas de la Diáspora* (2009), que resume información sobre escritores y editores cubanos radicados fuera de la isla. Ha recibido becas de la UNESCO (1996), el Programa Mutis y el Ministerio de Educación de Argentina (2001), la Fundación Tinker (2010), la Biblioteca Pública de Nueva York (2011), y el Centro Harry Ransom de la Universidad de Texas en Austin en coordinación con la Fundación Andrew Mellon (2012).

AGUSTÍN CUADRADO es profesor titular en el Departamento de Lenguas Modernas de Texas State University, donde enseña lengua, literatura española y cine desde el año 2008. En los últimos años ha publicado artículos sobre el autor castellano Miguel Delibes, la novela negra y el cine español contemporáneo, prestando especial interés a conceptos como el espacio y la memoria. Asimismo es codirector de la revista electrónica *Letras Hispanas* y director editorial del *Arizona Journal of Hispanic Cultural Studies*.

BENJAMIN FRASER is Professor of Hispanic Studies and Chair of the Department of Foreign Languages and Literatures at East Carolina University. He has published over sixty articles (across Hispanic Studies, Cultural Studies, Disability Studies, and Urban Studies) and fifteen books, among which are the monographs *Encounters with Bergson(ism) in Spain* (U of North Carolina P, 2010), *Henri Lefebvre and the Spanish Urban Experience* (Bucknell UP, 2011), *Understanding Juan Benet* (U of South Carolina P, 2013), *Disability Studies and Spanish Culture* (Liverpool UP, 2013), *Antonio López García's Everyday Urban Worlds* (Bucknell UP, 2014), *Toward an Urban Cultural Studies* (Palgrave, 2015) and *Digital Cities* (Palgrave, 2015). His edited volume *Cultures of Representation: Disability in World Cinema Contexts* is forthcoming in 2016 with Wallflower/Columbia UP. Fraser is the executive and founding editor of the *Journal of Urban Cultural Studies*, a senior editor of the *Arizona Journal of Hispanic Cultural Studies*, co-editor of the Hispanic Urban Studies book series, and an associate editor of *Hispania*.

LOURDES GABIKAGOJEASKOA was an Assistant Professor in the Foreign Languages and Literatures at the University of Memphis, Adjunct Lecturer in Santa Clara University and is currently an Instructor at The University of Arizona. She teaches undergraduate and graduate classes with emphasis in Culture Studies. She is the author of the book entitled *Eran soñadores de paraísos: Nostalgia y Resistencia cultural en la obra de Juan Marsé* published by Biblioteca Nueva, 2011. She has also published a number of articles on the subjects of contemporary Spanish: "La cultura popular en la obra marseniana" (Juan de la Cuesta Hispanic Monographs), "Las mujeres vencidas del franquismo: un acercamiento a la narrativa de Juan Marsé" (*OJÁNCANO: Revista de literatura espanola*); and Basque literature, culture, and film: "Obabakoak vs Obaba" (*Letras Hispanas: Revista de Literatura y Cultura*), "An analogy of Literary Worlds: Atxaga and Faulkner" (*Journal of the Society of Basque Studies in America*), and "Tortura y locura en *Londres es de carton* de Unai Elorriaga" (Juan de la Cuesta Hispanic Monographs).

JAIME LEAÑOS is an associate professor of Spanish at the University of Nevada, Reno. He received his Ph.D., from The University of Arizona (2002). His major areas of research are Medieval and Renaissance Spanish literature. In 2006, he was the recipient of the Alan Bible Teaching Excellence Award. Dr. Leaños's publications include a book on the influence that Aeneas Silvio Piccolomini (later Pope Pius II, 1458-64) had on the court of one of the most influential Spanish queens, Isabel the Catholic (Scripta Humanistica, 2007) and various articles on canonical medieval Iberian works such as the Celestina, the Cantar of Mio Cid, and Pope Pius II. He is currently preparing a second book on the Christian-Muslim relations in the Middle Ages. He teaches Spanish Peninsular Literature as well as Spanish language courses.

CRESCENCIO LÓPEZ-GONZÁLEZ es profesor auxiliar en el Departamento de Lenguas, Filosofía y Estudios en Comunicación en la Universidad Estatal de Utah. Se graduó de la Universidad de Arizona con un doctorado en Literatura Latina de los Estados Unidos. Sus estudios se centran en la producción literaria y cultural que narran las experiencias y realidades urbanas de los latinos que viven en los Estados Unidos. Utiliza un marco teórico interdisciplinario para examinar cómo la geografía de la ciudad en la que viven los latinos tiene un impacto en la autodefinición e identidad de la comunidad.

MARITZA MALDONADO is a PhD student and Graduate Teaching Assistant at the University of Arizona. She is currently writing her dissertation on indigenous representations in the socio cultural landscape of modern Mexico. Maritza received her Master of Arts in Spanish from the University of Arizona and her major research interests are Latin American cultural studies, Mexican indigenous cultures, and Mexican-American studies.

SERGIO M. MARTÍNEZ is an associate professor of Latin American literature at Texas State University where he was the Jesse H. and Mary Gibbs Jones Professor of Southwestern Studies at Texas State University (2013-2015). He is the author and co-author of articles published in *Interventions: Journal of Postcolonial Studies, The Bilingual Review, Hipertexto, CIMEXUS, Revista de Literatura Mexicana Contemporánea, Confluencia: Revista de Literatura y Cultura Hispánica*, and *Continuum: Journal of Media and Cultural Studies*. His is the editor of the monograph *De Aztlán al Río de la Plata: Studies in Honor of Charles M. Tatum* to be published by fall 2016. Sergio M. Martínez is the co-director of *Letras Hispanas* and president of the Southwest Council of Latin American Studies. He has organized and coordinated international Latin American studies conferences in Puerto Rico, Miami, Guatemala, San Diego, Costa Rica, and New Orleans.

NURIA MORGADO es profesora de literatura y cultura española en College of Staten Island y Graduate Center (City University of New York). Obtuvo su doctorado en literatura española y latinoamericana en The University of Arizona. Sus áreas de investigación se centran en la literatura hispánica moderna y contemporánea, la relación entre literatura y filosofía, los estudios culturales, y la literatura comparada. Entre sus publicaciones se encuentra una edición crítica de *Voces de mujer* (Iberoamericana/Vervuert, 2007), y numerosos artículos en volúmenes monográficos y revistas académicas nacionales e internacionales. Es co-fundadora de la publicación electrónica *Letras*

Hispanas: revista de literatura y cultura, editora de la sección de reseñas del *Arizona Journal of Hispanic Cultural Studies,* y directora/editora de *Cuadernos de ALDEEU.*

ELIANO RIVERO is Professor Emerita in the Spanish and Portuguese Department at the University of Arizona, where she worked 45 years from 1967 to 2012. Her areas of specialization are in Spanish American literature, especially poetry, women's literature, and US Latino and Cuban American Studies. She was the first Latina to be named Phi Beta Kappa Distinguished Visiting Scholar in 2001. Her publications include six books, among them monographs, anthologies, and editions, as well as over a hundred articles, book chapters, review essays, notes, annotated bibliographies and others. She has also published three books of poetry and her poems have been included in anthologies in the U.S., Cuba, Argentina, and Chile. At present, she is working on her autobiography, *Cuban Again: A Memoir.* Born and raised in Cuba, she has resided permanently in the United States since 1961.

YOSÁLIDA C. RIVERO-ZARITZKY is originally from Venezuela. She received her doctoral degree from The University of Arizona in 2006. Her area of expertise is Contemporary Spanish Peninsular Literature and Culture. Over the last nine years, she has been involved in numerous Cultural Studies projects through her instruction of Hispanic film, Hispanic popular music, digital literature, and Women's and Gender Studies at Mercer University. She published a critical edition of *El sueño de la razón* by the renowned Spanish play writer Antonio Buero Vallejo in 2010. She is currently working at Clark Atlanta University as Associate Professor and Coordinator of the Spanish Program.

CARMEN T. SOTOMAYOR is a Professor of Spanish in the Dept. of Languages, Literatures, and Cultures at the University of North Carolina at Greensboro. She received her Ph.D. from Michigan State University. Her scholarly publications and presentations relate to 20th century and contemporary issues in Spanish literature, film, and culture. Her research has focused on the narratives of Juan Goytisolo, on Spanish women writers (such as Rosa Montero and Josefina Aldecoa), and on the posters and ballads of the Spanish Civil War. Recently, she has been working on the topic of memory and space in contemporary Spanish literary and cinematic narratives.

PEDRO JOSÉ VIZOSO holds a PhD from the University of Arizona, and is currently Assistant Professor of Spanish at Hastings College, Nebraska. He specializes in early 19th-21st century peninsular literature and culture, transatlantic studies on Hispanic modernism, and urban cultural studies. He has published an extensive study on the poetry of Delmira Agustini, while his book on Madrilenian bohemianism during the 1900s is about to appear in Editorial Verdelís. His work focuses on the intersection between literature (and art in general) and built environment. He was recently funded to conduct a research in Venezuela about the life and times of the Jewish Venezuelan poet Elías David Curiel (1971-1924), whose poetry will be the object of an annotated edition he is preparing at present.

CPSIA information can be obtained
at www.ICGtesting.com
Printed in the USA
LVOW03s1348221117
557293LV00001B/16/P

9 781588 712950